河南省哲学社会科学规划项目（2018CKS028）资助成果
河南师范大学学术出版基金资助成果
河南师范大学优势特色学科资助成果

马克思主义"牧野论丛"

威廉·福斯特社会主义思想与实践研究

WEILIANFUSITE SHEHUI ZHUYI
SIXIANG YU SHIJIAN YANJIU

李东明 著

中国社会科学出版社

图书在版编目(CIP)数据

威廉·福斯特社会主义思想与实践研究 / 李东明著. —北京：中国社会科学出版社，2019.8

（马克思主义"牧野论丛"）

ISBN 978-7-5203-3818-9

Ⅰ.①威… Ⅱ.①李… Ⅲ.①福斯特（Foster, William Z. 1881-1961）—社会主义—政治思想史—研究 Ⅳ.①D097.125

中国版本图书馆 CIP 数据核字（2019）第 000455 号

出 版 人	赵剑英
责任编辑	朱华彬
责任校对	张爱华
责任印制	张雪娇
出　版	中国社会科学出版社
社　址	北京鼓楼西大街甲 158 号
邮　编	100720
网　址	http://www.csspw.cn
发行部	010-84083685
门市部	010-84029450
经　销	新华书店及其他书店
印　刷	北京君升印刷有限公司
装　订	廊坊市广阳区广增装订厂
版　次	2019 年 8 月第 1 版
印　次	2019 年 8 月第 1 次印刷
开　本	710×1000　1/16
印　张	18.25
插　页	2
字　数	302 千字
定　价	99.00 元

凡购买中国社会科学出版社图书，如有质量问题请与本社营销中心联系调换
电话：010-84083683
版权所有　侵权必究

河南师范大学马克思主义"牧野论丛"编辑委员会

主　任：马福运
委　员：蒋占峰　李　翔　李东明　米庭乐
　　　　王会民　王一平　侯　帅

河南师范大学马克思主义"牧野论丛"总序

马克思主义理论学科的建设和发展对于繁荣中国哲学社会科学、做好意识形态工作、发展21世纪中国的马克思主义、落实党和国家的教育方针，具有重要理论价值和现实意义。自2005年马克思主义理论一级学科建立以来，在全国众多专家学者的努力下，马克思主义理论学科的发展呈现一片繁荣景象：学术交流争鸣更加频繁，学术研究范围更加广泛，学术成果迅猛增长。在此大背景下，河南师范大学马克思主义学院决定推出马克思主义"牧野论丛"，以期为马克思主义理论学科发展作出自己的贡献。

河南师范大学坐落于广袤的牧野大地，马克思主义学院为河南省重点马克思主义学院，其前身是成立于1951年的平原师范学院马列主义教研室，1986年改设政治理论教学研究部，2001年与学校德育教研室合并，更名为社会科学教学部，2011年正式成立马克思主义学院。学院主要承担马克思主义理论学科建设和全校本科生、研究生及独立学院、继续教育学院学生的思想政治理论课教学任务。学院现有专任教师117人，其中专职教师72人，校内兼职教师45人。专任教师中，教授16人，副教授42人，具有博士学位者48人。拥有教育部高校示范马克思主义学院和优秀教学科研团队1个、教育部"新世纪优秀人才"1人、河南省优秀专家2人、河南省学术技术带头人2人、河南省高校哲学社会科学优秀学者2人、河南省百名优秀青年社科理论人才4人；1人入选教育部"思想政治教育杰出青年人才"培育计划；1人入选2015年全国思想政治理论课优秀中青年教师择优资助计划；1人被评为高校思想政治理论课教师2017年度影响力标兵人物；1名教师获"全国高校教学能手"；1名教师获得河南省高校思想政治理论课教师教学技能大赛特等奖；多位教师先后获得"河南省教学标兵""河南省思想政治理论课优秀教师""河南省教学能手"等荣誉称号。

学院现有马克思主义理论一级博士点，马克思主义理论一级硕士点，少年儿童组织与思想意识教育、课程与教学论（思想政治教育）、学科教学（思想政治教育）3个二级硕士点以及中国共产党历史、马克思主义理论、思想政治教育3个本科专业，形成了马克思主义理论本硕博一体化人才培养体系。学院拥有"全国高校思想政治理论课教师研修基地""全国高校思想政治工作队伍培训研修中心""共青团中央中国特色社会主义理论体系研究中心研究基地"三个国家级学科平台以及"中国共产党革命精神与中原红色文化资源研究中心""青少年问题研究中心""少年儿童组织与思想意识教育研究中心"3个省级科研平台。

2011年建院以来，马克思主义理论学科快速发展，取得了较为丰硕的科研成果。先后获批国家社科基金重点项目3项，一般项目15项，国家自然科学基金项目1项，省部级项目46项，横向课题28项，各项科研经费累计678万元。获得河南省社会科学优秀成果奖、河南省政府发展研究奖等省部级以上科研奖励16项。出版学术著作21部，在《马克思主义研究》《人民日报》理论版、《光明日报》理论版等权威期刊发表高层次学术论文30余篇，在CSSCI源期刊、中文核心期刊发表学术论文210多篇，一批学术论文被《新华文摘》《中国社会科学文摘》《中国人民大学复印报刊资料》转载或摘编，在学界产生了较大影响。学院还积极致力于社会服务，在政府决策咨询、理论政策宣讲、红色文化资源开发、教师研修培训、横向项目协作等方面，发挥了积极的作用，服务社会的功能有效彰显。

为支持和鼓励学院教师开展马克思主义理论相关研究，我院从2017年开始组织出版马克思主义"牧野论丛"，本次出版的专著是第二批。该丛书的作者均为我院中青年专职教师，他们潜心马克思主义理论教学科研，本批专著是他们几年来学术研究的结晶。我们相信本丛书的出版一定会激励学院教师更加努力地开展马克思主义理论相关研究，撰写更多的学术成果，第三批、第四批……将陆续与读者见面。当然，他们的专著还有许多不足之处，还敬请各位专家同行批评指正。

河南师范大学马克思主义学院

目 录

导论 …………………………………………………………（1）
  一　选题缘由及意义 ………………………………………（1）
  二　国内外研究概况 ………………………………………（6）
  三　研究方法和创新 ………………………………………（20）

第一章　福斯特的生平及主要政治观点 ………………………（23）
  第一节　早期生活经历对福斯特政治观念的影响 ………（23）
    一　家庭贫困对福斯特性格的影响 ……………………（24）
    二　童工经历对福斯特阶级观念的塑造 ………………（26）
    三　工人生活与福斯特阶级斗争意识的觉醒 …………（27）
    四　福斯特对革命与阶级对抗的初步体验 ……………（28）
  第二节　福斯特早期的政治思想与实践 …………………（31）
    一　曾受劳工党社会主义的影响 ………………………（31）
    二　曾受工团主义的影响 ………………………………（33）
    三　早期领导工人大罢工 ………………………………（37）
  第三节　福斯特向共产主义者的转变 ……………………（43）
    一　十月革命的影响 ……………………………………（43）
    二　列宁理论的影响 ……………………………………（45）
    三　共产主义理想的吸引 ………………………………（47）
    四　走进莫斯科与加入美国共产党 ……………………（49）
  第四节　作为共产主义者的重要政治实践 ………………（50）
    一　领导美共践行阶级对抗的路线 ……………………（51）
    二　统一战线工作 ………………………………………（55）
    三　在反共狂潮中的斗争 ………………………………（58）

四　著书立说 …………………………………………（61）
　第五节　福斯特的基本政治观点 ………………………（64）
　　一　对阶级斗争的认识 …………………………………（64）
　　二　对党与工会关系的认识 ……………………………（66）
　　三　对资本主义的认识 …………………………………（68）
　　四　对社会主义的认识 …………………………………（70）

第二章　福斯特关于阶级斗争的思考与探索 ……………（73）
　第一节　福斯特关于阶级斗争的基本思想 ……………（73）
　　一　强调无产阶级与资产阶级的对立 …………………（73）
　　二　无产阶级与资产阶级斗争的形式 …………………（76）
　　三　强调暴力革命与无产阶级专政 ……………………（77）
　第二节　"第三时期"理论与福斯特的阶级对抗思想 …（79）
　　一　"第三时期"理论与"阶级对抗阶级"政策 ………（79）
　　二　"第三时期"理论对福斯特时势观的影响 ………（82）
　　三　"第三时期"理论对福斯特阶级观的影响 ………（85）
　第三节　福斯特关于阶级斗争路线的实践 ……………（87）
　　一　领导民众反对资本主义的斗争 ……………………（87）
　　二　建立新的战斗型工会 ………………………………（90）
　　三　宣传共产党的阶级斗争原则 ………………………（92）
　　四　颂扬苏联社会主义和无产阶级专政 ………………（94）
　第四节　福斯特阶级斗争思想与实践的局限性 ………（96）
　　一　低估了资本主义的自我调适能力 …………………（96）
　　二　高估了民众的革命性 ………………………………（98）
　　三　将暴力革命绝对化的教条主义 ……………………（101）
　　四　缺乏现实可行性 ……………………………………（102）

第三章　福斯特关于统一战线的思考与探索 ……………（105）
　第一节　福斯特关于"打入内部"的思考与实践 ……（105）
　　一　福斯特关于"打入内部"的思考 …………………（106）
　　二　福斯特对"打入内部"政策的实践 ………………（110）
　　三　"打入内部"政策的失败 …………………………（113）
　　四　"打入内部"政策评析 ……………………………（116）

第二节　福斯特关于人民统一战线的认识与实践 …………（120）
　　　一　人民统一战线的提出 ………………………………（121）
　　　二　福斯特对人民统一战线的初步态度 ………………（124）
　　　三　身份转换与福斯特政治思维的僵化 ………………（126）
　　　四　福斯特在人民统一战线后期的主张 ………………（128）
　　第三节　福斯特关于第三党联盟的探索与反思 …………（133）
　　　一　福斯特关于建立第三党联盟的探索 ………………（133）
　　　二　福斯特对第三党策略的反思 ………………………（136）
　　第四节　福斯特统一战线思想与实践的局限性 …………（139）
　　　一　盲目跟从莫斯科的路线 ……………………………（139）
　　　二　未能契合美国民众的实际需求 ……………………（144）
　　　三　未能契合美国的政治社会环境 ……………………（146）
第四章　福斯特与党内"修正主义"派别的斗争及影响 ………（149）
　　第一节　福斯特与党内各种"修正主义"派别的斗争 ……（149）
　　　一　与佩帕尔派的斗争 …………………………………（150）
　　　二　与坎农派的斗争 ……………………………………（153）
　　　三　与洛夫斯东派的斗争 ………………………………（156）
　　　四　与白劳德主义的斗争 ………………………………（160）
　　　五　与盖茨派的斗争 ……………………………………（169）
　　第二节　福斯特与党内"修正主义"派别斗争的起因 ……（172）
　　　一　苏联政治对美共的影响 ……………………………（173）
　　　二　党内分歧与党权 ……………………………………（178）
　　第三节　福斯特与党内"修正主义"派别斗争的影响 ……（179）
　　　一　致使美共组织力量衰弱 ……………………………（180）
　　　二　对美共的工作造成了损失 …………………………（181）
　　　三　错失了探索美国特色社会主义道路的机会 ………（183）
第五章　福斯特对"美国例外论"的思考与批判 ………………（186）
　　第一节　福斯特对"美国例外论"的基本思考 ……………（186）
　　　一　福斯特对美国社会主义的认识与展望 ……………（187）
　　　二　福斯特对"美国例外论"的系统批判 ………………（192）
　　第二节　福斯特与洛夫斯东关于"美国例外论"的争论 …（194）

一　关于美国资本主义及其命运问题 ……………………（195）
　　二　关于美国工人阶级的激进程度 …………………………（196）
　　三　关于美共的实际工作方面的问题 ………………………（198）
第三节　福斯特与白劳德关于"美国例外论"的争论 …………（200）
　　一　如何看待共产主义运动"美国化" ……………………（200）
　　二　关于资本主义发展前景 …………………………………（202）
　　三　关于美共的改组问题 ……………………………………（204）
　　四　关于美国的社会主义问题 ………………………………（205）
　　五　关于战后资本主义与社会主义的关系 …………………（207）
第四节　重评福斯特对"美国例外论"的批判 …………………（209）

第六章　福斯特对美国共产主义运动的反思 …………………（215）
第一节　反思的历史背景 ……………………………………………（215）
　　一　美共实践的频频受挫与反思的开启 ……………………（215）
　　二　国际共运重大事件与反思的推进 ………………………（219）
第二节　福斯特对美国共产主义运动的反思 ……………………（222）
　　一　关于美共工作的失误 ……………………………………（222）
　　二　关于美国走向社会主义的道路问题 ……………………（224）
　　三　关于社会主义与资本主义的和平共处问题 ……………（227）
　　四　关于马列主义与美国实际的结合问题 …………………（229）
第三节　福斯特与激进反思派的主要分歧 ………………………（230）
　　一　如何看待斯大林的错误 …………………………………（230）
　　二　如何看待美共与苏联的关系 ……………………………（232）
　　三　如何看待美共工作的错误 ………………………………（234）
　　四　如何看待马克思列宁主义 ………………………………（237）
第四节　福斯特与激进反思派产生分歧的原因探析 ……………（238）
　　一　维护共产党和社会主义信仰的需要 ……………………（239）
　　二　维护个人权威的需要 ……………………………………（241）
第五节　各派代表人物的个人特点及局限性 ……………………（243）

结束语　多维视阈下的福斯特及美国共产主义运动 …………（247）
　　一　激进主义视阈下的福斯特及共产主义 …………………（247）
　　二　国际共运视阈下的福斯特及共产主义 …………………（249）

三　历史唯物主义视阈下的福斯特及共产主义 …………（253）
四　经验教训与现实意义 ……………………………（255）
参考文献 ……………………………………………………（259）
后记 …………………………………………………………（278）

导　论

一　选题缘由及意义

美国共产主义运动是国际共产主义运动的重要组成部分，但与其他大多数国家相比，美国共产主义运动一直处于停滞不前的状态。自 19 世纪末叶，对于美国社会主义运动为何落后于其他国家的问题，科学社会主义的创始人和他们的后继者、激进主义者以及资产阶级理论家们都曾从不同的角度、不同的方面做出了自己的分析和解答。即便是在新的历史时期，"美国共产主义运动为何停滞不前？""为什么美国没有社会主义？"仍然是国际共运研究领域的"钱学森之问"。

对上述问题的探讨历经时间很长，涉及学科领域及学者非常多，角度与观点也是异彩纷呈。面对如此庞杂的历史课题，是否可以选择考察美国共产主义运动的另一维度，即选择美国共产主义运动中的代表性人物作为该研究的切入点呢？笔者认为这样做具有一定的可行性。众所周知，历史人物通常是一种思想、一种派别、一个组织抑或是一个重要历史事件的代表性人物。因此，研究一种思想派别、一个组织或一个重要的历史事件，定然离不开对人物的研究。由于每个历史人物都是在特定的历史条件下成长和活动的，他们都有自己的特性并起着特有的历史作用，因此研究历史人物是研究历史不可或缺的组成部分。同样，研究美国共产主义运动的历史也是如此。

威廉·泽布朗·福斯特（William Zebulon Foster, 1881—1961），正是美国共运史中的代表性人物。有学者这样指出："福斯特是历经美国共产主义运动从兴起到 20 世纪 50 年代衰退的少有几个美共领导人之一。"[1]

---

[1]　James R. Barrett, *William Z. Foster and the Tragedy of American Radicalism*, Urbana and Chicago: University of Illinois Press, 1999, p.4.

具体来说，他的代表性主要体现在以下三个方面：

首先，他的身份具有代表性。威廉·福斯特是美国工人运动和美国共产党的重要领导人，国际共产主义运动史上的著名活动家。在美国共产主义运动史上，乃至"在美国20世纪的激进主义分子中，威廉·福斯特当之无愧是最为坚定的战士"①。他一生都在为反抗资本主义，走向社会主义而斗争。毛泽东同志曾称赞威廉·福斯特是"美国工人阶级光荣的战士和领袖"②。中国的《人民日报》曾这样评价威廉·福斯特："福斯特同志长期以来为了争取民主自由和保卫工人阶级和劳动人民的利益，始终进行着坚持不懈的斗争，并且作出了巨大的贡献。"③ 美国学者艾德华·约翰宁斯梅尔（Edward P. Jobanningsmeier）称赞"威廉·福斯特具有顽强的革命气质、朴实简单的理想信念，并且较少地受制于当地的法律与政治惯例。他对美国政治、经济、社会的诸多表象与特征有着一种批判的、敌视的态度"④。他力图通过革命道路来推翻美国的资本主义制度，建立起自己心中的理想社会——社会主义社会。

福斯特为自己的信仰付出了毕生的努力，为美国工人运动的发展、美国共产党的创建和发展以及对美国共产主义运动的发展都曾做出重要的贡献。同时，他的革命情怀和"左"倾主张在某种程度上成了美共的象征与符号，如有学者指出："福斯特的行为与主张对美国共产主义运动的基本特征有着极大的影响。"⑤ 正因为如此，福斯特引起了美国历史学家们的兴趣，并将其作为研究美国共产主义运动或美国激进主义运动的代表性人物。比如，美国学者艾德华·约翰宁斯梅尔写了《塑造美国共产主义：威廉·福斯特的一生》一书，将福斯特作为研究美国共产主义运动和共产党组织发展的代表性人物。再比如，詹姆斯·巴雷特（James

---

① Edward P. Jobanningsmeier, *Forging American communism: The Life of William Z. Foster*, New Jersry: Princeton University Press, 1994, p. 3.

② 《福斯特同志给毛泽东同志的信》，《人民日报》1959年2月2日。也可参见《福斯特同志给毛泽东同志的信》，叶晓钟注译，商务印书馆1961年版，第5页。

③ 《美国共产阶级光荣的战士和领袖威廉·福斯特同志》，《人民日报》1959年2月2日。

④ Edward P. Jobanningsmeier, *Forging American communism: The Life of William Z. Foster*, New Jersry: Princeton University Press, 1994, p. 3.

⑤ Ibid., p. 4.

R. Barrett）写了《福斯特与美国激进主义的悲剧》一书，将福斯特及其领导的美共放在美国激进主义历史的长河里进行研究。此外，福斯特还通常被美国历史学家们描绘成宗派主义者、机会主义者或是与共产国际保持一致的政客，而忽略了美国工人阶级的实际需要。比如，西奥多·德雷珀（Theodore Draper）有两本书描写了美国共产主义运动的早期历史，即《美国共产主义的根源》和《美国共产主义与苏维埃俄国》。这两部著作分析了福斯特早期的种种改变，以说明福斯特"改变的能力，呈现出的改变和他的信念都是基于美共策略的需要"①，等等。显然，福斯特由于其身份的特殊性与代表性，是学者们研究美国共产主义运动所绕不开的重要历史人物。

其次，他活动的时间跨度大。无论是福斯特的无产阶级出身、工人生活经历以及在党内的活动都与美国社会主义运动紧密相连。福斯特出生在贫苦的工人家庭，由于家庭的贫困，福斯特在其10岁的时候就辍学，早早开始了工人的生涯。1900年，福斯特开始倾心于社会主义，他阅读了大量的社会主义书籍与报纸杂志，并于1901年加入刚从社会劳工党分裂出来的社会党，积极投身于政治实践，成为一名社会主义者。在美国共产党建立之前，福斯特曾加入世界产业工人联合会，接受无政府工团主义的思想，成为一名工团主义者。正如福斯特自己讲的那样，他"在工团主义贫瘠的沙漠中徘徊了十二年"②。在他工团主义者的政治生涯中，福斯特一边做工，一边从事工人运动，在许多行业中劳动过，足迹几乎遍及美国。由于丰富的工会工作经验以及长期与普通工人的紧密接触，福斯特对美国工会运动状况有着较为切合实际的认识。在第一次世界大战期间及以后，福斯特被公认为最出色的劳工组织者之一。

1921年，自福斯特加入美国共产党之后，福斯特的整个命运更是与美国共产主义运动紧密地联系在一起。一方面，美国共产党的重大活动以及美国共产主义运动中的重大事件，几乎都绕不开福斯特。另一方面，福

---

① Theodore Draper, *American Communism and Soviet Russia*, New York: Vintage Books, 1960, p. 126.

② William Z. Foster, *From Bryan to Stalin*, New York: International Publishers, 1937, p. 39.

斯特自 1921 年加入美国共产党之后，即"献身于党的工作，丝毫未间断过"①。福斯特自 1921 年参加美国共产党，就担任了党的中央委员，三度担任党的主席，是 1924、1928 和 1932 年美国共产党提名的总统候选人，是 1930 年美共的纽约州州长候选人。此外，他于 1924 年被选为共产国际执行局委员，于 1928 年当选为共产国际执行委员会主席团候补委员，于 1935 年当选为共产国际执行委员会主席团委员。1957 年福斯特被选为美国共产党名誉主席。一直到 1961 年逝世，他始终活跃在美国共产主义运动的历史舞台上。可以说，福斯特作为美国共产党的代表性人物，他的一生在某种程度上是美国共产主义运动兴衰史的缩影。

再者，福斯特的影响较大。福斯特作为美国共产党的资深领袖，在党内具有别人难以比拟的地位与威望，他的思想观点对美共的方针、政策有着至关重要的影响，甚至有时候能够决定美共的方位转换。一方面，20 世纪 20 年代初期，在福斯特加入到美国共产党的时候，该党还只是一个地下组织，党内围绕着共产党是否应该作为一个合法政党公开地进行活动这个问题而展开了激烈的争吵。而且，在美国共产党与美国共产主义劳工党的统一大会上，与会者中极少有人有工会运动的相关经验。一直到 1936 年，该党才能真正成为在美国工会中有着一定根基的组织。作为美国共产党早期的主要劳工组织者，福斯特曾对该党的成员与方位转换起到极其重要的影响和作用。② 另一方面，福斯特作为一个历史人物，他的思想与行为不可避免地带有时代的烙印，也犯了不少的错误。这些错误对美国共产主义运动产生了较大的负面影响，如他的个性与观点难以适应 20 世纪 30 年代美国劳工政治的新形势。在美国爆发资本主义危机之前以及爆发初期，福斯特对美国共产党面临的工作环境及任务，还算有着较为清醒的认识。因此，他不断地呼吁共产党的领导干部要重视并围绕着工人群众的当前要求来展开工作，而不能简单靠着过激的革命口号与革命热情来争取工人群众的同情与支持。但是自 20 世纪 30 年代中期开始，福斯特身为美共的政治局成员且日益在党内拥有了较高的地位，其工作与生活慢慢

---

① 《美国共产阶级光荣的战士和领袖威廉·福斯特同志》，《人民日报》1959 年 02 月 02 日。

② James R. Barrett, *William Z. Foster and the Tragedy of American Radicalism*, Urbana and Chicago: University of Illinois Press, 1999, p. 3.

脱离了工人运动的具体实际，也日益与美国的客观实际相脱离。因此，福斯特无论是在思想上还是在实践上都有着日益明显的教条化与"左"的倾向，他所提出的主张与制定的政策也同美国的实际情况相背离。在美国共产主义运动史上，福斯特一向以正统的马克思主义者、共产主义者自居，他全力参与了美共与坎农等托派、洛夫斯东的"美国例外论"、白劳德"修正主义"的斗争，此外，他还积极参与了共产国际反对托洛茨基、布哈林的斗争。在历次斗争中，福斯特表现出了较为严重的"左"倾。在与各种"美国例外论"作斗争的时候，福斯特意识到结合美国实际的重要性，也表达了纠正错误的良好愿望。但他又试图捍卫自己心中所认定的传统共产主义理论，使美共党员保持住强烈的革命激情和对社会主义必定胜利的信心。这种强烈的主观情感不仅影响到了福斯特的独立思考，而且也使他在政治实践过程中表现出了较为偏激的情绪，把美共党内一切独立思考的努力尝试都视为对马列主义的修正，是对共产党和共产主义运动的诋毁与污蔑。基于此，他与自己所认为的各种"机会主义""修正主义"做了不可调和的斗争，致使美共多次丧失了探索具有美国特色社会主义道路的机会。

福斯特作为美国共产党、美国共产主义运动的代表性人物，他的思想与行为更多时候是代表了多数的美国共产主义者。正如福斯特自己所说的那样，"至少从更普遍的角度来看，我这种漫长的意识形态发展代表着一条更宽广的知识增长之路，这是向社会主义前进的大众之路"[①]。可以说，美国的共产党人与福斯特一样，不缺乏斗争的勇气，也不缺乏坚强的毅力，然而他们的努力和付出却没有得到自己期望的结果。他们为美国共产主义运动做出了不懈的努力，但并未使其摆脱最终走向衰落的趋势。那么，究竟是什么原因使得美国共产主义运动困难重重并最终走向衰退了呢？其中的原因纷繁复杂、千头万绪。但有一点值得指出的是，当时美共党内以福斯特为首的老"左"派盲目推崇共产国际和苏联的路线，相信只有共产国际和苏联的路子才是符合正统的马克思主义、共产主义理论，简单认为只有走苏联人的路才是实现他们共产主义理想的唯一正确道路。

---

① William Z. Foster, *The Twilight of World Capitalism*, New York: International Publishers, 1949, p. 162.

这种盲目地跟从别国党的经验的行为，丧失了独立自主性，犯了严重的教条主义错误，最终成为美国共产主义运动发展与前进的绊脚石。通过研究福斯特的社会主义思想与实践，我们也许可以滴水见清泉，从中获取一些宝贵的启示，为我们坚定不移地走中国特色社会主义道路提供历史镜鉴。

基于以上种种，系统研究福斯特的社会主义思想与实践，无论是对于我们深入了解美国共产主义运动的兴衰，还是对于我们深刻汲取国际共产主义运动中的经验教训，都显得极为重要。

二 国内外研究概况

中华人民共和国成立初期，国内的报刊对福斯特的生平、思想、活动以及著述作了较多的报道和介绍，对福斯特的一生给予了高度评价。改革开放后，国内出版的一些有关国际共运史、美国历史、美国名人传记、国际共运人物传记等著作以及不多的几篇文章，都对福斯特作了一些简单的介绍。

相较之下，国外理论界对福斯特的研究成果更多些，研究福斯特的人士也相对较为广泛，有学者、美国共产党员和反共人士等。半个多世纪以来，国外出版了一些关于福斯特的人物传记和回忆录。研究工作者在研究美国共产党史和美国共产主义运动史的时候，往往也会对福斯特的政治实践活动作必要的介绍与评论。但是在西方国家，客观公正地探讨一个共产主义者的社会主义思想与实践无疑是一个较为困难的话题。同时在研究方法上，外国的研究工作者要么是主要从工会运动和制度史的角度来梳理福斯特的政治实践活动，要么就是以人物传记和回忆录等简单方法来为福斯特著书立传。

（一）国内文献综述

中国学者对福斯特的研究大致可以分为两类：一类主要是对福斯特的人物评介；一类是对福斯特的相关著作的评介。

据笔者所掌握的资料来看，福斯特的名字最早于1933年出现在了中国的刊物上。1933年，《东方杂志》刊发了中国学者张金鉴的《美国今日之第三党》一文。作者在文中简单提及了福斯特作为共产党的总统候选人参加美国总统竞选的情况。① "二战"后，尤其是中华人民共和国成立后，中国大陆对福斯特的介绍与报道逐渐增多。究其原因是，当时中美两国共产党的关系非常亲密，两党志同道合，是有着共同理想的战友和伙伴，是接受苏联共产党帮助和指导的兄弟党。身居大洋彼岸的福斯特，极具国际主义的情怀，心系中共的命运。在中国革命时期，福斯特积极支持中国共产党领导的中国革命。中华人民共和国成立后，福斯特更是多次与毛泽东同志交流，对中国的社会主义建设事业予以高度评价，积极支持中国的抗美援朝事业，并且坚决反对美国政府将"台湾问题"作为干涉中国内政的筹码。因此，福斯特作为中国人民的亲密朋友，他的事迹及其著作陆续地被介绍到中国。如1948年《青年知识周刊》专门以"福斯特"为题向国人介绍了福斯特的生平事迹。② 1950年《西南青年》以"美国人民的舵手——美国共产党及其领袖福斯特"为题，对福斯特的生平大事作了简单地介绍，并高度肯定了福斯特的功绩。③ 1961年，《世界知识》杂志刊登了中国共产党党员、国际主义战士、国际著名记者、作家伊斯雷尔·爱泼斯坦（Israel Epstein）的文章，不仅介绍了福斯特的生平大事，并且对其给予了高度的评价。④ 1961年《中国青年报》也拿出较大篇幅向国人详细介绍了《福斯特的故事》⑤ 等等。此外，据笔者粗略统计，从1949年新中国成立到1961年福斯特逝世的这十多年间，仅《人民日报》对福斯特的相关报道就多达70余条。当时，在国际共运一片团结的大背景下，加之福斯特对新中国的友好态度，中国学者与媒体在对福斯特进行介绍或报道的时候，福斯特无一例外是作为正统马克思主义者、共产主义战士的身份出现的。

中国理论界对福斯特的著述也给予了高度的关注与评价。首先，福斯特的大部分著作及文章被翻译成了中文。据笔者统计，福斯特被翻译成中文的著作多达15部，从1947年到1962年，福斯特的著作几乎每年都会

---

① 张金鉴：《美国今日之第三党》，《东方杂志》1933年第16期。
② 《福斯特》，《青年知识周刊》1948年第37期。
③ 《美国人民的舵手——美国共产党及其领袖福斯特》，《西南青年》1950年第10—11期。
④ ［波兰］爱泼斯坦：《美国工人阶级光荣的战士和领袖——祝威廉·泽·福斯特同志八十岁寿辰》，《世界知识》1961年第Z1期。
⑤ 《福斯特的故事》，《中国青年报》1961年第10期。

有一部被翻译成中文,在中国出版、发售。与此同时,中国的一些翻译工作者也将福斯特的部分文章翻译成了中文,据笔者统计,福斯特被翻译成中文的文章多达 37 篇。翻译工作者也大量地翻译了与福斯特相关的著作与文章。著作主要有:丹尼斯(Dennis)等美共领导人所著的《美共领袖福斯特》①《庆祝美共主席福斯特七十寿辰论文集》②。文章主要有:《福斯特的世界观——评〈世界资本主义的末日〉》③《评威廉·福斯特著"美国历史上的黑人"》④ 《作为历史学家的威廉·福斯特》⑤ 等。同时,中国的学者也加大了对福斯特相关著述的介绍力度。如 1951 年,中国学者梁纯夫与黄刍分别介绍了福斯特的《美洲政治史纲》⑥。1955 年,元芳介绍了福斯特的《美国共产党史》⑦。1960 年,林兴民介绍了福斯特的文章《美国的阶级斗争和"阶级合作"》⑧,等等。其次,中国的官方媒体也对福斯特的著作进行了详细的报道。1961 年 2 月 26 日,在福斯特八十岁寿辰的第二天,《人民日报》对福斯特的主要著作集中作了介绍。被介绍的著作依次有《福斯特自传》《工人生活片段》《世界资本主义的末日》《美洲政治史纲》《美国共产党史》《美国历史中的黑人》,等等。⑨ 再者,中国理论界对福斯特的著作予以高度的评价。作为正统的共产主义战士和中国人民的亲密朋友,福斯特始终坚守着自己心中的共产主义信仰,始终对社会主义革命保持着高度的热情。福斯特对资本主义快速灭亡和社会主义即将胜利的殷切期盼,代表了当时绝大多数共产党人的心声。

---

① [美] 丹尼斯等:《美共领袖福斯特》,懿民等译,中外出版社 1951 年 7 月版。
② [美] 丹尼斯等:《庆祝美共主席福斯特七十寿辰论文集》,王芸等译,世界知识出版社 1952 年 5 月版。
③ [美] 艾伦:《福斯特的世界观——评〈世界资本主义的末日〉》,董秋斯译,《翻译》1949 年第 4 期。
④ [苏] 卡维林:《评威廉·福斯特著"美国历史上的黑人"》,秋水译,《史学译丛》1955 年第 6 期。
⑤ [苏] 祖波克:《作为历史学家的威廉·福斯特》,刘存宽译,《史学译丛》1956 年第 5 期。
⑥ 梁纯夫:《福斯特著〈美洲政治史纲〉》,《新建设(1949)》1951 年第 2 期。黄刍:《介绍福斯特的"美洲政治史纲"》,《世界知识》1951 年第 22 期。
⑦ 元芳:《福斯特著"美国共产党史"》,《世界知识》1955 年第 12 期。
⑧ 林兴民:《美国的阶级斗争和"阶级合作"》,《史学月刊》1960 年第 8 期。
⑨ 《福斯特同志的一些重要著作》,《人民日报》1961 年 02 月 26 日。

福斯特早期著作中着重介绍工人罢工的历史经验和宣扬阶级斗争的理念，中后期的著作高度宣传马克思列宁主义的普适性和社会主义以及批判资本主义。他在著作中所表现出来的乐观主义态度和革命斗争精神，迎合了"二战"后冷战宣传和斗争的需要，对新中国的民众无疑是一个巨大的鼓舞。在这种情况下，中国理论界和官方媒体对福斯特的著作予以了高度评价。如1950年7月12日，《人民日报》拿出较大篇幅对福斯特的《世界资本主义的末日》一书作了详细的分析与评论，并且指出："我们中国的读者，为了认识当前的世界形势，特别为了了解美国，从福斯特的'世界资本主义的末日'的名著中，一定可以学习到不少的东西。"[①] 1959年3月5日，一名热心读者在《人民日报》发表文章称："威廉·福斯特，提起这个光辉的名字来，我们中国人民是熟识的，是十二分敬仰的。他所写的关于美国和美洲工人运动的出色的马列主义巨著，剖析美国帝国主义的许多精辟的论文，受到中国读者的喜爱和给他们不小的启发。"[②]

改革开放后，中国理论界对福斯特及其著述的评介开始趋于理性。

首先，虽然中国学者仍对福斯特的历史功绩予以高度肯定，但已不像中华人民共和国成立初期那样对福斯特只是一味地称颂。如高放在其主编的《社会主义大辞典》中，也对福斯特的生平做了简要的介绍，在肯定其历史功绩的基础上，首次提到了福斯特存在着一些错误，即"他没有很好解决把马克思主义与美国实际相结合的问题，使美共在战后美国的政治生活中的作用越来越小"[③]。总体来讲，虽然福斯特犯了一些错误，但功大于过。如张高认为："福斯特在其早期革命活动中，无论理论上还是实践上都存在一些错误，这些错误，是一个革命者在探索中的错误"[④]，以及"在福斯特后期著作中，其错误看法，与其正确观点相比，仅占次要地位"[⑤]。在张高看来，福斯特作为美国共产主义事业的积极探索者，犯错误是在所难免的，因此，不能用今天的眼光去苛求前人。

---

① 《福斯特的〈资本主义的末日〉》，《人民日报》1950年07月12日。
② 《破晓之前——从福斯特同志的信说起》，《人民日报》1959年03月05日。
③ 高放主编：《社会主义大辞典》，河南人民出版社1988年版，第485页。
④ 张高：《论早期福斯特》，《牡丹江师范学院学报》（哲学社会科学版）1985年第3期。
⑤ 张高：《福斯特与毛泽东》，《牡丹江师范学院学报》（哲学社会科学版）1984年第2期。

其次，中国学者对福斯特相关著作的认识也趋于理性。一些学者指出了福斯特著作中存在的问题。如针对福斯特所著《美洲政治史纲》一书中存在的缺陷，学者张群指出："本书的缺陷有三：一是深度不够，对许多问题的论述未能充分展开，如对美洲文化；二是各章节之间缺少紧密的联系，给人以松散的感觉；三是有明显的公式化和概念化的倾向。"① 张群在指出福斯特《美洲政治史纲》一书存在诸多不足的同时，也特别肯定了该著作所具有的积极意义。他说："在50年代特定的政治背景和历史条件下，这些不足都是在所难免和值得理解的。值得注意的是，本书并没有否定一切资产阶级代表人物，而是充分肯定了杰斐逊、杰克逊、林肯、布利安、玻利瓦尔、圣马丁和罗斯福等杰出资产阶级领袖的历史功绩，表现出作者宽阔的胸怀和实事求是的态度。"② 甚至还有学者将福斯特的有关著作当成文学作品来读。如1992年，柏元在《读书》杂志上发表文章，以散文的形式谈了自己读福斯特《新欧洲》一书后的感受。柏元说："福斯特的描述，感染了我，使我一口气译完了这部《新欧洲》。"并指出福斯特在书中所描写的西欧和东欧"是理智的分析"③。

通过梳理国内研究福斯特的相关文献，中国学者对福斯特的研究仍存在以下不足。第一，由于当时政治环境的影响，中华人民共和国成立初期的理论界对福斯特的关注大都停留在感性的层面，只是简单地赞赏和颂扬，鲜有站在客观、公正的立场上来认识福斯特的政治思想与实践；第二，我国理论界对福斯特的生平与思想的介绍只是局限于简单的某几个方面，并未形成系统的研究成果。仿佛一颗颗漂亮的珍珠，由于缺少一根线的牵引而散落各处，却始终成不了一串价值不菲的珍珠项链。由此，今天我们再回过头来系统地梳理和研究威廉·福斯特的政治思想与实践活动，不仅有助于我们本着实事求是的原则，客观、公正地认识和评价福斯特的生平实践与思想，而且也有助于对理论界目前的研究进行补充和完善，并推进相关研究的深入。

---

① 刘明翰主编：《外国史学名著评介》第二卷，山东教育出版社1993年版，第603页。
② 同上。
③ 柏元：《"隧道的尽头是光明"抑或"光明的尽头是隧道"？——记福斯特〈新欧洲〉》，《读书》1992年第8期。

（二） 国外文献综述

由于语言所限，笔者收集和梳理的国外相关文献都是英文的。需要指出，福斯特的著作曾被翻译成俄语、捷克语、波兰语、德语、法语、波斯语、希腊语、匈牙利语、意大利语、西班牙语、阿拉伯语、土耳其语、罗马尼亚语、日语、韩语等十几种语言。可以这么说，福斯特的个人事迹及其主要著作，对于各社会主义国家和西欧一些资本主义国家内的共产党来说，并不陌生。但问题是，各国共产党对福斯特革命事迹及其著作的译介，只是简单地颂扬与褒奖，不算真正意义上的研究成果。相较之下，国外理论界研究福斯特的英文文献更多些，也更为有价值。

研究福斯特的英文文献主要有三种：（1）美国共产党员以人物传记或回忆录的形式歌颂福斯特的历史功绩；（2）由传统历史学者、前美国共产党员所组成的"旧史学派"，强调福斯特与美共对苏联、共产国际的依附性；（3）新的历史学家们即"新史学派"主张从国际共产主义和国内激进主义相结合的角度来研究福斯特及美国共产主义运动。

第一，美国共产党员以人物传记或回忆录的形式歌颂福斯特的历史功绩。这些作品主要有：亚瑟·齐普赛（Arthur Zipser）：《工人阶级的巨人：威廉·福斯特的一生》[1]；伊丽莎白·格利弗林（Elizabeth Gurley Flynn）：《劳工领袖威廉·福斯特：一个共产主义者领导工人阶级斗争五十年》[2]；约瑟夫·诺斯（Joseph North）：《威廉·福斯特：一种评价》[3] 等。这些作者与普通的学者不同，他们大都是美国共产党员。比如亚瑟·齐普赛是一名美国共产党员，曾经做过福斯特的助手，与福斯特有过亲密的接触。作为美国的马克思主义史学家，他的《工人阶级的巨人：威廉·福斯特的一生》一书，是一本较为完整的美国共产党领袖传略。他在书中视福斯特为美国劳工运动史上最为卓越的组织者。他在书中对福斯特的描写几乎没有任何的批判成分，对福斯特在美国共产党、美国共产主义运动

---

[1] Arthur Zipser, *Workingclass Giant: The Life of Wiliiam Z. Foster*, New York: International Publishers, 1981.

[2] Elizabeth Gurley Flynn, *Labor's own William Z. Foster : a Communist's fifty years of working - class leadership and struggle*, New York: New Century Publishers, 1949.

[3] Joseph North, *William Z. Foster : an appreciation*, New York: International Publishers, 1955.

史上的历史地位也予以充分地肯定。书名就足以证明他对福斯特的支持与崇拜。再比如,伊丽莎白·格利弗林(1890—1964),是美国著名的劳工领导者,和福斯特是同时代的人,曾和福斯特一起组织过 1919 年的美国钢铁工人大罢工运动,也曾在世界产业工人联合会中发挥了极其重要的作用。她于 1936 年加入了美国共产党,晚年的时候甚至当过美国共产党全国委员会的主席。她在写《劳工领袖威廉·福斯特:一个共产主义者领导工人阶级斗争五十年》这本小册子的时候,恰逢美国当局掀起了疯狂的反共狂潮。1948 年 7 月 20 日,美国最高法院根据 1940 年的史密斯法,逮捕了以威廉·福斯特为首的美国共产党全国政治局委员 12 人,并对他们提出了起诉。她的这本书,在某种程度上也是对福斯特的声援。如她在书中所说:"2 月 25 日,福斯特 67 岁了,这是千千万万个铁路工人、矿工、水手、伐木工人、码头工人所知道的。但是今天他和其他 11 名共产党全国政治局委员被逮捕了,被美国政府控告宣传政治观点。"① 伊丽莎白·格利弗林以回忆录的形式生动描写了福斯特的劳工组织实践以及其他的早期活动经历,其中不乏对福斯特的赞美与歌颂之词。在她看来,福斯特作为著名的劳工领袖,所做的一切都代表了工人阶级的利益和诉求。如他在小册子中有几个部分以"一切为了工人阶级"(all for the workkers)、"最伟大的劳工组织者"(thegreatest labor organizer yet)、"对工人们有信心"(faith in the workers)、"他教给老板们很多事情"(he taug the bosses a few things)等为题,足见她对福斯特这位劳工领袖的赞赏与支持。她甚至在文末这样写道:"威廉·福斯特开辟和发展了眼前的道路,指明了目标和方向。美国的工人朋友们,你们是否读到了这一段,并接受我们的邀请加入到福斯特的队伍中来,成为我们这个时代的美国社会主义者?"② 从整体上来看,这本小册子只是对福斯特早期组织劳工经历的简单罗列,与其说是为福斯特所写的传记,不如说是美国共产党员为争取民众认同与支持的宣传小册子。对于约瑟夫·诺斯,究竟是不是美国共产党员,尚有待考证。但有一点可以肯定的是,他应该与美国共产党的关系比较亲密,曾在美共的《工人日报》上

---

① Elizabeth Gurley Flynn, *Labor's own William Z. Foster : a Communist's fifty years of working - class leadership and struggle*, New York: New Century Publishers, 1949, pp. 3 - 4.

② Ibid., p. 48.

发表过文章。同时,他对福斯特持着一个比较肯定和赞赏的态度。他在书中这样评价福斯特,"他多年的成就在美国劳工运动史上留下了不可磨灭的印记。他是美国最有名的共产主义者,共产党员尊他为爱国者、领导者,并且他是工人阶级内在力量的典范,自他 14 岁那年参加了人生中的第一次大罢工开始,就付出了自己的毕生精力"①。约瑟夫·诺斯的这本小册子是为了迎接福斯特的 75 岁寿辰而写的。正如他自己所说:"这本小册子的文字,写在他(福斯特)75 岁寿辰的纪念活动,并对他及其作品进行评价。"② 但这本小册子是在 1955 年出版的,关于福斯特的政治实践活动只写到了 20 世纪 40 年代末、50 年代初,因而对福斯特最后的社会主义思想与实践并未作任何交代,同时这个小册子从整体上来看有些杂乱无章,逻辑性不强。

某种程度上,由于这些共产党员曾经与福斯特一起工作过,对福斯特十分了解,并且以回忆录的形式来描写福斯特使得人物显得丰满和真实。但是从整体而言,这些作品几乎都存在两个严重的问题:第一,出于自己对共产主义的信仰和对福斯特的崇拜,作者在描写福斯特的过程中难免有很多的溢美之词,这也就使得这些作品本身丧失了应有的客观性;第二,这些作品的精英史色彩较为浓厚,描述重大历史事件和福斯特社会主义思想与实践活动的方式也显得有些简单化。

第二,"旧史学派"着重研究和强调福斯特与美共对苏联、共产国际的依附性。"旧史学派"的作品主要是由传统历史学者们的学术著作和前美共党员的回忆录构成。传统历史学者们的相关作品主要有:西奥多·德雷珀(Theodore Draper)的《美国共产主义的根源》③ 和《美国共产主义与苏维埃俄国》④;戴维·香农(David Shannon)的《美国共产主义的衰退:美国共产党自 1945 年以来的历史》⑤;哈维·克莱尔(Harvey Klehr)

---

① Joseph North, *William Z. Foster: an appreciation*, New York: International Publishers, 1955, p. 5.

② Ibid. .

③ Theodore Draper, *The Roots of American Communism*, New York: Vintage Books, 1957.

④ Theodore Draper, *American Communism and Soviet Russia*, New York: Vintage Books, 1960.

⑤ David Shannon, *The Decline of American Communism: A History of The Communist Party since 1945*, New York: Harcourt, Brace and Company, 1959.

的《美国共产主义的全盛时期》①；菲利普·贾菲（Philip J. Jaffe）的《美国共产主义的兴起与衰落》②；欧文·豪沃和刘易斯·科泽（Irving Howe & Lewis Coser）的《美国共产党：一部批判的历史》③ 等。这些传统的历史学者们，大都持着一种工具论或外来论的观点，即认为美国共产主义运动并非是美国本土的产物，而是莫斯科在美国推进共产主义运动的一种工具或手段。因而，美国共产主义运动的路线与方针都受制于苏联，接受苏联或共产国际的帮助和领导，一切都是为了服务于苏联。如西奥多·德雷珀就曾指出："纵有千变万变，不变的是美国共产主义运动对苏联的从属关系。这种关系曾显出多种方式，时而鲜明，时而隐晦。但是这种关系始终是决定性的因素。"④ 再比如，哈维·克莱尔也曾指出："由于知识所限，美国共产党人往往试图迎合于共产国际的需要。"⑤ 基于这样的认识，这些历史学家们认为福斯特同样也是莫斯科路线的忠实崇拜者和积极践行者。如西奥多·德雷珀在《美国共产主义的根源》一书中有一段话这样写道："为什么在走了两年下坡路之后，美国共产主义运动能够注入一股新的血液？这股在美国人看来虽小但至关重要的血液到底是什么？俄国的十月革命是主要的吸引力，以至于让福斯特这样坚定的工团主义者在去了苏联之后改变了信仰。"⑥ 这样的观点在美国学者中间具有一定的代表性，为美国共产主义运动史的研究奠定了基调。他们在评价福斯特的时候，认为福斯特没有自主性，很多观点与活动都是对莫斯科路线的阐释和发挥。应该说，这类观点在美国的史学界有着较为广泛的影响。但问题的关键在于，这种观点有着"从A必然推到B"的绝对化倾

---

① Harvey Klehr, *The Heyday of American Communism: The Depression Decade*, New York: Basic Books, 1984.

② Philip J. Jaffe, *The Rise and Fall of American Communism*, New York: Horizon Press, 1975.

③ Irving Howe & Lewis Coser, *The American Communist Party: A Critical History*, Boston: Beacon Press, 1957.

④ Theodore Draper, *American Communism and Soviet Russia*, New York: Vintage Books, 1960, p. 5.

⑤ Harvey Klehr, *The Heyday of American Communism: The Depression Decade*, New York: Basic Books, 1984, p. 415.

⑥ Theodore Draper, *The Roots of American Communism*, New York: Vintage Books, 1957, p. 323.

向，似乎美国共产主义运动的历史就是苏联方面创造的，或者是由福斯特等少数几个美共领导人操控的，而较少考虑美国的政治社会环境、文化传统以及民众的心态等因素。

"旧史学派"还包括20世纪六七十年代的前美国共产党员们。他们所持的观点与研究方法与西奥多·德雷珀等传统历史学者们的观点较为相近。代表人物和主要作品有詹姆斯·坎农（James Cannon）的《美国共产主义运动的头十年》[①]；佩吉·丹尼斯（Pegg Dennis）的《一个美国共产党人的自传——五十年政治生涯的回顾（1925年至1975年）》[②]；约瑟夫·斯塔罗宾（Joseph Starobin）的《美国共产主义在危机中 1943—1957》[③]等。西奥多·德雷珀与詹姆斯·坎农有着密切的联系，他曾邀请坎农一起合作写一部美国共产主义运动史，从坎农那里得到了一些资料，甚至他还为詹姆斯·坎农的《美国共产主义运动的头十年》一书作序，称"美国共产党的官方人物也出版过所谓的自传，但是这些自传大半是假的。坎农的信却是真的东西。我认为研究一般美国工人运动的人，特别是研究美国共产主义运动的人在今后好多年中一定会珍视这些信件"[④]。虽然说德雷珀这个结论下得未免有点武断，但至少可以看出，他与坎农的关系比较亲密，观点也比较接近。坎农也强调指出了美国共产主义运动受制于苏联或共产国际的弊病。如针对20世纪20年代末期与福斯特派之间的斗争，他这样说道："我对福斯特、毕特尔曼和其他福斯特分子在这个时期的行为，并不感到惊异和失望。到那个时候，像共产国际所属各党的一切其他干部一样，他们已经在斯大林的手心里生活。事情关系到他们的脑袋。"[⑤] 但与德雷珀不同的是，他反对将美国共产主义运动完全归结于莫斯科路线的产物。如他在书中所说："美国共产主义运动一开始就是俄

---

① [美] 詹姆斯·坎农：《美国共产主义运动的头十年》，张鼎五译，商务印书馆1963年版。

② [美] 佩吉·丹尼斯：《一个美国共产党人的自传——五十年政治生涯的回顾（1925年至1975年）》，劳远回、童一秀译，新华出版社1988年版。

③ Joseph Starobin, *American Communism in Crisis*, 1943—1957, Berkeley: University of California Press, 1972.

④ [美] 詹姆斯·坎农：《美国共产主义运动的头十年》，张鼎五译，商务印书馆1963年版，第8页。

⑤ 同上书，第240页。

国革命和美国国内激进主义运动的结合的产物。'一切来自俄国'的说法是不正确的。"① 佩吉·丹尼斯与坎农基本上持着一样的态度,指出了美国共产主义运动受制于苏联的弊病,回顾了美国共产党在以往活动中所犯的错误。她在书中对福斯特的介绍有着较大的贬低之意和偏激情绪。她虽然也在一定程度上肯定了福斯特的历史功绩,但是对他的缺点描写得更多,并将福斯特定性为"宗派主义者",认为美国共产党所犯的错误"主要都是福斯特的政策和影响所造成的"②。这些作者之前大多都是美共的高级领导人,如詹姆斯·坎农曾是美共的中央委员、助理执行秘书,而佩吉·丹尼斯是美共州委委员和共产国际通讯员。因此他们作品的精英史色彩较为浓烈,在评人论事的时候也显得简单化。这些前美共党员与传统的历史学者们一样,他们所描述的历史人物"被历史过程所修正和塑造。行为主义的阐释将美共描述为一个对外来刺激盲目反应的单细胞组织,而不考虑运动本身的变化与发展"③。

第三,"新史学派"从国际共产主义和国内激进主义相结合的视角来研究福斯特及美国共产主义运动。与"旧史学派"不同的是,"新史学派"受到了新的社会、文化环境的影响。这些新的历史学者们反对简单地认为美国共产主义运动是舶来品,更多地强调美国共运是美国激进主义的一部分,是美国本土历史传统的产物。如米歇尔·布朗(Michael E. Brown)所言,这些新历史学者们"将美共历史放在了美国左派历史的长河中"④。他们在重新考察美国共产主义运动的时候,也有论及福斯特的言行。比较有代表性的是毛里斯·艾泽曼(Maurice Isserman)的《你站在哪一边?二战时期的美国共产党》⑤《假如我有一把铁锤:老左派的衰

---

① [美] 詹姆斯·坎农:《美国共产主义运动的头十年》,张鼎五译,商务印书馆1963年版,第19页。

② [美] 佩吉·丹尼斯:《尤金·丹尼斯的一生》,劳远回、童一秀译,新华出版社1988年版,第295页。

③ Maurice Isserman, *Which Side were You on? The American Communist Party During the Second World War*, Middletown, Connecticut: Wesleyan University Press, 1982, p. x.

④ Michael E. Brown, *New studies in the Political and Culture of US. Communism*, New York: Monthly Review Press, 1992, p. 9.

⑤ Maurice Isserman, *Which Side were You on? The American Communist Party During the Second World War*, Middletown, Connecticut: Wesleyan University Press, 1982.

落和新左派的兴起》① 等。这些研究成果与"旧史学派"的作品相比，表现出了更多的灵活性，从更广的角度来研究美共的历史。新历史学家们认为美国共产党的活动是综合因素的结果，这就避免了之前简单的一元化、决定论的传统倾向，破除了外来论和工具论的"神话"。如毛里斯·艾泽曼在其著作里就从多种角度考察了美共在"二战"期间的活动，他将国内、国际形势，党的策略与工会运动等综合起来，将美共活动视为多种因素交叉影响、相互作用的结果。此外，他将个人权力斗争因素与组织因素结合来描述福斯特与白劳德的斗争，并没有将两者之间的斗争完全归结为莫斯科方面的影响。可以说"新史学派"的作品为研究美共历史和人物提供了一个全新的视角。艾德华·约翰宁斯梅尔（Edward P. Jobanningsmeier）的《塑造美国共产主义：威廉·福斯特的一生》和詹姆斯·巴雷特（James R. Barrett）的《威廉·福斯特与美国激进主义的悲剧》这两部作品就深受这种研究方法的影响。诚如詹姆斯·巴雷特自己所言："在重构和阐释福斯特政治生涯的时候，我试图将本土因素与国际视角结合起来，这样便于我们更好地了解美国激进主义的历史。"②

首先，两位作者都强调福斯特的工团主义经历对其在美共党内政治实践的影响。但不同的是，巴雷特对这种影响的估计比约翰宁斯梅尔要大些。巴雷特认为福斯特的共产主义理念可以从两个方面来加以解释：第一，革命的前景依赖于少数精英分子在保守工会践行"打入内部"政策；第二，列宁关于统一战线策略的阐释。事实上，这是福斯特在寻求一种新的组织方式使美国劳工运动变得更为激进。巴雷特指出："福斯特整个 20 年代乃至以后的政治实践，都可以理解为工团主义的政治倾向。"③ 巴雷特进一步指出，虽然关于福斯特一贯践行工团主义的观点并不新鲜，但约翰宁斯梅尔的论点为研究福斯特提供了正确的视角。即"离开福斯特早期激进主义的政治实践，就难以理解他在美共党内的

---

① Maurice Isserman, *If I had a hammer: The Decline of The Old Left and the Birth of The New Left*, Urbana and Chicago: University of Illinois Press, 1999.
② James R. Barrett, *William Z. Foster and the Tragedy of American Radicalism*, Urbana and Chicago: University of Illinois Press, 1999, Preface, p. 6.
③ Ibid., p. 4.

政治生涯。"①

其次，两位作者都对福斯特政治思想的根源与成因作了考察。约翰宁斯梅尔认为："福斯特的共产主义根植于美国现代激进主义的历史中，在解释他的政治动因方面，共产国际的影响并不是那么重要。"② 同样，巴雷特不仅强调福斯特激进主义与其工人经历的联系，也强调了美国共产主义和美国早期激进主义之间的连续性。巴雷特认为福斯特的政治思想深受美国激进主义与共产主义的双重影响，福斯特激进的经验恰恰又为两者搭起了相通的桥梁。同时，在激进主义与共产主义的交替影响下，福斯特的阶级本能与政治观点都被共产国际的政治需要所限制和扭曲。尤其是20世纪20年代中期之后，福斯特的政治实践，似乎被苏共党内政治和苏联政策的需要所主导。此外，巴雷特还指出："在20世纪30年代后期和整个40年代，随着福斯特权力的减弱以及与群众运动的脱离，他似乎更固守苏联的路线和教条地理解、应用马列主义。"③ 关于这一点，约翰宁斯梅尔也同样指出："在许多方面，福斯特的个性与观点不适应20世纪30年代工人运动的新形势。在冷战期间，他对美共在激进主义中影响的衰退负有不可推卸的责任。在其行将就木的时候，他成为了孤立的人，可悲地与培育他政治生涯的传统相脱离。"④ 这里，他们并不像旧史学派那样，简单地将福斯特的社会主义思想与实践视为莫斯科路线的反应物，更多地从共产主义和美国激进主义的双重视角来评介福斯特的政治行为。

最后，两位作者都将福斯特定性为激进主义者，并且占有了详实的历史资料，从史学的角度来考察福斯特的政治实践。艾华德·约翰宁斯梅尔在其书中详细记述了福斯特作为美国20世纪激进主义的重要人物，从19、20世纪之交的费城贫民窟走出来，慢慢成长为职业革命家以及声誉

---

① Edward P. Jobanningsmeier, *Forging American communism: The Life of William Z. Foster*, New Jersry: Princeton University Press, 1994, p. 4.
② Ibid., p. 5.
③ James R. Barrett, *William Z. Foster and the Tragedy of American Radicalism*, Urbana and Chicago: University of Illinois Press, 1999, p. 5.
④ Edward P. Jobanningsmeier, *Forging American communism: The Life of William Z. Foster*, New Jersry: Princeton University Press, 1994, p. 3.

斐然的劳工领袖。该著作占有了大量的一手材料,比如福斯特的英文著作和文章、美国联邦调查局的档案以及苏联解体之初被解密的苏联档案等。总体来讲,这本书详细记录了福斯特作为世界旅行者、铁路工人、水手、工会活动家和激进主义者等生活片段,并在一定程度上探讨了福斯特共产主义事业的起源和意义。作者在书中将福斯特定性为一个完全意义上的激进主义者,从美国劳工和工会制度史的角度来描写福斯特对美国共产主义运动产生的影响,同时也提供了一些福斯特与美国共产主义运动的派性斗争等相关资料。詹姆斯·巴雷特是美国伊利诺伊州立大学的一名历史学教授。他与约翰宁斯梅尔一样,所掌握的资料来源也比较权威,其中一部分关于苏联档案的资料还是由约翰宁斯梅尔提供的。巴雷特掌握的资料主要有:私人文章、美国联邦调查局的档案、法庭记录、解密的苏联档案、当时新闻媒体的相关报道、国会的报告等。他的这本书并不旨在写一个美国共产党领袖的历史,而是通过福斯特复杂的职业生涯和思想发展的历程,来展现美国20世纪上半叶激进主义的兴衰史。正如作者自己所说:"我相信通过福斯特的故事可以告诉我们关于美国劳工激进主义,特别是关于美国共产党的大量信息。"[①] 虽然两本书都资料丰富、详实,但学理性不强。

通过梳理国外研究福斯特的相关文献,不难看出,外国学者对福斯特的相关研究,资料详实、内容丰富,为进一步研究福斯特的社会主义思想与实践提供了可参考的材料。但是,这些研究成果也存在较大的局限性。首先,观点与立场有失客观。外国学者由于身处资本主义的社会环境之中,对所研究之对象难免带有主观情感,评事论人难免会受到外在环境和内在心境之围限。甚至一些资产阶级学者往往用一种资产阶级或小资产阶级的观点、方法、立场来研究美国共产党史、美国共产主义运动史中的重大事件和重要人物。由于阶级利益与政治立场的不同,他们对福斯特的生平实践活动乃至对整个美国共产党史都是持着一个较为否定的态度。同样是基于阶级利益和政治立场的不同,共产党人在研究美国共产主义运动以及评论福斯特的时候,难免有夸大、美化和修饰之词;而一些前共产党人

---

① James R. Barrett, *William Z. Foster and the Tragedy of American Radicalism*, Urbana and Chicago: University of Illinois Press, 1999, Preface, p. X.

由于各种原因脱离了美国共产党，他们在研究美共历史的时候，因为对美国共产党颇有微词，对福斯特的评价也难免有贬低之意。其次，研究方法过于单一，深度不够。外国学界相关作品的精英史色彩较为浓厚，大都是回忆录或者人物传记。他们对福斯特社会主义思想与实践的认识过于简单化，忽略了客观环境对福斯特社会主义思想与实践的影响。在同样的社会环境下，福斯特与其他美共领导人的政治主张有哪些异同之处？福斯特如何看待美共所处的历史方位？福斯特为何持着这样的政治观点？福斯特在每个阶段的社会主义思想与实践对美国共产主义运动造成何种影响？这些问题在某种程度上被外国学者忽视了。

三　研究方法和创新

（一）研究方法

本书在借鉴前人研究成果的基础上，主要以辩证唯物主义与历史唯物主义相结合的研究方法为指导，本着"论从史出"的原则，立足于福斯特的著述、历史资料和当时的历史背景，同时也立足于当代实践，对福斯特的社会主义思想与实践进行更深入、更系统的研究。主要研究方法如下：

1. 文本分析法。首先，立足于福斯特的著述。中国有句古话讲"文如其人"。因此，为了更好地研究福斯特的社会主义思想与实践，有必要认真研读福斯特的著作和文章，最重要的是对他的著述进行分析归纳、分门别类，以便从中透析他政治实践的思想动因。其次，要立足于历史档案资料。研究一个历史人物，应言之有理、论之有据，做到这一点，就必须占有大量的历史档案材料。福斯特既是共产主义者，同时也是一名美国人。美国理论界由于语言上、地理位置等方面的便利，掌握了大量的一手材料，包括美国联邦调查局的档案、法庭记录、当时新闻媒体的相关报道、国会的报告等。甚至有些研究工作者曾借着苏联解体之际，收集到了一些解密的苏联档案。笔者在占有这些资料的基础上，对这些资料进行辨别、归类与分析，力求勾勒出一个真实的福斯特。

2. 比较分析法。首先，笔者在写作的过程中会参考不同学者关于福斯特的研究成果，进行比较分析，力图从一个比较全面、客观的视角来梳理和研究福斯特,对福斯特的社会主义思想与实践做出全面、正确的评判。其次,福斯特并不是一个孤立的人,总会与同时期的历史人物,尤其是与当时其他美共领导人有着很大的交集。因此,有必要对福斯特与其他人的政治思想进行比较和分析,如将福斯特与洛夫斯东的政治观点进行比较,将福斯特与白劳德的政治观点进行比较,将福斯特与盖茨等激进反思派的观点进行比较等。

3. 历史与现实相结合的方法。既要尊重历史事实,也要立足于当代实践。首先,要立足于历史背景。福斯特作为一个历史人物,自然要用历史的眼光对其进行考察。所谓历史的眼光,很大程度上是指唯物辩证的眼光,即不能用静止的、孤立的、片面的眼光来看待福斯特,而是要将其放在特定的历史背景之中,结合当时的社会环境和历史环境去审读与诠释,才能更全面、更深入、更准确地反映福斯特社会主义思想与实践的原因与指向之所在。其次,要立足于当代实践。近代国学大师、新史学的积极提倡者梁启超曾这样说道:"史者何?记述人类社会赓续活动之体相,校其总成绩,求得其因果关系,以为现代一般人活动之资鉴者也。"[①] 因此,研究福斯特的社会主义思想与实践,需要立足于当代世界社会主义运动的实践,尤其是立足于各个共产党积极探索具有本国特色社会主义道路的实践,以期为当今的世界社会主义运动提供更好的历史镜鉴。

(二) 研究创新

本书对福斯特社会主义思想与实践进行全面、系统的述评,是对福斯特进行综合性研究的成果。第一,本书在占有大量历史资料的基础上,对福斯特的社会主义思想与实践进行全面、系统的阐述,避免国内外理论界集中某一方面研究福斯特的局限性。第二,立足于当时的历史背景和立足于当代实践揭示福斯特这位共产主义者的真实全貌,对其思想和实践进行客观的评析。国外理论界在评价福斯特的时候要么是不加任何批判地大力颂扬,要么就是过多地带有贬低之意。如此这般,便不能客观、公正地探讨福斯特的社会主义思想与实践。而国内理论界在评价福斯特的时候,往往囿于传统的定论,鲜有突破和创新。因此,本书站在国内外理论界的

[①] 梁启超:《中国历史研究法》,民国学术经典文库本,东方出版社1996年版,第1页。

"肩膀上",借鉴和吸收已有的研究成果,对其在不同历史时期的政治主张与实践作出详尽的分析。第三,把福斯特的主要政治观点及其政治对手的观点作详尽的对照和分析。从目前国外理论界的研究现状来看,学者们主要是用精英史或结构史的方法来描写福斯特的实践活动和美国共产主义运动,没有系统概括福斯特及其政治对手的政治观点,更没有对两者观点的异同作出客观的评析。而国内理论界对福斯特及其政治对手往往采取脸谱化的研究方法,即福斯特是正确的,其政治对手是错误的。因此,本书不仅对福斯特的社会主义政治思想与实践进行评析,还力求对相关理论观点、派别、历史问题进行客观的评析,提出新的看法。第四,本书试图通过研究福斯特这位代表性历史人物的政治思想与实践,来反映美国共产党党内老"左"派的心路历程,并力求在一定程度上揭示"美国共产主义运动为何停滞不前"的缘由。

第一章　福斯特的生平及主要政治观点

福斯特的早期生活经历使得他"对工人的生活及其痛苦获得了广泛的亲身体会"[①]。在强烈的阶级意识驱使下，福斯特积极组织劳工运动和提倡革命斗争。虽然福斯特深受多种激进主义思潮的影响，他早期的政治思想与职业生涯也在不断地发生变化，但是他最终选择了苏联共产主义，实现了向共产主义者的转变。自此，坚定不移地坚持走共产主义道路和捍卫马列主义成为福斯特不变的信念，力图通过革命斗争的道路来改造美国现状和建立共产主义新世界成为福斯特不变的政治追求。

第一节　早期生活经历对福斯特政治观念的影响

1937 年，福斯特在其自传《从布利安到斯大林》中这样说道："我试图说明哪些力量使我从一名普通的美国工人得到了革命的结论，成为一名共产主义者。"[②] 同样，1939 年，福斯特在其描绘自己工人生涯的《工人生活片段》一书中，也特别指出这本叙事性的书籍旨在说明"哪些力量使得我得出了现在的政治观点"[③]。虽然福斯特在其著作中更为着重对其人生经历进行定性分析，而对其家庭和早期的个人生活经历论及较少，但毫无疑问的是，福斯特早期的成长环境和生活经历，尤其是其早期成长环

---

① William Z. Foster, *From Bryan to Stalin*, New York: International Publishers, 1937, p. 13.

② Ibid., p. 9.

③ William Z. Foster, *Pages From a Worker's Life*, New York: International Publishers, 1939, "Foreword".

境的贫困，决定性地塑造了他的政治身份。① 事实上，福斯特曾多次强调自己的无产阶级出身。比如，在1919年钢铁工人大罢工的调查代表大会上，当福斯特被问及自己为何持这样的政治观点时，他声称道："我是从贫民窟里成长起来的。我有着艰苦的生活经历，我得以有机会看到世界上最不堪的一面，并且我在工业中的多个部门，看到了许多糟糕的事情。"② 显而易见，福斯特早期的生活经历与其无产阶级意识的觉醒有着极为紧密的联系。

一　家庭贫困对福斯特性格的影响

一个人的性格与观念往往深受其生存环境的影响，同时又会不自觉地规范着他的思维方式和行为习惯。对此，许多理论家都有论及。科学社会主义理论创始人马克思、恩格斯就曾指出人的社会意识是其社会存在的反映，社会意识由社会存在所决定。③ 马克思、恩格斯这里所强调的是物质生产方式与社会环境对人的影响作用。英国著名空想社会主义理论家欧文也指出，"人是环境的产物"，即"他一生的每一时刻中所处的环境和他的天生品质使他成为什么样的人，他就是什么样的人"④。诚然，工人家庭的贫困环境，对福斯特的性格和观念的形成有着至关重要的影响。如福斯特自己所描述的那样，得不到求学的机会，生活在穷困的家庭里，他早就"感觉到了内心里充满着阶级斗争的情绪"⑤。

1881年2月25日，威廉·泽布朗·福斯特出生在美国波士顿（Boston）陶顿镇（Taunton）的一个贫苦的工人家庭。由于家庭贫困，福斯特一家大部分时间都是住在贫民窟或半贫民窟。从7岁到10岁，福斯特一边卖报，一边进校读书。10岁时，由于经济困难，他不得不辍学而去做工，开始了26年的工人生活的经历。关于福斯特家庭的贫困程度，亚

---

① Edward P. Jobanningsmeier, *Forging American communism: The Life of William Z. Foster*, New Jersry: Princeton University Press, 1994, p.10.
② U. S. Senate, Committee on Labor & Education, "Investigation of Strike in the Steel Indusry", 66th Cong., 1st sess., 1919, p.388.
③ 《马克思恩格斯选集》第2卷，人民出版社1995年版，第32页。
④ [英]罗伯特·欧文：《欧文选集》第一卷，柯象峰译，商务印书馆2009年版，第347页。
⑤ William Z. Foster, *From Bryan to Stalin*, New York: International Publishers, 1937, p.14.

瑟·齐普赛（Arthur Zipser）在其《工人阶级的巨人：威廉 Z. 福斯特的一生》中曾这样描述到，威廉·福斯特的父亲詹姆斯·福斯特（James Foster）作为一位爱尔兰的政治流亡者（political refugee），其在美国的境遇是极其糟糕的，詹姆斯·福斯特当时最为值钱的物件就是他从爱尔兰带来的一件极为普通的大衣。① 福斯特一家居无定所，在他们居住在陶顿的 1872 年到 1887 年间，他们的住址甚至更换了 9 个不同的地方。② 正是由于看不起病、营养匮乏以及居无定所等贫困条件所限，詹姆斯·福斯特家的孩子大多在孩童时期就夭折了。③ 这一点也在福斯特的自传《从布利安到斯大林》一书中得到了印证，即家庭里 23 个孩子中的大多数都是由于家境贫穷很小便死去。④ 根据福斯特对自己成长环境和个人经历的相关描述，对福斯特产生影响的力量纷繁复杂，难以厘清，但有一点可以肯定的是，福斯特家庭的贫困对其思想意识产生了重要的影响。福斯特后来在回忆自己孩童生活的时候多处描绘和强调自己家庭的贫困以及自己居住环境的恶劣，如福斯特回忆自己曾居住在"第 17 街和凯特尔街交叉的地方，那是费城西端典型的贫民区。凯特尔街是一条嘈杂、狭窄的小街，其中有几家马房、一个木厂、一个地毯清洁作坊、几家妓院以及许多摇摇欲坠的住宅。……住在这里的都是一些半饥不饱、身染疾病、无前途可言的穷人。这些人主要是依靠打零工、乞讨、偷窃等办法度日"⑤。在福斯特看来，虽然在这种贫困的环境中存在着社会堕落的现象，但这里"仍然有着很多的真正的无产阶级精神"⑥。在这种环境中生长起来的福斯特，势必会受到该环境及其精神意识的影响。如美国历史学者詹姆斯·巴雷特在其《威廉·福斯特与美国激进主义的悲剧》一书中，专门以"Skittereen 与开阔道路"为第一章详细描写了福斯特的生长环境和早期心理活动，

---

① Arthur Zipser, *Workingclass Giant: The Life of William Z. Foster*, New York: International Publishers, 1981, p. 10.

② Edward P. Jobanningsmeier, *Forging American communism: The Life of William Z. Foster*, New Jersry: Princeton University Press, 1994, p. 11.

③ Ibid., p. 12.

④ William Z. Foster, *From Bryan to Stalin*, New York: International Publishers, 1937, p. 12.

⑤ William Z. Foster, *Pages From a Worker's Life*, New York: International Publishers, 1939, p. 15.

⑥ Ibid., p. 18.

并证明两者之间的关联性。①

二 童工经历对福斯特阶级观念的塑造

艰苦的童工经历，使得福斯特模糊地感觉到有钱人是造成残酷现实的原因，这塑造了他的阶级观念。如他在回忆自己童工的经历时说："深深地愤慨我生活的贫困，甚至就凭我这双童稚的眼睛也能看见：是有很多阔佬，他们显然不工作，然而却过着奢侈的生活。"②

19世纪后半叶，费城最为突出的特征是经济发展极其不平衡，虽然有类似于克兰普船厂和鲍德温机车厂这样的庞大公司，吸引了成千上万的工人，并为他们提供了较为稳定的工作和较高的工资，但是在搬运业和建筑业里还是存在着无数的血汗工厂，有着大量的非技术型工人。福斯特的父亲詹姆斯·福斯特就是其中的一员，这种非技术性的工作极不稳定且工资较低。③ 19世纪90年代，美国经济大萧条时期到来，这是美国在1929年之前的历史中所经历过的最为严重的一次经济危机，贫困、血汗工厂、贫民窟的治理、失业以及童工等问题成为美国社会的痼疾。在这样的大环境下，福斯特的家庭也遭到了经济大萧条的重创。福斯特的父亲作为非技术性型的工人，在数月之内都找不到一个工作。鉴于这种情况，自1891年开始，福斯特在其十岁时就彻底放弃了学业，早早开始了童工的生活。福斯特之后在提到这段经历时，这样说道："为了家庭，出去赚钱的重担落在了姐姐和我的身上，但很多工作是我们这些十来岁的孩子难以做得来的。"④

自然，做工的过程是极其痛苦的，这种艰苦的童工生涯使得福斯特开

---

① "Skittereen"一词出自爱尔兰语，指的是费城西部第17街和凯特尔街交叉的地方，即福斯特童年居住的地方。1887年冬天，当福斯特一家从波士顿的陶顿镇来到费城的时候，"Skittereen"已经是年代久远的贫民窟了，居民主要是由工人阶级组成。详见 James R. Barrett, *William Z. Foster and the Tragedy of American Radicalism*, Urbana and Chicago: University of Illinois Press, 1999, pp. 9–29。

② William Z. Foster, *From Bryan to Stalin*, New York: International Publishers, 1937, p. 14.

③ James R. Barrett, *William Z. Foster and the Tragedy of American Radicalism*, Urbana and Chicago: University of Illinois Press, 1999, p. 12.

④ William Z. Foster, *Pages From a Worker's Life*, New York: International Publishers, 1939, p. 18.

始对周围的世界有了更为直观的感知。他甚至在卖报的过程中,时常坐在街边去思考这个世界。尽管当时他识字不多,但还是努力地拼出报纸上的只言片语尽可能去了解自己身边发生的事情。① 其中使他最为激动的消息是劳工冲突等重大事件以及1894年柯克西(Coxey)失业队伍进军华盛顿举行游行示威。当柯克西运动陷入低潮时,仿佛就是像福斯特的个人悲剧一样。不仅如此,他开始以极大的兴趣与同情注视着这一时期的很多罢工以及其他工人斗争。比如他还高度关注着布利安运动②。当布利安到费城的时候,福斯特曾挤在人群中聆听布利安令人鼓舞的演讲。据福斯特自己所讲,布利安运动的失败,就像是给了自己一个严重的打击,也给了自己很大的教育。③ 在这里,福斯特首次将自己的个人命运与工人斗争的命运紧密地联系在了一起。应该讲,正是自己艰苦的童工经历,福斯特对许许多多工人阶级的境遇和命运,有着深刻而持久的了解与同情。

三 工人生活与福斯特阶级斗争意识的觉醒

福斯特无产阶级意识的觉醒,选择走上阶级斗争、争取工人阶级解放的道路与其26年的工人生活经历不无关系。如他在自传中回顾这一段经历时这样说道,"我父亲竭力想使我成为一个热情的爱尔兰民族主义者",母亲想"使我变成一个虔诚的天主教徒";但是"我当工人所过的穷困的生活,替我决定了另一命运。我深受贫困与被剥削的痛苦,又目睹周围很多工人都表示决心反抗同样的境遇,我便自然而然地投入美国的阶级斗争中"④。的确,福斯特在很多地方、很多工业部门中都工作过,如化学工

---

① James R. Barrett, *William Z. Foster and the Tragedy of American Radicalism*, Urbana and Chicago: University of Illinois Press, 1999, p. 11.
② 所谓布利安运动,是1896年美国民主党总统候选人威廉·本宁斯·布利安领导的为总统大选造势的活动,属于小资产阶级性质的运动。但是布利安批驳了社会党提出的金本位理论,一定程度上捍卫了工人与农民的利益。
③ 详见 William Z. Foster, *From Bryan to Stalin*, New York: International Publishers, 1937, p. 20. On the significance of the 1890s upsurge in the broader pattern of nineteenth - century strikes, see David Montgomery, "Strikes in Nineteenth Century America" *Social Science History* 4 (February 1980), pp. 81 – 102。
④ William Z. Foster, *From Bryan to Stalin*, New York: International Publishers, 1937, pp. 14 – 15.

业、木材加工业、五金业、肉类包装业、农业、海上运输业、铁路运输业、建造工业等，走遍了从纽约到加利福尼亚，从佛罗里达到华盛顿的城乡。正是艰苦的工人生活经历，使得他对工人的生活及其不幸的遭遇获得了较为深刻的亲身体会。①

同时，工人生活中所经历的数次工人罢工与群众斗争对福斯特的整个人生观也产生了深远的影响。整个19世纪90年代，工人的罢工运动与斗争此起彼伏，他们的战斗精神，对迅速扩张的资本主义形成了巨大的压力。当然，这个时候工人阶级起来斗争并非出于高度的阶级觉悟，而是出于强烈的阶级本能。但是这些事件都使得福斯特深为激动，据福斯特回忆，这个时期艰苦的、激烈的罢工，特别使他感兴趣，并提高了他的阶级觉悟。这个时候，他时刻关注着各地的罢工斗争及其进展，他与工人休戚相关之感，也不禁油然而生。如他自己所说："一次次的罢工迅速地培养了我的无产阶级本性。在工人们的斗争中，我总是同情他们，而且我很想参加他们的斗争。"② 正是出于对贫苦工农的同情与支持，福斯特积极参与了布利安运动。1896年，布利安运动爆发，15岁的福斯特成为这个运动的同情者和热烈支持者。自然，这个时候福斯特还不能够判断布利安纲领中资产阶级性质的政治内容，但在福斯特看来，这个纲领仿佛是真正对压迫一般工农大众的大托拉斯作战。基于这样的认识，福斯特以其全部的力量来支持这个运动。他积极参加政治会议，听布利安的演讲，聆听赞成与反对这个运动的有关论战，参加火炬游行等。③ 应该说，正是一次次的罢工迅速地培育了福斯特的无产阶级本性。在工人们的斗争中，福斯特总是与工人们站在一起，对他们予以同情和支持。

总之，福斯特本人的工人生活经历，加之外界力量（工人罢工、群众斗争）潜移默化的影响，福斯特的无产阶级意识慢慢觉醒，彻底改变了他已有的人生观，而选择踏上走向革命人生观的道路。

四　福斯特对革命与阶级对抗的初步体验

所谓阶级对抗，亦称"阶级冲突"和"阶级斗争"，是社会不同阶级

---

① William Z. Foster, *From Bryan to Stalin*, New York: International Publishers, 1937, p. 13.
② Ibid., p. 20.
③ Ibid..

之间由于经济地位和物质利益的不同而导致的相互对立和斗争。革命则是阶级矛盾和阶级对抗高度激化的表现。对此，福斯特在其早期的生活经历中有了自己的初步认识与体验。

父亲的革命性政治观点对威廉·福斯特后来作为工团主义者与共产主义者时的革命观点与行为产生了重要的影响。① 正如空想社会主义理论家欧文所言："人所接受的知识都是从周围事物得来的，其中主要是从离他最近的前辈们的榜样和教导中得来的。"② 诚然，在威廉·福斯特的孩童时期，在家里就深受父亲"战斗的爱尔兰民族主义的政治熏陶"。虽然，当时幼小的福斯特并不完全懂得父亲到底在说什么，但通过父亲的故事性描述，福斯特对战斗英雄的崇拜之情油然而生。他的父亲詹姆斯·福斯特曾是芬尼亚会（Fenian organization）的会员，该协会是一个爱尔兰民族主义者团体，是活动于 19 世纪 50 年代至 60 年代的秘密性的兄弟协会。该协会本身充满了神秘性与各种各样的革命性话语。这种兄弟间的相互促进带来了更大的责任感以及深奥的知识，促使他们认为自己是国际性运动的一分子。对此，英国著名的左派历史学家霍布斯鲍姆（E. J. Hobsbawm）曾特别指出这种理念与后期社会主义运动的全球性视角（globalist perspective）之间的相似性，并且强调芬尼亚兄弟会的策略通常是设想由少数人直接发生暴动并以某种不确定的方式（in some unspecified way）来吸引群众。③ 在某种程度上，这与福斯特后来创立的美国工会教育同盟所践行的"打入内部"政策有着很大的联系。尽管他在自传中对父亲的描述比较粗略，但无疑福斯特对革命的初步认识深受他父亲的影响。比如，在父亲的影响下，福斯特第一个严肃的政治反应就是致力于爱尔兰的解放。此外，福斯特也被少数人可以更好完成任务这一诱人观点所深深吸引。同时，福斯特也羡慕父亲作为一名致力于自己政治观点的"反叛者"（rebel）和"战斗者"（fighter）。④

---

① Edward P. Jobanningsmeier, *Forging American communism: The Life of William Z. Foster*, New Jersry: Princeton University Press, 1994, p. 16.

② ［英］罗伯特·欧文：《欧文选集》第一卷，柯象峰译，商务印书馆1965年版，第59页。

③ E. J. Hobsbawm, *Primitive Rebels: Studies in Archaic Forms of Social Movement in the 19th and 20th Centuries*, New York: Norton, 1959, pp. 164–166.

④ Edward P. Jobanningsmeier, *Forging American communism: The Life of William Z. Foster*, New Jersry: Princeton University Press, 1994, p. 16.

但也有学者认为，福斯特的革命性观点也受到了男性担当的观念限制。如传统的美国劳工运动常常将女性排除在"战斗者"的角色之外。对此，福斯特也持着同样的观点，他认为理想的劳工组织者通常是富有战斗力的男性工人。①

19世纪90年代，福斯特工人生涯的头十年，是美国工人积极斗争的年代之一。就当时斗争的激烈程度而言，这是美国之后二十五年时间里的任何工人斗争无法比拟的。这十年，资本家对工人的剥削也在迅速加强。资本家的残暴，以主张"公众活该受罪"的范德比尔（Vanderbilt）最为典型。资本家们正在加紧掠夺穷苦的农民和工人，同时他们的新托拉斯排挤掉了小商人、小企业，并利用铁路大肆攫夺政府所有的农田、森林与矿场等，逐渐形成了垄断。州政府、联邦政府与资本家相互勾结在一起，按照资本家的意图来行事。于是整个19世纪90年代，是美国工人罢工斗争风起云涌的时代。在这个大背景下，福斯特对阶级对抗、阶级斗争有了自己的初步认识。比如，福斯特后来声称，1895年费城电车工人大罢工使得他接受了阶级斗争的洗礼，对他的整个人生观有着深邃的影响，并使他成为一个工会运动者，至少在理论上是这样的。② 因为这毕竟是福斯特第一次参加的罢工斗争。通过费城电车工人大罢工，福斯特得出了一个基本的经验教训：工人单独反抗雇主是无济于事的，只有将个人的力量与其他工人结合起来，才能在关于工资待遇这个切身问题上，起到一定的成效。③ 当然，需要指出的是，尽管福斯特认为这次大罢工是他首次了解到阶级斗争，并认为发生了很大的骚动与暴乱，④ 但是这次斗争要比他描述的复杂许多。如艾德华·约翰宁斯梅尔所指出，倘若这次罢工属于"阶级斗争"范畴的话，理应得到工人们的广泛同情与支持，但事实是这次罢工所导致的暴力与骚乱并没有得

---

① Elizabeth Faue, *Community of Suffering and Struggle: Women, Men and the Labor Movement in Minneapolis, 1915–1945*, Chapel Hill: University of North Carolina Press, 1991, pp. 73–74.

② William Z. Foster, *From Bryan to Stalin*, New York: International Publishers, 1937, p. 15.

③ Ibid..

④ William Z. Foster, *Pages From a Worker's Life*, New York: International Publishers, 1939, p. 143.

到工人们的过多支持，并且罢工者本身并未参与暴乱和破坏街头车辆的活动。① 但不管怎样，这次罢工使福斯特将注意力从爱尔兰解放的问题上转移到美国的阶级斗争上。② 也正是一次次的工人罢工与群众斗争，使得福斯特对阶级斗争逐步形成了自己的认识，并激发了他的战斗精神以及与工人们一道反抗现实的决心。

第二节　福斯特早期的政治思想与实践

福斯特早期曾受多种激进主义思潮的影响。詹姆斯·巴雷特曾说："纵观福斯特思想意识的发展，我们不难发现有多种激进主义的影响，即社会主义、工团主义、共产主义。因此，我们应着重探讨福斯特作为一名美国工人是如何看待和践行这些主义的，而不是进行抽象的分析。"③ 某种程度上，也正是由于早期受到了不同激进主义思潮的影响，福斯特的政治生涯经历了"社会主义者、世界产业工人联合会会员、工团主义者、劳工组织者和共产主义者等五个阶段"④。

一　曾受劳工党社会主义的影响

工人的生活经历，使得福斯特对资本主义经济、政府的幻想彻底破灭，而他所读的大量的历史与社会科学方面的书籍，又使得他对宗教的幻想彻底消失。这些都为他转变成社会主义者打下了基础。但是福斯特真正成为社会主义者却是深受社会劳工党（Socialist Labor Party）社会主义的影响。

福斯特曾和美国的政治学家、经济学家保罗·道格拉斯（Paul Doug-

---

① Edward P. Jobanningsmeier, *Forging American communism: The Life of William Z. Foster*, New Jersry: Princeton University Press, 1994, p. 20. 关于这一点，《费城咨询》也曾刊文称："同情与支持工人罢工是没错的，错的是支持闹事者和暴动者，因为罢工者并没有责任，责任在于失态发展的本身。"(*Philadelphia Inquirer*, Dec. 25, 1985.)

② William Z. Foster, *From Bryan to Stalin*, New York: International Publishers, 1937, p. 15.

③ James R. Barrett, *William Z. Foster and the Tragedy of American Radicalism*, Urbana and Chicago: University of Illinois Press, 1999, p. 2.

④ Edward P. Jobanningsmeier, *Forging American communism: The Life of William Z. Foster*, New Jersry: Princeton University Press, 1994, p. 3.

las）谈起自己的晚年时这样说道："一个人必须要有自己坚持的基本准则，他必须要牢记这些最根本的东西。"① 实际上，这些基本准则本身早已存在着，只是大多时候自己并未察觉。对福斯特来说，他的基本准则就是阶级斗争。他对劳工新闻的兴趣以及对街头罢工斗争的经历激起了他与工人阶级团结在一起的观念。同时，他广泛地阅读书籍，试图寻求某种方式来了解自己周围的世界，或许也是为了改变社会现实。他回忆道："外界的力量使我天生的无产阶级本性，迅速变成真正的阶级觉悟。"② 福斯特在其回忆录里描述这些力量的时候着重描述他在费城的早期工人生活，他的思想意识在1900年以前一直处在飘忽不定的状态，在此之后他的世界观才发生了他称之为"非常突然的"改变，③ 即接受了社会主义，成为一名真正的社会主义者。

一名社会主义者的演讲使得福斯特第一次接触社会主义，并对他产生了重大影响。据福斯特自己描述，1900年夏天的一个晚上，他在费城的布劳德街（Broad street）与南街（South street）散步，看见一个人在大街上慷慨激昂地发表演说，他便站在那里听。演说者是一名社会主义者、社会劳工党的党员。社会劳工党是社会主义者于1876年7月19日到22日在费城成立的一个马克思主义政党，自1876年到1900年社会党建立的25年里，一直是马克思主义在美国的旗手。在19世纪70年代和80年代的这一段时期，马克思特别是恩格斯，曾向美国的社会主义运动提过直接的意见，与一切典型的不良偏向进行斗争。但是到19世纪90年代末期，社会劳工党的工作频频出现失误，加之激烈的党内斗争达到顶点，社会劳工党最终走向了不可挽回的分裂局面。这个时候，福斯特接触到的社会劳工党已经是分裂之后的劳工党。这位演说者的社会主义性质的演讲对福斯特的人生观产生了很大的影响，多年之后福斯特依然能够描绘出当天的具体细节。据福斯特回忆："这是我第一次接触到的革命运动。而之前我甚至没有看到过一本关于社会主义的书籍或者手册，虽然我读了不少书籍。……这个演讲者的论据与分析似乎使得自己在阶级斗争中的经验有了真正的意义。"对

---

① James R. Barrett, *William Z. Foster and the Tragedy of American Radicalism*, Urbana and Chicago: University of Illinois Press, 1999, p. 21.
② William Z. Foster, *From Bryan to Stalin*, New York: International Publishers, 1937, p. 21.
③ Ibid., p. 23.

于这次演讲的重要意义，福斯特这样说道："那次街上的集会，的确标志着我一生的巨大转折点。"① 福斯特自此踏上了社会主义的道路。

之后，福斯特便开始阅读大量的社会主义书籍与报刊，对革命运动也更加了解和熟悉。1900 年深秋美国举行总统大选之时，福斯特正在雷丁（Reading）附近宾夕法尼亚州的怀俄密辛（Wyomissing）一家肥料工厂中工作，尤金·德布斯（Eugene Debs）与约布·哈里曼（Job Harriman）作为社会党的候选人参加了总统的竞选。福斯特出于对社会主义的认同与支持，陪同自己的姐夫乔治·麦威（George McVey）走了六里路，投了社会党的票。第二年，福斯特便参加了刚从社会劳工党分裂出来的社会党。② 加入社会党之后，福斯特积极参加社会党的工作，开始阅读党的文件。自 1904 年到 1909 年间，福斯特作为一名社会主义者积极投身于地方性的社会主义运动。这一时期，福斯特投身于该地的政治运动，并阅读了大量的社会主义书籍。他认真阅读了马克思、恩格斯的《共产党宣言》《雇佣劳动与资本》《价值、价格与利润》等著作。他以极其迫切的心情阅读了刚在美国出现的第一卷《资本论》以及拉法格、普列汉诺夫、考茨基与倍倍尔等人的很多著作。③ 在社会主义思潮的影响下，福斯特自称成为"一位很成熟的社会主义者"④。

二　曾受工团主义的影响

福斯特在阅读社会主义书籍的过程中，深受丹尼尔·德雷翁（Daniel Deleon）工团主义的影响，逐渐转向了工团主义。福斯特几乎读完了丹尼尔·德雷翁的所有作品，⑤ 这些作品给他留下了极其深刻的印象。⑥ 德雷

---

① William Z. Foster, *From Bryan to Stalin*, New York: International Publishers, 1937, p. 23.
② 详见 William Z. Foster, *From Bryan to Stalin*, New York: International Publishers, 1937, pp. 23 - 24.
③ William Z. Foster, *From Bryan to Stalin*, New York: International Publishers, 1937, p. 26. See also James R. Barrett, *William Z. Foster and the Tragedy of American Radicalism*, Urbana and Chicago: University of Illinois Press, 1999, p. 30.
④ William Z. Foster, *From Bryan to Stalin*, New York: International Publishers, 1937, p. 26.
⑤ Ibid..
⑥ James R. Barrett, *William Z. Foster and the Tragedy of American Radicalism*, Urbana and Chicago: University of Illinois Press, 1999, p. 31.

翁生于委内瑞拉，是一位虔诚的、不知疲倦的革命战士。同时他在理论上对美国的革命运动有着极大的影响。如德雷翁在其《改良还是革命?》（Reform or Revolution?）一文中曾尖锐地批驳改良主义。德雷翁指出，改良存在着很大的不足与危险，即改良只是对现存社会制度的修补而不是着眼于改变。因此，改良作为一个诱惑或者诱饵，旨在将被剥削者捆绑在资本主义制度之中。他进一步强调道："我们的社会主义者不是改良者，而是革命者。我们并不打算改变形式，我们不关心任何形式，我们要改变的是社会内部的运行机制。"① 福斯特极其赞同德雷翁的这个观点。福斯特指出德雷翁对革命运动的最大贡献，就是他深刻揭露了右倾机会主义。"他对美国劳工联合会职员与社会党小资产阶级领袖的批评鞭辟入里"②。显然，德雷翁当时的主张正好契合于福斯特的政治方向。福斯特后来回忆称自己所受的德雷翁主义的教育，引导他走向了逻辑的结论——工团主义。③ 福斯特回忆起这段往事的时候，讲到他投奔世界产业工人联合会，没有回到社会党，这也许是他事业中最大的政治错误。虽然那个时候的社会党整体来说不是一个革命性的政党，然而经过它的左翼的努力，它终于成为革命性政党——美国共产党种子的传播者。就此而言，福斯特离开社会党，使得他与革命的主流——社会党左翼相隔离，结果是福斯特开始了他自己所说的"在工团主义贫瘠的沙漠中徘徊了十二年"④ 的历程。

为了更好地了解和掌握工团主义，福斯特为此专门去欧洲游学。对此，詹姆斯·巴雷特曾这样说道："福斯特在欧洲学习的经历，为其提供了一种理论与实践的经典混合物。他努力地学习外文，不仅学习法语而且还积极学习德语、西班牙语以及俄语，凭此欲游学整个欧洲大陆。"⑤ 艾华德·约翰宁斯梅尔也曾提及福斯特的欧洲之旅为他在世界激进政治与劳

---

① Daniel De Leon, "Reform Or Revolution?", An address delivered at *Wells' Memorial Hall, Boston, Mass, January 26, 1896*. Published Online by Socialist Labor Party of America, (http://www.slp.org/pdf/de_leon/ddlother/reform_rev.pdf. 访问时间：2015 年 9 月 12 日)。

② William Z. Foster, *From Bryan to Stalin*, New York: International Publishers, 1937, p. 33.

③ Ibid., p. 38.

④ Ibid., pp. 38 – 39.

⑤ James R. Barrett, *William Z. Foster and the Tragedy of American Radicalism*, Urbana and Chicago: University of Illinois Press, 1999, p. 43.

工政治中获得影响力提供了一个极好的机会。①

1910年，福斯特作为世界产业工人联合会的成员去法国半年，研究法国工人运动。② 当时，无政府工团主义是法国工会运动的一个基本趋向，它在无政府主义者参加工会以后开始形成了自己的特点。无政府工团主义完全依赖于工会和工会运动。他们认为工会（或者工团）是工人阶级唯一的组织，只有工会才能够代表工人的利益。他们尤其反对参与政治，拒绝一切政治党派，拒绝参加任何议会与选举。无政府工团主义在当时的法国有着极大的影响，虽然并未蔓延成世界劳工的主流倾向，但它却在许多国家的劳工界产生了较大的影响。美国的工会，显然也是受到了无政府主义工团主义的影响，主要是受到了法国总工会的影响。美国工会以及福斯特都接受了工团主义的思想观点。当时世界产业工人联合会这一工团主义的组织，进行了一系列的地方性与全国性罢工，这些罢工鼓舞了每个国家的工人。它关于战斗行动、怠工、总罢工的理论，以及由工会来管理新社会的理论，在当时的福斯特看来，都是革命政策的定论。在法国，福斯特受到了法国总工会领袖的欢迎，受邀考察了多个工会。福斯特不仅阅读了斐南德·倍罗迪埃（Fernand Pelloutier）、维克托·格利佛斯（Victor Griffuelhes）、昂利·柏格森（Henri Bergson）、乔治·索莱尔（George Sorel）以及其他很多工团主义作家的著作，而且还经常与工团主义的领袖们接触。此外，他还积极参加了法国1910年的铁路工人罢工。福斯特醉心于当时工会有效应用着的怠工与总罢工的法国工团主义理论，并衷心的赞成总工会战士们反对社会党与一般政治行动的斗争。总之，这个时候，福斯特已经称自己为"一个十足的工团主义者了"③。

之后福斯特又在德国待了半年，专心研究德国的工人运动，并且利用这个机会学习德文。福斯特当时住在德国工团主义联盟主席佛利兹·卡特

---

① Edward P. Jobanningsmeier, *Forging American communism: The Life of William Z. Foster*, New Jersry: Princeton University Press, 1994, p. 42.

② 关于这一点，在去欧洲的船上，福斯特曾给美国工团主义的另一名代表性人物赫蒙·梯杜斯写过一封信专门交流他对于欧洲学习的想法，即"我不能说对现在的理论有着很深的了解，但是我去的这个国家可以让我学习到一些东西，这个国家就是法国"。（William Z. Foster & Herman Titus, *Insurgency* p. 8. 详见 Edward P. Jobanningsmeier, *Forging American communism: The Life of William Z. Foster*, New Jersry: Princeton University Press, 1994, p. 42.）

③ William Z. Foster, *From Bryan to Stalin*, New York: International Publishers, 1937, p. 48.

(Fritz Kater) 的家里，他不断地阅读工会与社会民主党的历史、纲领、代表大会的报告等文件。此外，他还经常参加群众大会、罢工大会与代表大会，并熟识了很多卓越的党的领袖与工会领袖，如包括后来被列宁称之为叛徒的卡尔·考茨基（Karl Kautsky）与最后成为英雄的卡尔·李卜克内西（Karl Liebknecht）。1911 年初，当时的德国社会民主党因为用议会方法替群众争取选举权的斗争已经行不通，正在考虑着通过总罢工来获得选举权的可能性。在这个问题上，德国社会民主党内发生了尖锐的斗争。在这次斗争中，深受伯恩斯坦主义影响的列金（Legien）① 分子控制着工会，他们取得了这场斗争的完全胜利，甚至禁止工会讨论总罢工的问题。此次事情的发展过程，使得福斯特深信：德国社会民主党与其一切附属组织，以及其他国家类似的政党，都是革命道路中确定性的障碍。基于这样的认识，福斯特在给世界产业工人联合会的报纸写文章时也发表了这样的意见。正是由于福斯特对社会民主党持有这样的不满意见，福斯特甚至还激烈地批评了李卜克内西与卢森堡所领导的左翼的政策，批评他们不摈弃社会民主党的政策以及不发动法国式的工团主义运动。通过德国的经验，更巩固了福斯特的工团主义观念。不革命的社会民主党，保守的工会及其控制下的合作社，都使得福斯特更加确信要制定一个革命的工团主义政策的必要。②

学习欧洲工团主义的经历对福斯特的政治观念产生了很大的影响。在离开欧洲之后，福斯特仍与法国保持着紧密的联系，这为他理解美国劳工运动的工团主义提供了极其重要的海外视角，并且加强了法国工团主义方面对他观念的影响，如他着手建立美国工团主义运动。③ 基于学习欧洲工团主义的经验，他认识到了德国选举政治的负面影响和法国工团主义的"打入内部"策略的极端重要性。他强调了持续组织和鼓动主流工会中激

---

① 卡尔·鲁道夫·列金（Karl Rudolf Legien，1961——1920），19 世纪末 20 世纪初德国和国际工会的右翼领导人之一，自 1892 年起，任德国工会总委员会的主席。

② 详见 William Z. Foster, *From Bryan to Stalin*, New York：International Publishers, 1937, pp. 50 - 51. 也可参见 James R. Barrett, *William Z. Foster and the Tragedy of American Radicalism*, Urbana and Chicago：University of Illinois Press, 1999, pp. 46 - 47.

③ James R. Barrett, *William Z. Foster and the Tragedy of American Radicalism*, Urbana and Chicago：University of Illinois Press, 1999, p. 58.

进分子的必要性，领导他们实现革命性的目标、组织形式和策略。① 之后，福斯特不仅在美国建立了北美工团主义同盟，而且深深地迷醉在无政府工团主义与半无政府工团主义的著作中。他深受巴枯宁、克鲁泡特金、尼采、斯蒂纳、雷斯特·瓦尔德这类作家作品的影响，一方面接受或者说相信马克思的革命的经济学、阶级斗争学说与唯物史观；另一方面却丢开了马克思、恩格斯关于建立社会主义的革命战略、组织制度与主张。正如福斯特自己宣称的那样，他的思想发展确实有一种朝向无政府主义的倾向；实际上，他成为一个无政府工团主义者。②

三 早期领导工人大罢工

丰富的劳工组织经验，塑造了福斯特的革命观点，使得他将工会作为革命的主要载体。"把工会看作革命的主力。因此，工会虽然在哲学方面还并不是明显地革命，但是它最终会贯彻推翻资本主义的行动。"③ 作为美国工人运动的杰出组织者和领导者，福斯特在美国工人运动史上有着极高的地位，曾参与组织了多次工人罢工。在芝加哥组建北美工团主义同盟时，他就领导了多次罢工，之后又组织了圣路易"国际工会教育同盟"，且积极组织了产业工会的工作。此外，最为引人注目的是，他于1917年领导了芝加哥屠宰工人大罢工并取得了胜利，以及于1919年组织了美国钢铁工人大罢工，奠定了他在美国工人运动史上的卓越地位，成为美国引人注目的劳工组织者和领导者。在组织劳工斗争的过程中，福斯特高估了工人阶级的激进性，积极提倡革命斗争。

（一）组织屠宰场工人罢工

福斯特根据自己组织劳工的丰富经验，加之对战争形势的考量，得出了一个重要结论，"就是战争时期的首要的革命任务，即建立工会运动，组织千千万万无组织的工人运动"④。于是在1917年，福斯特积极组织了以"食物使战争得胜"为口号的屠宰场工人大罢工，并为自己以后的革

---

① James R. Barrett, *William Z. Foster and the Tragedy of American Radicalism*, Urbana and Chicago: University of Illinois Press, 1999, p. 47.
② William Z. Foster, *From Bryan to Stalin*, New York: International Publishers, 1937, p. 63.
③ Ibid., p. 88.
④ Ibid., p. 88.

命观点奠定了基调：一是高度重视工会运动对于革命的重要意义；二是强调革命方式的灵活性。

　　福斯特在这个时候之所以如此强调战时工会的激进潜能，是因为"战时工人的凝聚力、罢工浪潮以及工会中的激进行动都似乎为福斯特的有关论调提供了有力的证明"①。当时，工人们的斗争情绪异常高涨，并积极准备组织工会和举行罢工。在 1915 年至 1916 年间，爆发了数次失业工人大罢工，工会的成员数量也在 1916 年至 1920 年间增长了两倍，一度高达 500 万。据此，福斯特乐观地认为工会成长异常迅速，而且很快就会超过历史上的最高峰，并指出："我深信那急速扩张着的工会将强大到足以推翻老朽的资本主义机构，而接管社会的日子已为期不远了。"② 1917 年 4 月 6 日，美国参加了战争，联邦政府为了使工人积极支持战争以及避免在国防工业发生致命性的罢工运动，联邦政府被迫对工会采取了较为积极的态度。可是，工人们受着生活费用迅速上涨的困扰，对战争并无兴趣，同时资方正需要大量的工人，因此便为组织工人的斗争造成一个极好的机会。在这样的背景下，福斯特积极策划、组织和领导了屠宰场工人大罢工，这次大罢工基本上达到了最主要的目标，在美国工人运动史上有着极其重要的意义。后来福斯特曾这样总结道："在屠宰业中取得的胜利，宣告了美国工人组织新阶段的开始。这是工会所组织的第一个大生产和托拉斯化的工业。这一胜利的达到，是因为实行了战斗性的政策，并且至少是以变通的方式，应用了产业工会的原则，因此它具有加倍的重要性。"③这里，福斯特强调了将工会作为革命的重要堡垒和策略的原则，同时也强调了革命的务实性。

　　对于福斯特这个时候组织劳工的动机、革命策略以及对待战争的态度，有学者认为福斯特也许带有一点机会主义的成分。即当时很多的社会主义者、世界产业联合会会员以及其他劳工激进主义者都坚定地反对战争，并因为积极反战而锒铛入狱，但福斯特对战争似乎是持着积极支持的

---

① James R. Barrett, *William Z. Foster and the Tragedy of American Radicalism*, Urbana and Chicago: University of Illinois Press, 1999, p. 72.

② William Z. Foster, *From Bryan to Stalin*, New York: International Publishers, 1937, p. 88.

③ William Z. Foster, *American Trade unionism : Principles and Origanization Strategy and Tactics*, New York: International Publishers, 1947, p. 29.

态度。他在工业中的战斗状态、对战争持有的热情和支持态度使得他与其他工团主义者迥然不同。福斯特将战争视为组织和加强劳工运动的绝妙时机,而不是建立起一个反战运动。①

关于这一点,福斯特自己也间接地接受了这种批评,即"关于我对战争的态度,在这点上我应受到最尖锐的批评,因为不可否认地,我的立场是机会主义的"②。但福斯特断然否认自己本身是一名机会主义者,而认为自己是一名坚定的革命者,也没有放弃自己的革命观点,只是把革命作为组织劳工运动的首要目标和核心要素。③

(二) 组织钢铁工人大罢工

组织钢铁工人大罢工的经验使得福斯特对革命的认识更近了一步,即不仅要将工人充分吸收到工会里来,更要建立起一个坚定的左翼组织(全国性的劳工政党)来承担起革命的主力。

福斯特当时的理论逻辑就是:革命的主要任务就是把成千上万的工人组织到工会里来。但他也明确地提到,随着工会会员的大量增加,工会的性质也必将发生深刻的变化,其中一个明显的变化就是要"使工会的政策,更带上阶级斗争的性质,并使它们具有更远大的社会观点"④。1917—1918 年的屠宰场工人大罢工,为福斯特践行自己的理念提供了便利的条件。但福斯特并不满足于眼前的胜利,并不满足于做屠宰业工会的干部,而是要利用屠宰业中的大胜利来作为一个新的组织运动的出发点。如福斯特自己所讲:"由于我们在理论上认为,主要的任务是将成百万的工人组织到工会中去,而且无论如何要利用战时对于工人的需要来达到这一目的,所以我们自然而然地想将屠宰业中的伟大胜利作为新的组织工人

---

① 详见 James R. Barrett, *William Z. Foster and the Tragedy of American Radicalism*, Urbana and Chicago: University of Illinois Press, 1999, p. 72. 对战争的不同态度大概也是引起福斯特与白劳德之间早期分歧的原因之一。白劳德反对战争,拒绝征兵而被捕入狱。而福斯特对待战争的态度则与之相反。福斯特对第一次世界大战的态度和相关论述,可见 William Z. Foster, "The Syndicalist and the War", *Toiler*, January, 1914, pp. 5 – 6.

② William Z. Foster, *From Bryan to Stalin*, New York: International Publishers, 1937, p. 130.

③ James R. Barrett, *William Z. Foster and the Tragedy of American Radicalism*, Urbana and Chicago: University of Illinois Press, 1999, p. 72.

④ William Z. Foster, *American Trade unionism: Principles and Origanization Strategy and Tactics*, New York: International Publishers, 1947, p. 48.

运动的起点。我并没有长久在屠宰业工会中担任职务的打算。经过相当的考虑以后，我决定到钢铁业中去尝试一下。"① 鉴于此，在1918年4月7日，福斯特就把这个由铁路车务工人工会和诸多其他的五金工会联署的提案拿到了芝加哥劳工联合会，号召在全国范围内发起一个美国劳工联合会所属的钢铁工业工人工会的共同行动。② 芝加哥劳工联合会一致通过了福斯特的这个提案，于是，组织钢铁工业工人的大运动也就紧锣密鼓地开始了。

当时，美国钢铁公司是世界上规模最为巨大的现代化公司之一，钢铁行业似乎是坚不可摧的。美国钢铁托拉斯的力量也远远超过了普通的工厂和工业的某个领域，经常能够操纵家庭、地方官员和警察，甚至可以制约文化和休闲娱乐等行业。同时钢铁公司经常性地开除那些"活跃"工人和将挑头的罢工者列入黑名单并予以报复。③ 因此，"长期以来，对工会组织者来讲，在钢铁工业组织劳工似乎是不可能的"④。的确，福斯特在钢铁工业里组织工人时，各种问题接踵而至。首先，在福斯特他们艰苦地把运动推行到其他地区的时候，遇到了钢铁雇主们凶猛地抵抗。为了阻挠运动的开展，这些钢铁雇主们连续四天在全国增加工资，并答应了基本上的八小时工作制。其次，在运动过程中，第一次世界大战结束了，全国陷于工业不景气的状态，这种情况较大地减弱了工人们的激情，使得运动失去了有利条件，反使得钢铁雇主们的反抗力度大大增强。这些问题都使得运动的开展极其艰难。除此之外，更为严重的问题是，美国劳工联合会的领袖们不断地搞破坏。他们将这次钢铁工人大罢工称之为"赤色的"阴谋，⑤ 并对其百般阻挠。虽然经过福斯特等人的积极努力，钢铁工人大罢工最终得以举行并达到了前所未有的巨大规模和深远影响，但这次大罢工并未实现其主要目标，最终在各方绞杀下以失败而告终。

---

① William Z. Foster, *American Trade unionism : Principles and Origanization Strategy and Tactics*, New York: International Publishers, 1947, p. 31.

② James R. Barrett, *William Z. Foster and the Tragedy of American Radicalism*, Urbana and Chicago: University of Illinois Press, 1999, p. 85.

③ Ibid., p. 83.

④ William Z. Foster, *Great Steel Strike and Its Lessons*, Whitefish: Kessinger Publishing, 2010, p. 5.

⑤ William Z. Foster, *From Bryan to Stalin*, New York: International Publishers, 1937, p. 127.

钢铁工人罢工的失败，扼杀了福斯特试图通过庞大的组织工会的运动将美国劳联革命化的计划，因此有必要采取新的举措来达到劳工运动组织化和现代化的目标。① 钢铁大罢工的失败，使得福斯特清醒地认识到：缺少一个坚强有力的左翼组织，对于工人运动而言是一个致命性的障碍。这使得劳工运动机关的大权被牢牢掌握在保守的劳工领袖手里，他们可以利用各种机会来污蔑福斯特及其周围的积极分子。据此，福斯特得出结论：要把数百万新工人组织到工会里来，把美国劳工联合会改组，并使之新生，建立起一个全国性的工农政党——这些都是成功地组织钢铁工人运动所应有的若干主要意义。② 与此同时，由于福斯特领导钢铁工人大罢工所表现出的革命性，他被称为"暴力革命者"和"破坏者"。如《华尔街杂志》称福斯特"倡导运用暴力革命手段破坏法律，并将之作为首要的原则"③。

（三）福斯特积极提倡革命斗争

在第一次世界大战期间，福斯特着重强调劳苦大众与资产者之间矛盾、冲突和对抗，并认为两者之间矛盾的高度激化正是组织工会运动展开革命的最佳时机。对此，正如福斯特后来所讲："上帝与工人们一起并肩战斗。"④

一般而言，人民生活的极端贫困，是孕育革命的"摇篮"。第一次世界大战期间，美国社会财富的分配极其不均，两极分化严重，工人生活状况的急剧恶化甚至极度贫困化，导致了工人阶级与资产者之间矛盾、冲突和对抗的激化，工人阶级的激进性也大大增强。如福斯特所讲："从1914年8月至1918年末，生活费用迅速上涨，工资待遇则不断下降，工人罢工的斗争情绪很高。"⑤ 随着1917年5月美国参加战争后，工人们由于受

---

① William Z. Foster, "Open Letter to John Fitzpatrick", Published in *The Labor Herald* [Chicago], v. 2, no. 11, Jan. 1924, p. 7.

② William Z. Foster, *Great Steel Strike and Its Lessons*, Whitefish: Kessinger Publishing, 2010, p. 225.

③ Robert K. Murray, "Communism and the Great Steel Strike of 1919", *Mississippi Valley History Review* 38, December 1951, p. 458.

④ William Z. Foster, *Great Steel Strike and Its Lessons*, Whitefish: Kessinger Publishing, 2010, p. 17.

⑤ William Z. Foster, *History of The Communist Party of The United States*, New York: International Publishers, 1952, p. 130.

着生活费用迅速上涨的困扰，斗争的情绪日益高涨。在美国参战的第一年（1917年），就爆发了4233次工人罢工，这比以往美国历史上任何一年都多。美国的城乡多次爆发工人斗争，劳资矛盾在第一次世界大战期间居高不下，到1919年竟爆发了三四百万次劳工冲突。可以说，"一战"时期的美国成为世界范围内劳工暴动和起义的重灾区之一。[①]

这个时候，按照福斯特的逻辑，工人阶级所表现出的激进性与战斗性，愈发有了革命的倾向。于是福斯特在第一次世界大战期间积极组织劳工，将工会作为革命的战斗堡垒。如福斯特领导的北美工团主义同盟纲领中最主要的手段就是发动工人罢工，主张以总罢工来实现从雇主与政府那里逼取部分的让步，视罢工为推翻资本主义的最后革命手段。[②] 1915年1月，在福斯特的领导下成立了国际工会教育同盟。该同盟认为工会在本质上是革命性的阶级组织，执行强力逼迫雇主妥协的政策，使得工人用经济力量来推翻资产阶级，达到最终掌握社会统治权的目的。在美国参战之后，福斯特等人更是认为革命的首要任务是把无组织的群众组织到工会里来，认为工会是至关重要的基本组织，承担着解放无产阶级的主要任务。[③] 在这里，福斯特将建立群众性组织作为革命的主要任务。

福斯特在组织罢工的过程中，反复强调无产阶级的贫困化与资产者的反动性，宣传两者之间的矛盾与对立，并着重指出无产阶级在战时所表现出的激进性与战斗性，积极提倡革命斗争的方式来实现社会的变革。对此，福斯特向工会刊物投了许多稿件，借以说明自己的革命观点与策略，这些在其《工会运动——达到自由的道路》的小册子里有了集中体现。之后，工会教育同盟在福斯特的领导下，在全国范围内开展了宣传动员工作，并积极参加与组织了这一时期的诸多大小罢工斗争，其中最为有名的是福斯特领导了两个主要的战争工业中的组织运动和罢工——以"食物

[①] 详见 David Montgomery, *Workers' Control in American: Studies in the History of Work, Technology, and Labor Struggles*, Cambridge University Press, 1980, pp. 91–138.

[②] William Z. Foster, *From Bryan to Stalin*, New York: International Publishers, 1937, p. 61.

[③] William Z. Foster, *History of The Communist Party of The United States*, New York: International Publishers, 1952, p. 137.

使战争得胜"为口号的屠宰场工业和一切军火工业的心脏：钢铁工业。而且在这两种工业中，尽管有政府和大资本家的不断威胁，尽管有反动的工业领袖的出卖，但是福斯特还是尽可能地贯彻以保卫工人要求和反对政府的战争利益而举行罢工为基础的革命政策。

正是由于福斯特一贯对革命斗争的过分强调与热衷，他时常被扣上"红帽子"或被称之为"赤色分子"，甚至被冠以"鼓动革命"的罪名。正如他自己所说："鉴于我过去曾参加过世界产业工人联合会与北美工团主义同盟，我曾被大大戏剧性描绘为'赤党'首要分子，正在利用钢铁工人大罢工来开始革命。"[①]

第三节　福斯特向共产主义者的转变

福斯特对社会现实状况的愤懑与对自由、平等世界的美好向往，为其选择共产主义提供了可能。以列宁为首的布尔什维克领导俄国民众取得了十月革命的胜利，建立了世界上第一个社会主义国家，使得福斯特等美国社会党内的左翼分子一心向往之，也想效仿苏共，在美国掀起反对资本主义的革命斗争，建立起苏维埃制度。因此，在苏共的影响和感召下，福斯特最终转向了共产主义。

一　十月革命的影响

十月革命作为20世纪最为重要的政治事件之一，从一开始就在世界范围内产生了巨大的反响。正如它在世界上其他国家所产生的深刻反响一样，十月革命也大大激发了美国群众的斗争精神。在福斯特看来，虽然十月革命在美国没有像在东欧那样形成一个巨大的风暴，但是美国工人们的激进情绪却有了前所未有的高涨，即便是保守的工人也意识到要追求自己的各项权益。的确，当时美国各个城市的工人纷纷举行了各种集会，对莫斯科方面的消息有着迫切的期待，每当提及布尔什维克及其领导人列宁的时候，美国激进分子们都难掩其激动的心情。对此，福斯特还专门援引了美国社会劳工党著名领袖尤金·德布斯（Eugene Victor Debs）的一句话以说明大多数革命者的心

---

① William Z. Foster, *From Bryan to Stalin*, New York: International Publishers, 1937, p.127.

声,即"我从头到脚都是一个布尔什维克,而且我以此为豪,人民的日子到来了"①。

福斯特作为美国社会党的左翼分子,也深受十月革命的影响,并且对十月革命始终是持着认同与夸赞的态度。俄国革命的胜利使得福斯特相信,美国的"少数战斗分子"也可以领导工人们取得社会主义革命的胜利。② 福斯特晚年在编著美国共产党史的时候曾这样自豪地说:"伟大的俄国革命是社会主义第一次突破国际资本主义的堡垒。这次革命是在日趋尖锐的世界资本主义总危机中发生的。在以伟大的列宁为首的布尔什维克的领导下,革命的工农群众粉碎了沙皇资本主义,因而给予国际资本主义以致命的打击。……世界历史的新纪元从此开始了——这是无产阶级和殖民地革命以及世界资本主义崩溃的纪元。"③ 1960年,福斯特在其逝世的前一年还是对十月革命持着崇敬的态度,他说:"俄国革命是一件惊天动地的大事——它标志着世界上的一个新时期、一个新纪元的开始,它带来了第一个永久的工人政权,即无产阶级专政。"④

当然需要指出的是,福斯特早期在对十月革命表达了赞同与向往的同时,也曾表达了自己关于俄国革命经济文化落后的现实能否足以进入社会主义的疑问。他曾这样说道:"我庆贺1917年俄国二月革命(以及其后同年的十月革命),这是资本主义灭亡的开端。但是我怀疑俄国是否已足够工业化能把它的革命走向社会主义,于是我更期望在工业化程度更高的国家,特别是德国与英国领头实行社会主义。"⑤ 但随着新经济政策的实行,俄国消除了饥饿与动乱,福斯特便完全打消了自己的疑虑,并开始按捺不住自己激动的心情,每次提到十月革命的时候,都无不流露出自己的崇拜与向往之情。正因为如此,美国学者维克多·德维纳茨(Victor G.

---

① William Z. Foster, *History of The Communist Party of The United States*, New York: International Publishers, 1952, p. 147.

② Theodore Draper, *American Communism and Soviet Russia*, New York: Vintage Books, 1960, p. 69.

③ William Z. Foster, *History of The Communist Party of The United States*, New York: International Publishers, 1952, p. 143.

④ illiam Z. Foster, *The historic advance of world socialism*, New York: International Publishers, 1960, p. 21.

⑤ William Z. Foster, *From Bryan to Stalin*, New York: International Publishers, 1937, p. 88.

Devinatz) 指出:"显然,福斯特加入共产主义起初只是基于策略的考虑,不是基于理论上的认同。他从未说过自己加入共产主义的前提是相信马克思主义,只是一味地提及俄国革命的成功经验。"①

可以说,维克多·德维纳茨的观点在某种程度上是正确的。正是 1917 年俄国十月革命的成功实践,促使福斯特的观念从激进的劳工斗争转向共产主义。对此,福斯特自己曾坦诚地说道:"我在 1921 年初参加了共产党,那时党已经成立了。决定我采取这一巨大步骤的主要因素,便是俄国革命的伟大现实,以及我广泛地阅读列宁的著作。"②

二 列宁理论的影响

列宁的理论对美国左翼运动包括对福斯特都产生了很大的影响。福斯特称:"马克思列宁主义对美国左翼社会主义运动的影响不仅仅是通过俄国革命的实际范例和列宁的主要著作,也通过列宁自己的直接指导。"③ 列宁曾写过关于美国农业的著作,即《美国的资本主义和农业》,并且曾两度直接向美国工人阶级写过在福斯特看来比较有意义的信件。第一次是在 1916 年,列宁答复社会主义宣传同盟(Socialist Propaganda League)的宣言的信件。④ 另一次是在 1918 年,他写了"给美国工人的信"⑤。在福

---

① Victor G. Devinatz, "The Labor Philosophy of William Z. Foster: From IWW to the TUEL" *International Social Science Review*, Vol. 71, No. 1 - 2. (1996). p. 8.

② William Z. Foster, *The twilight of world capitalism*, New York: International publishers, 1949, p. 162.

③ William Z. Foster, *History of The Communist Party of The United States*, New York: International Publishers, 1952, p. 152.

④ 关于列宁写这封信的时间存在着一些争议。福斯特在《美国共产党史》一书中说给社会主义宣传同盟写这封信的时间在 1916 年,见 William Z. Foster, *History of The Communist Party of The United States*, New York: International Publishers, 1952, p. 152. 而中文版本的《列宁全集》里介绍这封信是列宁于 1915 年 11 月 13 日收到社会主义宣传同盟的传单后写的。见中文版《列宁全集》第 27 卷,人民出版社 1990 年版,第 86 页。笔者认为,这里存在着这样一种可能,列宁写这封信的时候应该是在 1915 年底,美国社会主义宣传同盟收到这封信并将之公开却是在 1916 年,这里存在着时空差。

⑤ 1918 年底,美国的《革命时代》杂志刊发了列宁的《给美国工人的信》,这封信主要是为十月革命作辩护而寻求美国工人对其认同与支持。这方面的内容可见 Bernard F. Johnnpoll, ed, *A Documentary History of the communist Party of the United States: Gestation and Birth* (1918 - 1928), New York: Greenwood press, Vol. 1, p. 19.

斯特看来，"为俄国革命的伟大实践所证明的列宁的精深而广博的著作大大地影响了美国的马克思主义者，使他们在思想上起了革命的念头"①。当然，这也引起了福斯特在思想上的革命性变化。

工会教育同盟建立之初，福斯特研读了列宁的《共产主义运动中左派幼稚病》一书，并深深感觉到列宁的有关论述与自己的政治观点和主张高度契合。对此，福斯特称列宁的"这本书使我感到非常高兴与惊异，我发现这书里比我们以前更明确而有力地斥责了革命的双重工会主义，而赞成'打入内部'政策"。并且福斯特还激动地讲："工会教育同盟中富有战斗性的分子当然在左翼人士中有效地运用了列宁这本小册子。"② 如果说这个时候福斯特认同列宁的理论，只是因为列宁的有关理论迎合了自己的政治需要的话，那么之后的福斯特确实深深地被列宁的理论吸引了。他激情澎湃地讲："我对列宁愈来愈强烈地发生了兴趣，因为当时他在我的思想上和我一生的工作上起着最为深刻的影响。最初，我被列宁在工会问题上的立场所吸引而加入了共产党，……我很快就赞同列宁对帝国主义资本主义的杰出分析，他对改良主义社会主义、工团主义和无政府主义的摧毁性的批评，他的无产阶级专政的概念；并且很快接受了共产主义总的纲领——已经被俄国革命和世界状况的活生生的现实所普遍证明的纲领。"③

福斯特走上共产主义道路是深受列宁理论的影响。列宁的理论提升了他作为美国左翼人士本有的道德情感与激进性，并为他实现自己的政治主张提供了现实可能性。难怪福斯特后来每当提到列宁理论的时候，便不乏夸赞之词。1952 年，他在《美国共产党史》一书中，高度夸赞列宁的理论贡献。他说："俄国革命和俄国革命以前长期的革命斗争极大地丰富了马克思主义学说，这一方面表现在伟大革命的本身过程中，另一方面体现在列宁的光辉科学著作中。这整个理论发展的总和与实质就是把马克思主义提高到了马克思列宁主义。在科学的意义上讲，这是俄国革命对全人类

---

① William Z. Foster, *History of The Communist Party of The United States*, New York：International Publishers, 1952, pp. 155 – 156.

② William Z. Foster, *From Bryan to Stalin*, New York：International Publishers, 1937, p. 137.

③ William Z. Foster, *Pages From a Worker's Life*, New York：International Publishers, 1939, p. 295.

贡献中最伟大的一项贡献。"① 据此，福斯特不仅高度肯定了列宁主义的理论贡献，而且着重指出列宁的理论著作的功绩主要表现在两个方面：其一，列宁重新奠定了马克思和恩格斯在《共产党宣言》以及其他著作中已经阐明了的马克思主义原则，而第二国际的右翼理论家们半个世纪以来都在积极破坏和埋葬这些原则；其二，列宁更进一步地发展了马克思主义，使得马克思主义增添了帝国主义及无产阶级革命时代的基本教训。②福斯特甚至怀着激动的心情说马列主义"对美国马克思主义思想的最初影响是非常巨大的。列宁对过去数十年来混淆并阻碍了美国社会主义运动的许多错综复杂理论与实践问题都提供了基本解答"③。应该说，列宁理论不仅解答了美国社会主义运动中的问题，而且吸引了像福斯特这样的左翼人士加入到共产主义的队伍中。

三　共产主义理想的吸引

以人的解放、关心劳苦大众为主题的共产主义理想引起了福斯特的高度共鸣。福斯特在书中也曾反复表达了自己对无产阶级的同情，对人类命运的热切关注，这些都使得福斯特倾心于共产主义。福斯特在书中这样写道："在很久以前，在我对社会主义或资本主义的真谛还一无所知的时候，我就被这样的尖锐问题所困扰着，这个问题是：千百万的人民被压迫在工业中使自己因劳累而早早死去，并且一生都在贫苦中煎熬，而富人中的很多人是游手好闲的和挥霍无度的人，却尽享人间幸福。我简直不能忍受这一切。并且，我在工业中的痛苦经验，使得我更加不能忍受这种情况。所有这些极不公平的情形都使得我愤慨。……在这种环境中，我的反叛精神变得愈发坚强和自觉，我生来注定就是倾向于革命运动的人。"④ 就此不难看出，福斯特对社会现实不公、人类命运前途表现出了极大的关注，这些都激发了他的共产主义情结，为他接

---

①　William Z. Foster, *History of The Communist Party of The United States*, New York: International Publishers, 1952, p. 148.
②　Ibid., pp. 148 – 149.
③　Ibid., p. 152.
④　William Z. Foster, *The twilight of world capitalism*, New York: International publishers, 1949, p. 157.

受共产主义提供了可能性。

共产主义理想信仰对于福斯特这样有着长期艰苦工人生活经历的人来讲,有着很强的感召力。这种信仰的魅力在于对劳苦大众的尊重,尤其是要依靠广大的无产阶级本身,着眼于消除现实社会中的种种不公与不平等,建立起一个新世界。正如国际歌里所唱:"起来,饥寒交迫的奴隶!起来,全世界受苦的人!满腔的热血已经沸腾,要为真理而斗争!旧世界打个落花流水,奴隶们起来,起来!不要说我们一无所有,我们要做天下的主人!……从来就没有什么救世主,也不靠神仙皇帝!要创造人类的幸福,全靠我们自己!"这里强调的是,世界上没有像上帝一样的人,更没有所谓的救世主,劳苦大众才是历史的缔造者。这与福斯特的政治观点高度契合。在这个问题上,福斯特也持着相同的态度,他在著作中曾这样说道:"我一向很奇怪,有知识的人怎能相信有一个像上帝一样的人,并且还以为他创造了庞大的宇宙,又统治着这个宇宙。"① 福斯特对宗教信仰的质疑与抛弃,使得理性与理想驱赶走了他心中的上帝,为他从思想上接纳共产主义做出了必要的准备。按照福斯特自己的说法,他经历了四次精神上的升华才叩启了共产主义的大门,即对宗教信仰的抛弃;与资本主义传统文化决裂,开始接受社会主义的人生观;批判改良资本主义的立场,主张用革命手段实现社会主义;第四个阶段就是被共产主义的理想信仰所深深吸引,成为一名共产主义者。②

共产主义的理想迎合了福斯特作为工人阶级一分子骨子里所具有的道德情感,如对现实生活的不满与愤慨、对自由与平等的美好向往等。正是出于对共产主义理想的高度认同,福斯特选择成为一名坚定的共产主义战士。他自豪地讲:"变成一名共产主义者,对我来说就是我从前的整个生活经验的逻辑归宿,我已经达到我的政治目的。自从加入共产党以来,我就尽自己所能,努力学习马恩列斯的革命原理,并将其有效地应用到美国的阶级斗争中去。"在福斯特看来,参加共产主义运动,"使我有机会做

---

① William Z. Foster, *The twilight of world capitalism*, New York: International publishers, 1949, p.158.

② Ibid., pp.158 - 162.

我心中所最爱的事情——反对反动的资本主义和争取进步的社会主义的斗争"①。

四　走进莫斯科与加入美国共产党

十月革命的炮响将共产主义的理想与信念传到了美国。当时，对于福斯特等美国社会党内的一些左翼人士来讲，共产主义是人类最为崇高的理想，而共产国际则是他们心目中的神圣殿堂，是共产主义理想的载体，"是世界革命的总参谋部"②。福斯特在《工人生活片段》一书中指出："当第二国际被各种复杂的事情所挫败而拼命挣扎时，共产国际已经尖锐地对腐朽的资本主义作出深入的马克思主义的分析，制定出了愈来愈变成世界被剥削的亿万群众的纲领和政策。"③

参加莫斯科会议使得福斯特对共产主义理念有了更为直观的了解。作为美国著名的工人运动领袖，福斯特受邀参加 1921 年春在莫斯科举行的红色工会国际第一届代表大会，紧接着参加了在莫斯科召开的共产国际第三次代表大会。福斯特参加了大会的各种会议，对会上的种种讨论都给予了高度关注，这个经历使其有机会近距离地接触到共产主义理论，结识了很多优秀的马克思主义者，进而使得福斯特的思想产生了革命性的变化。如福斯特曾激动地讲这些会议，"是由世界上最优秀的马克思主义者组成，他们都是富有战斗性的革命战士，他们在过去三十年中，曾深入从伦敦到上海、从多伦多到布宜诺斯艾利斯的每一次巨大罢工运动和革命斗争。这些国际会议构成我政治生活中最有趣和最富有指导意义的经验"④。最为重要的是，福斯特在参加 1921 年共产国际第三次代表大会时第一次见到列宁，并被列宁的人格魅力所深深折服，在多年之后他仍然能够回忆起这个场景，即："我看到列宁时，他并不起眼的站在前沙皇皇宫演讲台的入口处附近，注意地听每位代表的发言，这是我一生中最感到鼓舞的时

---

① William Z. Foster, *The twilight of world capitalism*, New York: International publishers, 1949, p. 162.

② William Z. Foster, *Pages From a Worker's Life*, New York: International Publishers, 1939, p. 295.

③ Ibid., p. 294.

④ Ibid., p. 294.

刻。的确，这就是全世界千百万被压迫者的伟大领导者；就是他，是世界上每一个角落的剥削者所真正惧怕的人。当他在代表大会上走来走去时，我是如此密切地注视着他，所以他整个风度和性格完全烙印在了我的记忆里。"①

研究共产主义和加入美国共产党标志着福斯特彻底转向了共产主义。在莫斯科居住的三个半月时间里，福斯特专心致志地研究各种派别的共产主义运动、革命的历史与组织、共产国际与红色工会国际的历届会议，并广泛阅读了共产党的政治文献。在此之前，福斯特实际上对俄国十月革命的结果是表示怀疑的，但在莫斯科的亲身经历，使他确信苏俄发生的社会主义革命，正是他自己整个成年生活所奋力以求的革命。同时，福斯特对无产阶级专政的思想也产生了浓厚的兴趣，他认为，当美国发生革命时，工人及其同盟军也同样需要无产阶级专政，以捍卫革命的胜利果实。此外，研究俄国革命的结果，使得福斯特确信，工人们倘若没有纪律严明的共产党领导，就不可能有布尔什维克革命，更不可能保存他们的政权。② 于是，福斯特做出了一个重要的决定，他和工会教育同盟的一些积极分子于1921年夏天参加了美国共产党，选择走上了共产主义的道路。

第四节　作为共产主义者的重要政治实践

作为美共的重要领袖和长期领导人，福斯特积极领导美共开展反对剥削、压迫和反对资本主义制度的斗争，主张在美国建立起苏维埃式的社会主义政权。早在参加美共之前，福斯特的革命活动就已经开始，积极领导美国工人开展反对雇主和资本家的斗争。在加入美共之后，福斯特更是反复强调资本主义已经穷途末路，积极领导美共的革命斗争。即便是在他晚年的时候，他仍然批驳资本主义和资产阶级，号召民众坚持社会主义、阶级对抗的理念，力图革新现存的社会制度和建立起社会主

---

① William Z. Foster, *Pages From a Worker's Life*, New York: International Publishers, 1939, p. 294.

② 详见 William Z. Foster, *From Bryan to Stalin*, New York: International Publishers, 1937, pp. 156 – 163.

义社会。

一 领导美共践行阶级对抗的路线

福斯特在加入美共之后变得更加激进,积极领导和参与美国的工会运动与工人斗争。在领导工人反对资本主义的斗争过程中,福斯特不仅积累了更加丰富的斗争经验,而且坚定了自己特有的战斗理念。与此同时,福斯特在美共党内也逐渐建立起了自己的威望。

(一)柯立芝繁荣时期[①]的斗争

"一战"结束后,与其他资本主义国家遭受严重的创伤不同,垄断资本日益控制下的美国成为资本主义国家中最为富裕和发达的国家。这个时候,华尔街一方面欣喜于自己所处的资本主义头等强国的新地位,另一方面又害怕俄国和欧洲的革命风暴会对美国造成冲击。因此他们处心积虑地摧毁工会运动和打击具有阶级觉悟的工人,同时对日益兴起的共产主义运动持着敌视的态度。

在这种情况下,福斯特领导的工会教育同盟开始与共产党展开合作,积极领导工人群众开展反对资本家、雇主压迫与剥削的斗争。1922年3月,工会教育同盟的机关刊物《劳工先驱》创刊,发表了同盟的纲领,主要内容是申斥反动的官僚主义,主张用战斗的政策来代替阶级合作,把行业工会合并成产业工会,把没有组织的工人组织起来,采取独立的政治行动,加入到红色工会国际,承认苏俄废除资本主义,建立起工人共和国。[②] 同时,在福斯特加入美国共产党的带动下,工会教育同盟的大多数成员也纷纷加入共产党。

作为工会教育同盟书记的福斯特,旅行全国做鼓动性的宣传工作,积极号召工人实行大罢工。1922年,在旅行过程中,他在丹佛城(Denver)的旅馆中被科罗拉多州(Colorado state)的警察绑架和拘留,随后被劫运,一路经过科罗拉多和怀俄明(Wyoming)两个州,最后被丢在内布拉

[①] 柯立芝繁荣时期:第一次世界大战后,美国的经济得到了飞速发展。这一时期,正值柯立芝任美国总统,所以美国这一时期的经济繁荣又被称为"柯立芝繁荣",时间主要指第一次世界大战以后到1929年美国爆发经济危机之前的这一段时间。

[②] William Z. Foster, *History of The Communist Party of The United States*, New York: International Publishers, 1952, p. 203.

斯加州（Nebraska state）的边境上。对此，尤金·德布斯打电报给福斯特表示支持。① 他在进行群众性宣传和鼓动的过程中也积极鼓励和支持黑人的斗争。1924年，福斯特作为工人党的总统候选人，在美国南部的许多城市里提出了共产党对黑人问题的纲领，促使黑人与白人共同反对资本主义的斗争。② 1928年，福斯特再次作为美共的总统候选人参加美国总统竞选，不仅在美国南部地区进行了战斗性的宣传，而且积极地向美国民众宣传美共的政纲。

在福斯特的领导下，工会教育同盟大力宣传将行业工会合并成产业工会、建立农工党和承认苏俄的主张，同时积极发动大规模的群众运动。当时，福斯特积极强调罢工斗争对于宣传群众和组织群众的重要性。他说："我们不但必须学会提出工人们的经济要求，且须学会激发工人的革命热情。罢工行动正是理想的机会；在罢工中我们可以向工人们指出这一阶级斗争的全部政治结果，并唤起工人们的阶级意识和阶级觉悟。"③ 在柯立芝时期，教育同盟在许多国际的、地方的工会及中心市区工会里进行了反对阶级合作政策的斗争，它的主要战场是在煤矿、纺织和缝纫三个产业部门中。④ 在这三个产业部门中，工会教育同盟领导工人进行了多次罢工斗争，与资产阶级政府之间形成了规模较大的暴力冲突。

（二）经济危机与《走向美国苏维埃》

1928年，共产国际第六次代表大会提出了"第三时期"的理论，预言世界资本主义总危机加深，开始趋于消亡。随之，美国于1929年10月爆发了史上最为严重的经济危机。美国的股票市场崩溃，银行纷纷倒闭，工人纷纷失业。经济危机的爆发，一方面使得福斯特坚信共产国际六大预测的正确性，另一方面使得福斯特等美国共产党人看到了革命胜利的曙光。大萧条期间，对于失业和饥饿的问题，美国工人阶级采取了各种各样

---

① William Z. Foster, *History of The Communist Party of The United States*, New York: International Publishers, 1952, p. 205.
② Ibid., p. 233.
③ William Z. Foster, *American Trade unionism: Principles and Organization Strategy and Tactics*, New York: International Publishers, 1947, p. 172.
④ Ibid., p. 144.

的斗争方式，其中以失业工人的斗争最为激烈。正如福斯特所讲："在这些沉重的压力下，工人们中间的小资产阶级幻想严重削弱了，战斗的情绪增长了。"① 大量失业工人迫于生计，公开参与违法活动，动摇了资本主义私有制。有人抗税，有人拒交房租，甚至有人敢于直接侵占他人的私有财产，等等。失业工人们所表现出来的激进性和非法性，使得以福斯特为首的美国共产党人欣喜。因为在福斯特等美国共产党人看来，失业工人是革命的主力军。早在1928年，福斯特作为美共的总统候选人参加竞选时，他就曾把失业问题作为一个中心问题提出来，要求农业救济和工人的社会保险等，② 旨在支持和组织失业工人，使其变得更激进、更勇敢。在经济危机期间，福斯特积极组织和领导失业工人举行游行示威活动，反对现存的资本主义制度。

由于福斯特积极领导全国饥饿游行和煤炭工人大罢工，他于1930年3月6日被美国政府逮捕并拘禁。福斯特被释放后，与纽约市政厅的长官吉米·沃克（Jimmy Walker）在公众听证会上展开了辩论，并且表达了革命性的主张，即"你不能治愈工人失业的问题，除非废除资本主义制度，在美国建立苏维埃政府"。他又表示："只有通过暴力革命才能完成这一目标。"他谴责社会党领导人诺曼·托马斯（Norman Thomas）"无端污蔑苏联"，因为托马斯曾认为苏联有着严重的失业问题。福斯特同时对共产党和共产国际以及"世界工人们的革命性斗争"表达了崇高的敬意。他声称："失业大军并不准备在大街上挨饿，而是准备起来战斗。""失业问题的解决，最终要依赖于废除资本主义制度和建立起工农政府……共产党和工会团结同盟组织失业工人，并不仅仅是满足他们眼前的利益，而是要实现最终的革命目标。"③

为了在全国范围内推行"阶级对抗阶级"的路线，作为美国人最为

---

① William Z. Foster, *History of The Communist Party of The United States*, New York: International Publishers, 1952, p. 279.

② Ibid., p. 263.

③ *Daily Worker*, March 11, 1930, I, March 12, 1930, I, March 15, 1930, p. 5 (quotes); *New York Times*, March 15, 1930, I; "Foster Said" *Equal Justice*, June 1930, p. 119. 转引自 James R. Barrett, *William Z. Foster and the Tragedy of American Radicalism*, Urbana and Chicago: University of Illinois Press, 1999, pp. 165–166.

熟知的共产党人，福斯特于1932年被提名为美共的总统候选人，参加美国总统的竞选。① 福斯特在参加总统竞选之际，出版了《走向美国苏维埃》一书，这本书是对共产国际"阶级对抗阶级"路线的真实反映。美共另一名重要领导人厄尔·白劳德②（Earl Browder）称福斯特的《走向美国苏维埃》一书是"对美共在总统竞选斗争中所持立场的广泛阐述"③。福斯特在书中明确指出，只有发动社会主义革命和按照人民大众的意愿建立起无产阶级专政式的苏维埃政府方能解救美国人民于经济危难之中。他说："美国的工人阶级并不打算适应现存的资本主义政府，而是积极地通过革命道路废除资本主义而建立起苏维埃式的政府。资产阶级政府与无产阶级政府毫无共同之处，前者只是在维护资产阶级的统治。在革命斗争中，无产阶级将会把资产阶级国家机器打碎，并根据劳动群众的意愿建立起苏维埃式的政府。"④ 在福斯特看来，资本主义的覆灭和共产主义的发展将会使得社会重大问题得到直接或最终解决。因此，他声称："共产党人的行动是基于'阶级对抗阶级'的口号，即无产阶级反对资产阶级。这个革命口号反映出了目前革命运动的基本作战方针。"⑤ 他甚至认为与俄国相比，美国一旦爆发社会主义革命，进入社会主义所要花费的时间会更少，因为美国的工业化程度较高，加之经济危机使得革命的条件

---

① James R. Barrett, *William Z. Foster and the Tragedy of American Radicalism*, Urbana and Chicago: University of Illinois Press, 1999, p. 180.

② 厄尔·白劳德（Earl Browder，1891年5月20日—1973年6月27日），1905年参加社会党，1912年退出。1920年担任美国国际工会教育联盟出版的《劳工先驱》报主编。1921年任美共中央委员。1926年受红色工会国际派遣到中国，在汉口和上海协助组织泛太平洋产业工会书记处，并担任书记处书记。1930年任美共中央执行书记。1934—1944年任美共中央总书记。1946年2月美共将其开除出党。白劳德晚年担任美国《共产主义研究》杂志社顾问，1950年，麦卡锡主义盛行时白劳德也遭到质问，虽然他对美共持着批评态度，但是拒绝指控他以前的同志为苏联间谍。1957年曾在特拉格斯大学演讲时指责马克思关于美国的一些论述是僵死的教条，不适用于美国社会。之后他的思想发展到反对任何激进的群众运动，诬蔑美国人民反对印度支那战争的示威行动。

③ James R. Barrett, *William Z. Foster and the Tragedy of American Radicalism*, Urbana and Chicago: University of Illinois Press, 1999, p. 165.

④ William Z. Foster, *Toward Soviet America*, New York: International Publishers, 1951, p. 271.

⑤ Ibid., p. 252.

更加成熟。①

二 统一战线工作

福斯特自加入美共以后,就积极建立和推进统一战线工作以争取到更多民众的认同与支持。美共建立初期,福斯特积极践行"打入内部"的政策以建立广泛的工人统一战线;在经济危机期间,福斯特提出一系列保护民众利益的主张以建立反对资本主义的统一战线;人民阵线后期,福斯特积极领导反法西斯统一战线;"二战"后,针对国际、国内形势的变化,福斯特积极建立反对资本主义的第三党联盟。可以说,福斯特参加美共的四十年时间里,他积极领导和践行美共在各个历史时期的统一战线工作,是美共统一战线工作的重要领导人。

在加入美共初期,福斯特积极主张"打入内部"的政策,即深入到工会当中,密切联系和组织工人,争取更多工人的认同与支持。一方面,福斯特坚决反对革命的双重工会政策。所谓双重工会政策,是双重工会主义这一国际性思潮的典型表现,这一思潮不利于各国共产党人广泛地争取工人。美国两个共产主义政党在当时也深受这一思潮的影响,最初都反对在现有工会,特别是像劳联这样的保守工会中开展工作,主张推行双重工会政策,提倡建立对抗性的工会,来取代或者摧毁保守的工会组织。福斯特认为,与欧洲工人运动相比,美国工人运动比较滞后。因此,奉行双重工会主义会严重分散革命性工人的精力:"使工会进步的源泉枯竭,使工会工作不起作用和完全停顿。它在长时期内逐步地不断地腐蚀着工人运动。"②另一方面,福斯特领导工会教育同盟在旧有工会中积极开展宣传和组织工人的工作。当时,福斯特领导的工会教育同盟在煤矿、纺织、建筑、服装、食品、皮革等工业里进行组织和宣传工作,逐渐建立了地方性和全国性的组织,争取到了更多的工人参加工会运动,甚至吸引他们加入工会教育同盟和共产党,将这些无组织的工人组成强大的革命性力量。这

---

① William Z. Foster, *Toward Soviet America*, New York: International Publishers, 1951, pp. 270 – 271. See also Fraser M. Ottanelli, *The Communist Party of the United States: from the Depression to World War II*, New Jersey: Rutgers University Press, 1991, p. 20.

② William Z. Foster, *American Trade unionism : Principles and Origanization Strategy and Tactics*, New York: International Publishers, 1947, p. 69.

个时期，福斯特由于丰富的工会工作经验以及与普通工人群众长期接触，能够很好地、准确地了解普通工人群众的利益需求以及社会形势的客观需要。

　　经济危机期间，福斯特号召建立反对资本主义的民众统一战线。福斯特认为，经济危机的加剧，使得工人、农民、黑人等劳苦大众难以照旧生存下去，美共理应积极争取和组织这些潜在的革命力量来推行革命。福斯特强调，工人阶级作为革命运动的核心，是美共应该积极组织的首要革命力量。一方面，非技术型工人的生活状况迅速恶化，他们早就对现存的资本主义制度心怀不满；另一方面，技术型工人虽然生活状况比非技术型工人好些，但也深受经济危机的影响，失去了自己的特权地位。农民，作为工人阶级的同盟军，是美共应该组织的第二对象。福斯特指出，农民从革命性上来讲虽然不抵工人阶级，但贫穷的农民却起着决定性的革命作用。福斯特分析称，农业在美国国民经济中占有重要的地位，农民的生活状况极度恶化，他们日益表现出强烈的反抗精神。在经济危机面前，贫苦农民没有别的出路，只有选择社会主义。因此，福斯特强调："农民将在美国共产主义运动中扮演重要的角色。"① 此外，福斯特进一步指出，美国黑人也是重要的革命力量。福斯特论述了美国黑人的悲惨处境：经济上，黑人最为贫困，工资待遇极低；政治上，他们的众多权利被剥夺；社会上，他们受到歧视和不公正地对待。因此，福斯特指出："黑人将成为革命中最好的战士。他们将接受共产党的组织和领导，日益成为美国政治生活中最为重要的力量之一。"② 在此基础上，福斯特积极领导美共建立广泛的民众统一战线，组织工人群众大游行，旨在推翻资本主义的统治和建立无产阶级的专政。

　　人民阵线后期，福斯特积极领导反法西斯统一战线。人民阵线前期，福斯特由于身体缘故不再从事美共的一线工作，加之福斯特作为老左派所固有的革命性未能符合共产党政策由反对资本主义向反对法西斯主义转变的需要。随着德国入侵苏联和美共总书记白劳德被捕，福斯特开始积极领

---

① William Z. Foster, *Toward Soviet America*, New York: International Publishers, 1932, pp. 222–224.

② Ibid., p. 224.

导美共的反法西斯统一战线。一方面，福斯特积极谴责法西斯，声援同盟国，另一方面，福斯特一改自己以往的罢工策略转而做出不罢工的保证，支持战争胜利的军事生产。美共的这一举动获得了美国政府和民众的极大好感。这一时期，德国入侵苏联、日本偷袭珍珠港，苏美之间在法西斯面前呈现出了前所未有的友好与国家安全利益的一致性。尽管美国政府和民众仍将美共看作是"舶来品"和苏联在美国的代理人，但是美共关于争取反法西斯战争胜利所做的种种努力，得到了美国民众的普遍认可。一方面，出于国家利益的一致性，美国官员开始对苏联表现出了极大的好感，高度赞扬苏联对反法西斯的战争的贡献。在政府的带动下，美国民众对苏联也表现出很大的友好。另一方面，苏联也放弃了以前对美国的仇视态度，转而与美国结成"最坚定"的友好联盟。在苏联的影响下，美共摒弃了之前的宗派主义政策，暂时放弃了"暴力革命"的言论，支持苏联与美国建立反法西斯同盟。如福斯特曾于1941年专门写了《苏联：美国人民的朋友和同盟》《共产主义 VS 法西斯主义》等文。[1] 美共的这一举动一时赢得了美国政府、劳工组织、社会团体、各政治派别乃至民众的好感。

"二战"后，为了遏制和孤立杜鲁门政府的反共政策，福斯特设想建立一个比战时人民统一战线更为广泛的跨阶级联盟。1946年初，福斯特在《政治事务》上发表文章详细阐述了建立新的联盟的原因、方案以及主要构成人员。他声称列宁在《帝国主义论》里的有关分析为我们了解美国国际垄断资本和外交政策的本质提供了前提，美国的扩张主义对世界的和平、自由与繁荣造成了极大的威胁。福斯特认为，除非建立新的民主联盟，否则美国帝国主义将为世界法西斯主义和战争注入新的力量。为了中立和遏制这种侵略力量，福斯特认为，工人们应该被组织起来与贫穷的农民、黑人，进步专家和中产阶级以及与大量的退伍老兵加强合作，来反对共同的敌人，垄断资本……最终走向一个广泛地的第三党运动。这个新的联盟必须由阶级意识鲜明的工人来领导，因为这对于建立起强大的共产

---

[1] See William Z. Foster, *The Soviet Union, friend and ally of the American people*, New York: Workers Library Publishers, 1941. See also William Z. Foster, *Communism versus fascism*, New York: Workers Library Publishers, 1941.

党来说是至关重要的。他总结道：我们必须按照我们的政治任务进行党的建设，在我们的任何运动中都不要忽视群众的斗争和教育工作。从国际层面上来讲，这个联盟应当包括"资本主义国家内的有组织的工人阶级，殖民地和半殖民地的人民以及新的民主政府"，同时这个联盟应当接受苏联的领导。① 虽然美共的主要领导人在当时对福斯特关于建立第三党联盟的观点表示支持，但这个时候党内还是存在着一定的意见分歧，即美共党内围绕着何时、何地及支持何人来推行第三党运动等问题展开了争论。其中，美共主要领导人之间争论较大的一个问题是：美共新任书记尤金·丹尼斯（Eugene Dennis）与福斯特之间围绕着第三党是否提出自己独立的候选人或者将第三党作为反对民主党的工具等问题展开了激烈地争论。② 然而，随着杜鲁门政府在处理战后国际事务，如伊朗、希腊和土耳其危机的过程中，对苏联展现了一种强硬的遏制态势，福斯特关于建立第三党的主张与建议很快被党内的多数党员所认可。随着杜鲁门主义和马歇尔计划的相继出台，美共党内绝大多数人更加确信之前关于美国意欲进攻苏联的种种猜测。美共将杜鲁门主义定义为"来自于最大的垄断资本家强硬计划中的无耻的帝国主义"，是在为"可能最终进攻"苏联奠定基础。③ 福斯特认为马歇尔计划是另一种帝国主义策略，是"美国垄断资本的冷血计划，试图建立起他们的统治以奴役世界人民"④。这种情况下，美共接纳了福斯特的建议，明确提出要积极推动建立第三党的进步力量，并以此作为今后几年政治统一战线的主要任务。这样做的目的在于打破美国两党制一统天下的局面，积极宣传共产党反对垄断资本的斗争纲领。

三 在反共狂潮中的斗争

第二次世界大战结束以后，共产党组织的工人运动和黑人运动的高

---

① William Z. Foster, "Leninism and Some PraConnecticutcal Problems of the Postwar Period", *Political Affairs*, February, 1946, pp. 99 – 109.

② David Shannon, *The Decline of American Communism: A History of The Communist Party since 1945*, New York: Harcourt, Brace and Company, 1959, p. 131.

③ Ibid., p. 28.

④ William Z. Foster, "Organized Labor and the Marshall Plan", *Political Affairs*, February, 1948, p. 99.

涨，引起了美国统治集团的恐惧和仇恨。为了稳定国内的统治，统治者们不惜一切代价加紧对美国工人阶级和其他民主进步力量展开了进攻，在国内造成了一种人人自危的局面，遏制与打击了美国民主进步事业的发展。同时，这也使得美国共产党人的斗争由缓慢转为停滞的状态。但即便如此，福斯特在反攻狂潮中仍进行了顽强的斗争。

1945年6月，美国联邦调查局根据1940年颁布的史密斯法控告共产党人宣传或支持暴力推翻美国政府。联邦调查局不断地向司法部长施压直到其在1948年指控福斯特及其他11名美共全国政治局委员。[1] 在所有被迫害人中，福斯特由于身患重病，[2] 而被免于起诉。因此，福斯特得以有机会对美共的其他被迫害人士予以支持与保护。[3] 需要指出，虽然福斯特被免于起诉，但这并不以意味着福斯特就是安全的。20世纪50年代初期，美国政府记录了福斯特活动的所有详细情况，不仅包括在党内活动的一般信息，而且对其进行严密的监视，一旦发现他的身体状况允许，就立即对其进行审判。在整个50年代的10年时间里，法庭指定的医生多次对福斯特的身体进行检查，并且美国的地方检察官也曾三次试图把福斯特的案件提上法院的审判日程。直到1960年，美国政府才最终放弃了对福斯特的审判。这段时间里，福斯特的生活与工作都紧紧地与史密斯法联系在一起。[4]

---

[1] James R. Barrett, *William Z. Foster and the Tragedy of American Radicalism*, Urbana and Chicago: University of Illinois Press, 1999, p. 235.

[2] 1948年，美国共产党的律师辩称，福斯特由于患心脏病不能接受长期的、紧张的政治审判，两名由政府指定的医生予以确认了。紧接着8月，福斯特得了"脑血管痉挛"，在他9月2日醒来的时候，他的整个右半身还处在麻木的状态。11月份的一份诊断书显示：福斯特患有动脉硬化、高血压、心率较快、心力衰竭等疾病。于是，鉴于福斯特的特殊情况，1949年1月，法官哈罗德·梅迪纳（Harold Medina）将福斯特作另案处理，并未对其起诉。（James R. Barrett, *William Z. Foster and the Tragedy of American Radicalism*, Urbana and Chicago: University of Illinois Press, 1999, p. 236.）

[3] 如美国学者艾德华·约翰宁斯梅尔就指出："在共产党与史密斯法指控打防御战的时候，福斯特起到了极其重要的作用。"（Edward P. Jobanningsmeier, *Forging American communism: The Life of William Z. Foster*, New Jersry: Princeton University Press, 1994, p. 324.）

[4] James R. Barrett, *William Z. Foster and the Tragedy of American Radicalism*, Urbana and Chicago: University of Illinois Press, 1999, p. 236. See also David Shannon, *The Decline of American Communism: A History of The Communist Party since 1945*, New York: Harcourt, Brace and World, 1959, p. 197.

当时，美国政府对美国共产党进行了残酷的破坏，在证据不足的情况下，收买了一些共产党叛徒、劳工侦探、职业告密者，捏造一连串的伪证，来论证自己的控诉。这种行为虽然旨在摧毁国内的共产主义运动，但是这种审判也"威胁到了美国公民自由权和政治言论自由的长期传统"①。在这样的情况下，福斯特开展了顽强的抗争。他声称，目前的策略是必须"迫使政府取消对共产党人的审判"②，他在与美国政府争论的每一个回合中，积极保护美共的政治策略与目标。然而事与愿违，福斯特的抗争策略不但没有化解美共的危机，反而给法院对美共的审判提供了极大的便利。正如美国法律史学家斯坦利·柯特勒（Stanley Kutler）所指出："被告人没有为言论自由和美国宪法第一法案而斗争，反而不经意间陷入了司法部测试美共合法性的陷阱。"③

为了支持和保护被捕的共产党人，福斯特在身患重病的情况下，坚持写下了390页的证词。这个被美共称为"在审判中最具水平的证词"（the climactic testimony in the trial），系统地反驳了政府的主要控诉。他以简明的语言列出党的政策并为之辩护。他断然否认"暴力与革命"的控诉，要求政府列举出共产党公开践行或支持这一观点的例子，并且动情地宣称战后共产党曾一如既往地支持人民统一阵线。福斯特辩称道："在美国，共产党与其他政党一样，有着几十年较长的历史，有着系统的可实现的政治理论。由于世界法西斯主义的蔓延，在资本主义民主政府里定期选出人民政府将拥有更大的能量和活力……利用选民的法定权力建立社会主义。"④ 这里，福斯特强调美共相信通过和平的道路通向社会主义。针对法院关于美共推行暴力革命的指控，他承认美共是"革命性的"，并且指出暴力有助于完成所有的革命。但是他同时也指出："美共不拒绝组建一个民主联合政府和平走向社会主义的方案，即在现有立法或选举机器中来推行公平的选举。"⑤

---

① Stanley Kutler, *American Inquisition: Justice and Injustice in the Cold War*, New York: Farrar Straus & Giroux, 1984, p. 152.
② *Daily Worker*, February 25, 1949.
③ James R. Barrett, *William Z. Foster and the Tragedy of American Radicalism*, Urbana and Chicago: University of Illinois Press, 1999, pp. 236 – 237.
④ Ibid., p. 237.
⑤ Edward P. Jobanningsmeier, *Forging American communism: The Life of William Z. Foster*, New Jersry: Princeton University Press, 1994, p. 325.

他辩称美国政府"丝毫没有考虑共产党策略与战术上所发生的某些方面的变化"。此时,福斯特将自己的证词视作"在美国通过议会斗争道路走向社会主义的首要报告"①。虽然福斯特极力抗争,但在美国当时的政治背景下却收效甚微。最后法院仍维持了对11名共产党领导人的判决。②

之后,基于对美国政治环境的认识与分析,福斯特似乎转变了自己在证词中关于通过和平道路走向社会主义的立场。他再次强调,实现社会主义"需要击败资产阶级和建立无产阶级专政……在尖锐的政治斗争背景下,我们宣称通过和平选举实现社会主义的想法是天真的"③。

四 著书立说

福斯特一生喜爱历史,博览群书,并自学了西班牙文、德文、法文和意大利文,能够熟练地查阅和使用众多的外文史料。福斯特一生著述颇丰,在其青壮年的时候就已经发表了《在斯波坎为争取永久言论自由的斗争》(Spokane Fight for Free Speech Settled, 1910)、《法国的社会主义和工团主义运动》(The Socialist and Syndicalist Movements in France, 1911)、《钢铁大罢工及其教训》(Great Steel Strike and Its Lessons, 1920)、《美国劳工运动的破产》(Bankruptcy of the American Labor Movement, 1922)、《激进性的策略》(Radical Tactics, 1922年)、《罢工的策略》(Strike Strategy, 1926年)、《劳工的骗子》(Misleaders of labor, 1927)、《走向美国苏维埃》(Toward Soviet America, 1932)等著作,真实记录并探讨了美国工人阶级的罢工斗争。此外,还有《从布利安到斯大林》(From Bryan to Stalin, 1937)、《一个工人的生活纪录》(Pages From a Worker's Life, 1939)等著作。后两部书在详细回顾他革命转变过程和革命斗争经历的同时,对19世纪90年代以来工人运动的发展及其经验教训作了深刻地总结。"二战"期间,他写了

---

① James R. Barrett, *William Z. Foster and the Tragedy of American Radicalism*, Urbana and Chicago: University of Illinois Press, 1999, pp. 237 – 238.

② William Z. Foster, *History of The Communist Party of The United States*, New York: International Publishers, 1952, p. 516.

③ William Z. Foster, "People's Front and People's Democracy", *Political Affairs* 29, June 1950, pp. 14 – 31, quoted in Joseph Starobin, *American Communism in Crisis*, 1943—1957, Berkeley: University of California Press, 1972, p. 207.

大量适时性的文章积极支持反法西斯统一战线。

然而,福斯特的主要著作都是在晚年写成和发表的。晚年的福斯特由于身患重病,不能够直接参加党的一线工作。因此,他更多的时间是在写书和发表文章,把美国的劳工运动、共产主义运动作了一些回顾,并系统地阐述自己的思想主张。从1948年到1957年,他在美共中央机关报《工人日报》上发表了两百多篇小文章,写了大约二十余本论战性质的小册子以及在美共党刊《政治事务》上发表数十篇文章。他在这个时期的主要著作有《世界资本主义的末日》(The twilight of world capitalism, 1949)、《美洲政治史纲》(Outline Political History of Americas, 1951)、《美国共产党史》(History of The Communist Party of The United States, 1952)、《美国历史中的黑人》(The Negro People In American History, 1954)、《三个国际的历史》(History of The Three Internationals, 1955)、《世界工会运动史纲》(Outline History of The World Trade Union Movement, 1957)、《世界社会主义的历史性进展》(The historic advance of world socialism, 1960),等等。

但是,福斯特的这些著作并没有对美国社会和学者们产生较大的影响。主要原因在于,福斯特的著作意识形态特征浓郁,有失客观。他的这些著作大多以叙述为主且基调沉闷。当他分析一些重大历史事件的时候,过于简单化和教条化。基于传统马列主义的视角,福斯特在阐述问题的时候给读者留下一种目的论和决定论的刻板印象。因此,在许多美国学者看来,福斯特完全算不上是一个伟大的思想家,他的著作主要是在记叙自己的政治经历和思想主张。对此,詹姆斯·巴雷特指出,他的"这些书籍并不是很好的历史著作,只能被看做是个人智力的成果展示"[1]。此外,他的每一部历史著作所研究的对象都很笼统。比如,福斯特在《美洲政治史纲》一书中指出:"它的目的是分析美洲经济、政治、文化的生长和衰落的广泛过程并找出阶级斗争(个别国家的和整个西半球的阶级斗争)的总的发展路线。"[2]但是他的历史性分析显得相对简单且缺乏知识上的

---

[1] James R. Barrett, *William Z. Foster and the Tragedy of American Radicalism*, Urbana and Chicago: University of Illinois Press, 1999, p. 248.

[2] William Z. Foster, *Outline Political History of Americas*, New York: International Publishers, 1951, p. 12.

严谨性。此外，他写这些著作的动因是为了遵循莫斯科方面关于各国共产党必须撰写本党、工会运动以及本国社会历史的有关指示，因而他的著作主要描写的是共产党员和工人，而不是基于学术上的考量。总之，福斯特的著作带有很大的政治色彩和工具性质："旨在解决党的一般领导人在工作中遇到的基本理论难题，阐释党在各个阶段的基本理论和计划。"① 正因为如此，有学者指出福斯特的《美国共产党史》一书在很多方面与苏联学者编著的《联共（布）党史简明教程》极其相似，即"有着相同的组织架构、狭窄的研究对象以及教条化的阐释"②。

当然，福斯特的著作并非一无是处，而是有着一定的历史价值。这些作品描写了美国社会的历史、文化、经济以及社会关系，甚至记叙了世界上数百万工人的斗争历程。他的这些著作被翻译成了意大利文、罗马尼亚文、波兰文、俄文、日文以及其他语言，并且在美国、苏联、中国的共产党办的学校里以及在东欧社会主义国家和世界的其他一些地方都有着较大的影响。③ 比如，当时美共的罗伯特·汤姆逊（Robert Thomson）在《政治事务》上发表文章称福斯特的《美洲政治史纲》一书"在共产主义运动世界中是一个伟大的科学思想的结晶"和"真的是我们党和阶级斗争中的重要事件"④。与汤姆逊一样，当时美共的很多党员都认为福斯特的著作代表了美国马克思主义的最高水平，是"发展着的"马克思列宁主义，美共甚至还组织党员学习福斯特的有关著作。

最为重要的是，福斯特的大多数著作创作于美国国内最反动、最黑暗的时期，也就是美共所谓的"午夜前5分钟（Five minutes to midnight）"时期，这些著作在某种程度上也是为了向世人表达共产党人在"暴风雨"中仍向往美好生活和坚定共产主义的理想和信仰。他在《世界资本主义的末日》一书中乐观地估计：世界资本主义腐朽了，世界社会主义运动

---

① James R. Barrett, *William Z. Foster and the Tragedy of American Radicalism*, Urbana and Chicago: University of Illinois Press, 1999, p. 248.

② Ibid., pp. 248 – 249.

③ Ibid., p. 249.

④ Robert Thompson, "Comrade Foster's New Book—A Great Marxist Work", *Political Affairs*, February 1951, p. 89. 转引自 Edward P. Jobanningsmeier, *Forging American communism: The Life of William Z. Foster*, New Jersry: Princeton University Press, 1994, p. 331.

兴起了，资本主义各国的社会民主党堕落了，宗教势力衰微了，劳工运动和共产主义运动飞跃地发展了。[①] 这本书以极其乐观的话语告诉世人：资本主义的失败为时不远，社会主义的胜利就在眼前。福斯特在《美洲政治史纲》一书中抨击了工会右翼官僚阶层和社会民主党人的叛变行为，指出只有在共产党的领导下，工人运动和社会主义运动才有真正的前途。[②] 虽然福斯特的估计过于乐观，很多论断也不符合当时的客观实际，但是他的那种乐观主义精神以及对共产主义的崇高信仰，对于处在反攻狂潮中的美共党员来说，无疑是重要的鼓舞，也迎合了和平反战的宣传与斗争的需要。

第五节 福斯特的基本政治观点

福斯特作为共产主义者的政治思想与实践，主要是围绕着对阶级斗争、党与工会的关系、对资本主义和社会主义等基本问题的认识而形成和展开的。基于对这些基本问题的认识，福斯特领导美共进行了艰苦的探索。

一 对阶级斗争的认识

福斯特在其著作中围绕着美国阶级斗争的基本前提、无产阶级的激进性以及阶级斗争的目标进行了一系列的论述。

首先，在福斯特看来，阶级斗争的基本前提是资本主义体系总危机的存在。福斯特认为，正是由于资本主义危机的日益加深，资产阶级已不能按照旧的方式统治下去，无产阶级的生存条件恶化且已不想继续处在被剥削和被压迫的地位，两者之间的矛盾与斗争就会加剧，最终形成革命之势。他在晚年的时候曾借用列宁的话来表达自己的看法，即"列宁早就提出过，资本主义制度已经陈旧，而且正在衰落。它是自己的总危机的牺牲品。因此，现在是大战争和无产阶级革命的时期。这是社会从资本主义

[①] William Z. Foster, *The twilight of world capitalism*, New York: International Publishers, 1949, contents, p. 5.

[②] 详见 William Z. Foster, *Outline Political History of Americas*, New York: International Publishers, 1951, pp. 400–401.

基础转变到社会主义基础的时代"①。因此，按照福斯特的逻辑，只要资本主义危机体系继续存在，阶级斗争和革命形势就势必存在。通过梳理福斯特的思想，不难发现他的阶级斗争思想是基于这样一个基本前提，即资本主义条件下生产力与生产关系之间的基本矛盾：一，工人生产力同资本主义市场吸收工人产品的能力之间的矛盾，不断地造成把世界都震裂了的经济危机；二，帝国主义国家对于他们同殖民地之间的矛盾，已经无力解决，显然发展成了浩大的不可抗拒的殖民地革命，摧毁着资本主义制度的基础；三，资本主义对工人阶级的剥削与压迫，造成了工人阶级的极度贫困，使其最终转向社会主义，形成资本主义与社会主义之间的冲突。② 在福斯特看来，这些矛盾与冲突造成了世界资本主义总危机日益加深，使得阶级冲突和斗争成为现实可能。

其次，福斯特强调不能低估无产阶级的激进性和革命性。福斯特坦诚，资本主义国家，尤其是像美国这样的发达资本主义国家，工人阶级的生活条件相对优越，他们大部分长期以来缺乏社会主义思想的教育。也就是说，他们并不完全具备革命的意识。但福斯特同时也强调，"这种情况只是暂时的"。即他们虽然尚未发展到像欧洲和其他地方的工人阶级那样具有较高的阶级觉悟和社会主义前景的程度，但是他们正朝着这个方向前进。他分析称："随着资本主义的继续存在和总危机的加深，美国的前景是群众绝对贫困化的深入和扩大。"因此，他断定，虽然美国工人阶级的生活条件目前较好，但"在危机和贫困发展过程中，他们一定会了解到，能够保护和改善他们生活水准的唯一办法是走上最后达到社会主义的道路"③。与此同时，福斯特认为，作为工人阶级先锋队的共产党，长期奉行阶级斗争的政策，可以对工人阶级进行革命教育和提高其阶级意识，通过阶级斗争教育来增强工人阶级的激进性和革命性。他说："共产党有马克思列宁主义的训练，担负了工人阶级和全民族先锋队的任务，它的中心工作是对基本的群众性的反资本主义运动进行必要的教育、组织和领导。如果不这样做，工人和他们的同盟者就不可能达到社会

---

① William Z. Foster, *History of The Communist Party of The United States*, New York: International Publishers, 1952, p. 530.

② Ibid., pp. 530–533.

③ Ibid., pp. 546–547.

主义的历史目标。"① 显然，福斯特认为，不能低估工人阶级的激进性和革命性，通过他们阶级意识的不断提高，通过共产党的阶级斗争教育，工人阶级势必会起来发动反对资本主义的社会主义革命。

再者，福斯特强调阶级斗争的目的是在美国建立苏维埃式的社会主义政权，斗争的主要方式是暴力革命。福斯特一方面深受苏联社会主义的影响，认为苏联的社会主义制度是最为先进的社会制度，即社会主义制度不仅消灭了资本主义私有制和取消了对劳动群众的剥削，而且第一次建立了世界上真正的民主政权即无产阶级专政。因此，在福斯特看来，美国共产党也要效仿苏联共产党，在美国展开反对资本主义的斗争，最终建立苏维埃式的无产阶级政权。另一方面，福斯特深受马列主义革命理论的吸引，在论述阶级斗争的基本形式的时候，他更为强调阶级斗争的最高形式即政治斗争的重要性。在福斯特看来，不通过突变的方式推翻现存制度，资本主义就只能"垂而不死"。因此，他格外强调要利用暴力革命的方式打碎资产阶级统治无产阶级的国家机器，从根本上变革现存的资本主义制度，建立无产阶级专政。鉴于此，福斯特积极领导美共开展反对资本主义的斗争，积极宣传和践行共产党的阶级斗争路线。

二 对党与工会关系的认识

共产党与工会的关系是一对极其重要的政治关系，不仅决定着工会的工作方向与策略，而且也事关共产党的工人统一战线能否有效推进。福斯特作为美共党内著名的劳工组织者，有着丰富的工会工作经验。围绕着工会的种种问题，他写了《世界工会运动史纲》《论美国工会运动：原则和组织，战略和策略》等书，表达了自己对工会问题的态度与认识。虽然，福斯特的著作在今天看来，只是对世界工会和美国工会运动历史的简单罗列，并未从理论上系统地探讨工会问题以及党与工会关系的问题，但通过梳理和总结，我们也不难概括出福斯特对党和工会关系的种种认识。

首先，福斯特强调美共要高度重视工会工作。在福斯特看来，工会是联系共产党与工人阶级的桥梁，只有高度重视工会工作，共产党才能保持

---

① William Z. Foster, *History of The Communist Party of The United States*, New York: International Publishers, 1952, pp. 550–551.

同工人阶级的紧密联系,并争取到更多的认同与支持。因此,他在论述"共产党人和工会问题"(The Communist and the Trade Unions)时,这样说道:"工人组织工会的目的主要是为了争取较高的工资、较短的工作时间和较好的工作条件。共产党,作为工人阶级的政党,总是支持工会的斗争的。共产党坚持要它的党员参加本人所属产业部门的工会,要他们成为最积极地为工人利益而斗争的战士,要他们不倦地为建立和加强工会而努力,要他们经常地保障工会的团结。共产党教育和组织工会会员,使他们和农民以及其他的劳动人民组成一个广大的民主阵线,来支持他们的共同事业。"[①] 在此基础上,福斯特进一步分析称,工人阶级并不是都赞同共产党的社会主义观点。因此,共产党人更应该借助工会深入到工人阶级内部当中,对其进行阶级斗争的宣传和教育,使得工人们逐步接受社会主义的观点。对此,他这样说道:"并不是说一切工会会员都接受共产党的这个社会主义的观点的。这种观点是建立在对资本主义的科学分析及全世界工人的斗争经验之上的。共产党人,由于他们的远大眼光,所以能在任何的当前斗争中最有效地保卫工人的利益。由于他们受了马列主义的训练,共产党人是工人的实际的组织者。他们知道怎样去估计敌人的力量,懂得用什么策略才能达到在一定时期内工人愿意为之奋斗的那些目标。"[②] 正是基于这样的认识,福斯特多次强调要高度重视工会工作的重要性,主张共产党员"打入"到旧有工会内部,对工人阶级进行政治宣传与鼓动,从内部进行突破,努力争取到更多工人群众对共产党政策的认同与支持。

其次,福斯特强调共产党对工会进行总的政治领导。福斯特指出,作为马克思主义政党的共产党,是工人阶级的领导机构。福斯特在书中照搬斯大林的有关结论指出,共产党是由无产阶级在政治上最先进的分子组成的,它关心的是对工人有切身利害关系的一切问题,攻击资本主义一切思想的、经济的和政治的控制,"它是领导全体工人进行他们的日常斗争、领导他们废除资本主义和建设社会主义的唯一合适的组织。这就是列宁的

---

① William Z. Foster, *American Trade unionism: Principles and Origanization Strategy and Tactics*, New York: International Publishers, 1947, p. 280.

② Ibid., pp. 280 – 281.

'新型的党'，是无产阶级的先锋队。"① 在福斯特看来，既然共产党是无产阶级的先锋队和工人阶级的领导机构，那么工会就理应接受共产党的领导。针对修正主义者否认党的领导作用，将党和工会视为两个独立、并行的两个组织的主张，福斯特进行了批驳。福斯特认为，否认共产党对工会的总的政治领导，就难以保证工会的社会主义方向。因此，他在著作中对德国、英国、法国以及美国等反对建立强大的领导政党的修正主义观点逐一进行了批驳，特别指出共产党的领导对于工会保持社会主义方向的极端必要性。②

与此同时，福斯特还指出了党对工会的领导和工会独立自主展开工作的辩证关系。他认为，承认党对工会的总的政治领导，并不意味着工会完全依附于党和完全丧失了独立自主性。对此，他特别指出，虽然"布尔什维克在理论上主张工会依附于党"，"但是他们当时并未极力主张这一点"。他指出："布尔什维克关于工会的实际方针既不是使工会依附于党，也不是对党采取中立态度，而是一切劳工力量在党的总的政治领导下进行密切的合作。"③ 总之，在福斯特看来，工会是接受共产党的总的政治领导，在此基础上独立自由地开展工作。遗憾的是，福斯特在共产国际工会政策的指导下，逐渐抛弃了自己关于党与工会关系的正确认识，在论述和制定工会政策的时候，愈发强调莫斯科的利益和共产党的斗争原则。

三 对资本主义的认识

福斯特对资本主义发展趋势、发展阶段及基本制度的认识，深深地影响到了美共大政方针和政策的制定，同时也对美共的现实斗争策略产生了直接的影响。

首先，对资本主义发展趋势的认识。福斯特同当时大多数马克思主义者一样，认为从历史发展趋势上讲，资本主义是注定要走向灭亡的，因为这是由人类历史发展规律和资本主义发展规律所决定的。在福斯特看来，资本主义被社会主义所取代是马克思主义的伟大结论，同时也是被历史实

---

① William Z. Foster, *Outline History of The World Trade Union Movement*, New York: International Publishers, 1956, pp. 208 – 209.

② Ibid., pp. 208 – 211.

③ Ibid., p. 209.

践所局部证明的科学定论。对此,他在《三个国际的历史》一书中这样说道:"为什么社会主义是不可避免的,为什么事实上现在它很快地在取资本主义而代之,其基本原因是资本主义不能够解决人民的需要,而社会主义却能够并且做到了。"① 他列举了大量资本主义衰落和社会主义兴起的历史事实,强调历史证明马克思主义是正确的。他说:"马克思主义的正确性被这个有着暴风雨历史的世界所光辉地证实了。"② 他甚至在该书的结尾部分慷慨激昂地说:"资本主义必然灭亡,社会主义正在走向完全的胜利——这是近百年来历史的伟大教训。"③

其次,对资本主义发展阶段的认识。当时福斯特紧跟列宁关于资本主义处在腐朽和垂死阶段的分析,认为资本主义正在快速地走向灭亡并即将被社会主义所完全取代。对于这个问题的认识,也是福斯特与洛夫斯东、白劳德之间的主要分歧之一。可以说,十月革命后的国际共运内部,资本主义已进入垄断时代且处在垂死阶段的结论已成为各国共产党的共识,甚至上升到了意识形态的高度,成为各国共产党制定斗争策略的基本依据。福斯特在1949年写了《世界资本主义的末日》一书来系统表达自己对资本主义现实发展阶段的看法。他在书中这样写道:"资本主义现在已经到了最后的、帝国主义阶段了。帝国主义的特点就是垄断的大大增长,强国间世界市场的分割,资本主义大国对世界领土的瓜分。帝国主义尖锐化和加剧了资本主义制度的一切矛盾,加速了目前世界战争和社会主义革命时代的来临。"④ 显然,福斯特这里是照搬照抄了列宁关于资本主义发展阶段的结论。应该承认,列宁在当时提出这一结论有其认识上的合理依据,但是列宁之后的历史发展趋势证明,资本主义不但垂而不死,反而取得了较大的发展。虽然,资本主义体系在战争中被严重破坏以及内部矛盾重重,但这并不意味着资本主义就毫无发展潜力和上升空间。在具体实际已经发生了变化的情况下,福斯特仍然固守传统的结论,反复强调资本主义

---

① William Z. Foster, *History of The Three Internationals*, New York: International Publishers, 1955, p. 672.

② Ibid., p. 694.

③ Ibid., p. 699.

④ William Z. Foster, *The twilight of world capitalism*, New York: International Publishers, 1949, p. 10.

陷入了不可救药的总危机，这样就势必会对美共的现实斗争策略产生较大的不良影响。

基于以上的认识，福斯特对资本主义制度进行了全面性地批判。第一，福斯特对资本主义的经济制度进行了批判。他在著作中多次批判资本主义经济制度的不合理性与压榨性。在他看来，资本主义经济制度的内在矛盾造成了"周期性危机、大批失业和争夺市场"[①] 等问题，而且它"将劳动大众置于人数较少的剥削者的支配之下"[②]。第二，福斯特多次对资本主义的民主制度进行批判。福斯特认为资本主义的民主制度是有限度的和虚假的，即"资产阶级为了自身利益有系统地限制、阻挠和歪曲资本主义条件下的各种民主机构"[③]。就本质而言，资本主义民主制度的确是资产阶级的民主，是有限度的。但是福斯特有一种全面否定资本主义民主制度的倾向，甚至在批驳白劳德的时候对美国的民主传统都持着贬低的态度，这实际上等于否定了美共利用资本主义民主权利进行斗争的可能性与必要性。同样，福斯特对资本主义的文化制度和文化成果也几乎是持着全盘否定的态度。

四 对社会主义的认识

首先，关于社会主义的优越性。在福斯特看来，与资本主义相比，社会主义在经济、政治、文化以及社会方面都具有极大的优越性。经济上，福斯特指出："社会主义是一种科学的经济制度。"[④] 社会主义的全部生产制度不管是从财政上还是从农业和工业上来说，都是为了使其能够有效、按计划和有组织而建立的，不像资本主义那样混乱不堪。"它的整个经济制度是建立在社会主义人民所有制上，而不是建立在私人剥削上面的。"[⑤]

---

① William Z. Foster, *History of The Three Internationals*, New York: International Publishers, 1955, p. 673.

② Ibid., p. 672.

③ William Z. Foster, *History of The Communist Party of The United States*, New York: International Publishers, 1952, p. 338.

④ William Z. Foster, *History of The Three Internationals*, New York: International Publishers, 1955, p. 673

⑤ William Z. Foster, *The historic advance of world socialism*, New York: International Publishers, 1960, p. 45.

政治上，在社会主义制度下，由于建立了工人阶级的领导即无产阶级专政，这是人类社会第一次在世界上建立了真正的民主。他说："在社会主义条件下，少数民族享有完全平等的地位，因此在各个方面都获得了充分的发展。社会主义民主才是真正的民主，并不是在为大垄断资本家的私有制打掩护。"① 文化上，社会主义建立了比资本主义更加先进的文化。他指出："像机器人似的资本主义文化已经腐烂得臭气熏天，现在由真正的社会主义文化代替，这是当得起人类最崇高愿望的文化。"② 社会方面，福斯特指出："社会主义正在体格、心灵和社会方面造就出新的、高级类型的男和女，社会主义社会是按照科学来指导，为全体人民谋福利，不像资本主义制度按照资产阶级的专横命令来指导，为少数富者谋私利。"③ 总之，在福斯特看来，社会主义在各个方面都呈现出了资本主义所没有的优越性，社会主义才是解决现实问题的唯一、根本的途径。

其次，关于美国社会主义的发展前景。福斯特对美国社会主义的发展前景持着较为乐观的态度，他认为美国的工人阶级在接受反对资本主义的马克思主义的口号和思想方面虽然异常缓慢，但是已经有了一定的政治进步。对于工人阶级觉悟的提高，他说："在罢工方面，他们是英勇的；在对于事情的看法上，也有了政治的眼光。他们正在向着建立一个独立的群众政党的方向迈进。工人们几乎普遍地认为企业由国家经营是使维持产业、使他们得到工作、得到社会保障的必要条件。这件事实就证明了他们已很快地对所谓'自由企业'失去了信心。"在福斯特看来，虽然美国资本主义占据比较有利的地位，一定程度上阻滞了工人思想的发展，致使他们长期缺乏社会主义的思想，但是这种情况已经在慢慢地减退。因此他不同意资产阶级理论家们、"美国例外论"者关于美国没有社会主义、美国社会主义前景黯淡的论调。他乐观地称："美国工人阶级在思想方面也必然要继续成长，最后必定取得社会主义的观点。"他分析称，资本主义制度正在西半球以外的各地陷于最为困窘的地步，即使是貌似最强大的美国

---

① William Z. Foster, *The historic advance of world socialism*, New York: International Publishers, 1960, p.45.

② William Z. Foster, *History of The Communist Party of The United States*, New York: International Publishers, 1952, p.539.

③ Ibid..

也因日益加深的经济危机,法西斯化的反动政治,原子战争的准备,逃不掉资本主义的普遍衰亡。①

再者,关于美国实现社会主义的途径。纵览福斯特一生的政治思想与实践,福斯特当时深受苏联共产党历史经验和传统结论的影响,他格外强调暴力革命对于实现社会主义的重要意义。如在经济危机期间和人民阵线初期,福斯特积极强调和践行共产国际第六次代表大会提出的"阶级对抗阶级"政策,积极宣扬共产党的阶级斗争路线,并且号召美国民众推翻美国资产阶级的统治和建立苏维埃式的无产阶级专政。当然,福斯特也曾提出通过和平过渡实现美国社会主义的主张,美共更是从20世纪30年代后期就明确提出要以合法斗争或利用宪法规定的民主权利逐步推动美国社会实现向社会主义的转变。在20世纪40年代后期,针对美国政府对共产党的种种指控,福斯特也多次重申了和平实现美国社会主义的政治立场和主张。甚至在1952年,他仍是指出共产党采取和平和民主手段实现美国社会主义的可能性与必要性。② 但问题是,福斯特深受马克思主义革命理论和苏联共产党经验的影响,他并没有真正重视和利用既定民主权利和议会斗争等和平手段实现美国社会主义的重要意义。客观地讲,福斯特关于和平过渡的政治立场在大多数情况下只是基于政治宣传和斗争的现实需要。

---

① William Z. Foster, *American Trade unionism : Principles and Origanization Strategy and Tactics*, New York: International Publishers, 1947, p. 372.

② William Z. Foster, *History of The Communist Party of The United States*, New York: International Publishers, 1952, pp. 551 – 552.

第二章　福斯特关于阶级斗争的思考与探索

阶级斗争理论是马克思主义理论的重要组成部分，同时也是美共领袖福斯特积极主张和践行的理论原则。福斯特不仅强调无产阶级与资产阶级之间的对立与斗争，而且强调通过革命手段建立起苏维埃式的无产阶级专政。1928年，共产国际六大提出的"第三时期"理论，正好契合于福斯特的政治方向，对福斯特的时势观和阶级观产生了重大的影响。福斯特之后固守"第三时期"理论关于资本主义危机日益加剧和阶级斗争尖锐化的分析，积极领导美共展开反对资本主义的斗争。但遗憾的是，福斯特等美国共产党人的种种努力并未达到预期的结果。

第一节　福斯特关于阶级斗争的基本思想

作为美共党内的老左派，福斯特极其推崇阶级斗争的理论，鼓动无产阶级与资产阶级进行不调和的斗争。他在著作中反复强调阶级斗争的理念，强调无产阶级与资产阶级之间的对立与斗争。关于阶级斗争的基本形式，虽然福斯特也分别论述了经济斗争、政治斗争和思想斗争等三种方式，但福斯特更倾向于政治斗争，即领导民众推翻资本主义的统治，建立起苏维埃式的社会主义国家。在斗争的方式方法上，虽然福斯特也一度承认，美国实现社会主义的方式并非只有简单地暴力革命，也存在着和平过渡的可能，但纵观福斯特的著作，他更多的是强调暴力革命与无产阶级专政。

一　强调无产阶级与资产阶级的对立

福斯特极其赞同传统的共产主义、马克思列宁主义关于阶级斗争的理论，认为无产阶级与资产阶级之间的矛盾是不可调和的。由于其阶级利益的不同，两者之间必然是对立与斗争的关系。同时，根据马克思列宁主义关于资本主义发展规律和人类社会发展规律的分析与论断，福斯特强调，在无产阶级与资产阶级之间这场不可调和、你死我活的斗争中，无产阶级必然胜利，资产阶级必然灭亡。

首先，福斯特一向强调无产阶级与资产阶级之间的对立。福斯特的工人经历，使其更容易深刻体会无产阶级与资产阶级之间的对立。因此，在福斯特的著作中，我们可以看到有多处描写资产阶级剥削工人阶级的场面，强调两者之间的对立。他曾这样描写工人被剥削的惨状："几乎每一门工业里都充满着职业性疾病。这些疾病使大批工人备受痛苦和招致死亡。我常见到工人们为了雇主的利润而残忍地被剥夺了健康。"[①] 针对佛罗里达州的劳力偿债制度（system of peonage），他这样说道："佛罗里达对工人来说是一个坏地方。工资低微，雇主利用警察权力和劳力偿债制度搞到工人。失业者被捕，无业游民被判罪，然后一群一群地被铁链锁上，出租到松脂劳动营和磷酸厂矿去做工，受到贪得无厌的包工们的无情剥削。尤其是黑人成为这种迫害的牺牲品。"[②]针对一些工业部门所推行的开门制度（open shop），他这样说道："肉类包装工业是以国内很恶劣的工业之一而臭名远扬的。微薄的工资、过长的劳动时间以及破烂、危险和有害健康的工作条件，这些都是巨大的屠宰场奴隶营里的家常便饭。屠宰场的工人们居住的地方又都是肮脏简陋不堪言状的贫民窟。被剥削的工人们对于他们的工作条件和生活条件不能提出任何意见。亿万富翁们的意愿高于一切，他们依靠带枪的打手，工人中的侦探和黑名单来实现他们的意愿。我，作为一个工人和工人的组织者，在这个奴隶式的产业中有着很广泛的体验。"[③] 福斯特在其著作中关于资产阶级与无产阶级之间地位极其不对等的描述还有很多，足以证明他对两者之间对立关系的强调。但需要指出的是，虽然福斯特在著作中一贯强调无产阶级与资产阶级之间的对立与矛盾，但福斯特的思想主张几乎是照搬照抄马克思、恩格斯、列宁、斯

---

① William Z. Foster, *Pages From a Worker's Life*, New York: International Publishers, 1939, p. 20.

② Ibid., pp. 23 – 24.

③ Ibid., p. 152.

大林的有关论断，并未像马克思、恩格斯、列宁那样从生产资料占有和生产过程中的作用来深刻分析阶级对立的问题。

其次，福斯特强调无产阶级与资产阶级之间的矛盾不可调和。针对这个问题，福斯特曾这样说道："世界历史经验已经表明，工人不能和老板成为'友好合作伙伴'，两者之间是阶级敌人，有着敌对的利益。剥削者与被剥削者是政治上的天然敌人，他们关系的实质理应是权力的归属问题。"① 因此，福斯特极不赞同社会党和劳联领袖的"阶级合作"理念。在福斯特看来，由于生产力与生产关系之间的矛盾，无产阶级与资产阶级之间的矛盾则是历史发展的必然，他们之间的斗争事关各自的命运、生死存亡。就此而言，资产阶级在斗争中为了保护自己的权力而拼命抵抗，无产阶级为了生存与自由而顽强斗争。按照福斯特的逻辑，无产阶级与资产阶级之间的矛盾是尖锐的，绝无调和的可能。他说："我在阶级斗争中的经历和理论学习，已逐渐将我造成一个有斗争性的人。我已经认识到一个基本点，那就是：阶级斗争是一场严重的战斗。我深信所谓将资本主义逐渐转变到社会主义的改良主义计划，是终将无效的。因此我坚决地和无产阶级分子结合起来，而他们的要求则是将社会党变成一个革命的组织。"② 可以说，自参加美国共产党之日起直到他逝世，福斯特始终强调无产阶级与资产阶级之间的矛盾，积极倡导无产阶级开展反对资产阶级的斗争。

再者，无产阶级必然战胜资产阶级。按照马克思主义的理论，资本主义发展规律和人类社会发展规律决定了资产阶级必然失败，无产阶级必然取得胜利。这是因为资本主义虽然创造出了社会所需要的社会化大生产，但自身却不能容纳相对应的新的生产关系，这就决定了资产阶级必然不能照旧统治下去。福斯特持着同样的观点，认为资本主义的先天性弱点（固有矛盾），即生产资料私有制与生产社会化之间的矛盾致使资本主义必将走向崩溃。福斯特深受列宁对资本主义所处阶段有关分析的影响，在其著作中多次强调资本主义的腐朽性、垂死性，宣扬社会主义的优越性，指出资本主义必然灭亡和社会主义必然胜利。在福斯特看来，既然资本主

---

① William Z. Foster, *Toward Soviet America*, New York: International Publishers, 1932, p. 252.

② William Z. Foster, *American Trade unionism: Principles and Origanization Strategy and Tactics*, New York: International Publishers, 1947, p. 13.

义的基本矛盾决定了资本主义必然灭亡和社会主义必然胜利,那么无产阶级也必然能够战胜资产阶级。正是基于这样的认识,福斯特后来在与洛夫斯东、白劳德围绕着无产阶级激进性与革命性的程度进行争论时,严厉指责他们持着一种悲观的论调,低估无产阶级而高估资产阶级。

二 无产阶级与资产阶级斗争的形式

无产阶级反对资产阶级的斗争形式是多种多样的,恩格斯曾根据其本质特征,将阶级斗争归为经济斗争、政治斗争和思想斗争三种基本形式。福斯特虽然没有对阶级斗争的基本形式进行直接、系统地论述,但福斯特在领导美共开展反对资本主义的斗争过程中,他极其重视和强调阶级斗争的形式,并围绕着三种基本斗争形式阐述了自己的阶级斗争思想。

在福斯特看来,阶级斗争首先是工人阶级对生活困苦的直观感受所引起的,是属于经济层面的斗争。福斯特在描绘阶级斗争现象或事件的时候,无不强调工人阶级生活的困苦和资产阶级的剥削,多次强调工人起来反抗资本家就是为了改善自己的工作或生活条件。工人之所以选择罢工是因为资本家不能同意"工人的维持生活水准"的有关要求。[①] 基于这样的认识,福斯特在其晚年的时候,仍然强调世界工人所面临着的最为紧迫的经济问题,就在于"争取提高群众的生活水准,反对日益加深的资本主义剥削"[②]。在福斯特看来,经济斗争一定程度上限制了资本家对无产阶级的压榨,使得无产阶级在"调整工资标准方面取得了发言权"[③]。同时,经济斗争使得无产阶级得到了锻炼,提高了他们的阶级觉悟,他说道:"在罢工方面,他们是英勇的;在对于事情的看法上,也有了政治的眼光。他们正在向着建立一个独立的群众政党的方向迈进。"[④]

当然,福斯特认为无产阶级反对资产阶级的斗争绝不仅仅停留在经济斗争的层面上,必须上升到政治斗争这一更高层面上来。福斯特强调,工

---

① [美]威廉·福斯特:《美国的工资与罢工运动》,《北方文化》1946 年第 2 卷第 1 期。

② William Z. Foster, *Outline History of The World Trade Union Movement*, New York: International Publishers, 1956, p. 553.

③ Ibid., p. 562.

④ William Z. Foster, *American Trade unionism: Principles and Origanization Strategy and Tactics*, New York: International Publishers, 1947, p. 372.

人阶级除了关注自身的经济利益外，还担负着维护整个阶级和劳动者利益的使命。他说："在政治活动方面，工人不但应当注意直接与自身经济利益有关的事情，而且应当关心全国的、国际的一般的政治活动。当今世界上的资本主义制度的危机一天比一天严重，许多由此产生的重大的政治问题需要工人阶级和其他民主力量来共同积极解决。不这样做就会使工人及全体人民遭受灾难。"① 同时，无产阶级还代表着社会主义与共产主义的未来，因此，"美国工人阶级必须彻底研究美国的资本主义制度，并根据马克思列宁主义科学，采取社会主义的方向——一个如此显然地为世界各国所需要的方向。"② 按照福斯特的逻辑，无产阶级为了整个阶级和所有劳动者利益计，为了社会主义与共产主义大业计，必须对资产阶级展开更高形式的政治斗争，即从资产阶级手中夺取政权和建立无产阶级专政。

在思想斗争领域，福斯特积极赞同和宣扬列宁关于资本主义处在腐朽、垂死阶段的论断，之后紧跟共产国际六大关于阶级斗争尖锐化的分析，他一方面对资本主义的腐朽与弊病进行批判与挞伐，另一方面则极力赞美和歌颂苏联社会主义所取得的伟大成就。通过两者之间的鲜明对比，以论证无产阶级展开经济斗争和政治斗争的合理性。针对一些资产阶级理论家关于资本主义处在上升阶段的宣传，福斯特进行了强烈的批驳，将其斥责为麻痹群众的"欺骗把戏"。③ 为了破除资产阶级的理论宣传，福斯特一贯强调资本主义的腐朽性和危机的不可避免性，并且积极宣传苏联社会主义的正面性和优越性。尤其是美国经济危机时期，但凡工人阶级生活状况出现恶化的征兆，福斯特就会加大对资本主义的批判力度，号召无产阶级开展反对资产阶级的斗争，以建立苏联式的社会主义政权。

三 强调暴力革命与无产阶级专政

按照科学社会主义理论创始人马克思、恩格斯的有关设想，无产阶级与资产阶级斗争的方式与方法主要包括两种，即暴力革命与和平过渡。至于选择哪一种斗争方式，则要看具体时势。对于福斯特而言，他更为重视

---

① William Z. Foster, *American Trade unionism: Principles and Organization Strategy and Tactics*, New York: International Publishers, 1947, p. 344.

② Ibid., p. 349

③ Ibid., p. 89.

和强调暴力革命这一斗争方式的重要意义。

福斯特高度赞扬列宁关于暴力革命和无产阶级专政的理论。福斯特认为,列宁对马克思主义的理论贡献主要在于以下两个方面。一方面,列宁重申了资本主义国家是资产阶级压迫无产阶级的工具,打破了当时社会民主党的修正主义看法。当时社会民主党认为资本主义的现代国家是某种形式的人民国家,并无特别的资产阶级统治。列宁的贡献在于证明了马克思的下述观念在目前条件下依然正确,即由于资本主义国家的统治阶级激烈反对一切民主进步,所以必须将其摧毁,社会主义才能建立。在这里,福斯特反对社会民主党所谓的将资本主义逐步改造为社会主义的改良性计划,极力赞成列宁的暴力革命理论。另一方面,福斯特认为列宁对马克思主义的理论贡献在于使其包含了关于现代垄断资本主义和无产阶级革命的诸多问题。从美国的立场上看,福斯特认为列宁的重要理论就是关于帝国主义的科学分析,明确指出了资本主义所处的阶段以及解剖了现代垄断资本主义的结构,证明垄断资本主义是垂死的资本主义,是资本主义的最后阶段。按照列宁的分析,当时所处的时代既是帝国主义时代,也是无产阶级革命的时代。[1] 在福斯特看来,列宁关于帝国主义的分析和无产阶级革命专政的实践,为美国工人阶级反对资产阶级的斗争提供了极其宝贵的理论参考。鉴于此,福斯特在著作中多次建议通过革命手段在美国建立苏维埃式的无产阶级专政。

正是出于对列宁暴力革命和无产阶级专政理论的高度赞同,福斯特在美国经济大萧条期间号召无产阶级拿起武器暴力革命,废除现存的资本主义制度。福斯特认为,废除资本主义在当前就意味着领导大众开展反对资本主义的斗争,推翻资产阶级的统治。他说,虽然资本主义已经陷入了不可救药的总危机,但是不能奢望资本主义制度自行崩塌。相反,正如列宁所说的那样,不管资本主义遭遇到多么困难的危机,资产阶级也并不是"完全没有出路",除非遇到无产阶级拿起革命的武器。福斯特指出,作为统治阶级的资产阶级为了维护自己的统治,势必会降低工资,将危机转嫁给贫苦大众,进行帝国主义战争以及实行法西斯恐怖统治等。因此,对

---

[1] William Z. Foster, *History of The Communist Party of The United States*, New York: International Publishers, 1952, pp. 149 – 150.

于劳动者来讲，资本主义所谓的出路就是变本加厉地奴役劳动群众。同时，资本家不会自动放弃对社会的统治和对民众的剥削。在这种情况下，福斯特强调，结束资本主义制度需要共产党领导无产阶级自觉地组织起来并进行革命。简而言之，就是打碎旧的国家机器，建立起无产阶级专政。在此基础上，福斯特进一步论证了暴力革命的合理性。他说，资本主义就是通过革命战争推翻了封建主义制度，建立了自己的世界体系。现如今，无产阶级理应夺过资产阶级手中的剑，通过革命斗争推翻垂死的、腐朽的资本主义。[1]

应该指出的是，在麦克锡主义肆虐的20世纪50年代，出于为美共辩解的需要，虽然福斯特也特别强调美国采用"民主方法""和平转变"到社会主义的"可能性"，[2] 但纵览福斯特的生平思想与实践，暴力革命和无产阶级专政才是其高度强调的思想主张。

第二节 "第三时期"理论与福斯特的阶级对抗思想

1928年，共产国际第六次代表大会提出了"第三时期"的理论，预言"资本主义稳定不可靠，资本主义总危机更加尖锐"[3]。基于对国际形势的判断和阶级状况的分析，共产国际正式提出了"阶级对抗阶级"的口号。共产国际提出的"第三时期"理论对福斯特的政治思维产生了重大的影响，为福斯特的时势观和阶级观提供了国际性的视角。

一 "第三时期"理论与"阶级对抗阶级"政策

共产国际提出的"第三时期"理论和"阶级对抗阶级"的革命口号，为美共未来的工作确定了方向。1928年7月17日—9月1日，共产国际在莫斯科召开了第六次代表大会。共有58个共产党和支部的515名代表

---

[1] William Z. Foster, *Toward Soviet America*, New York: International Publishers, 1932, p. 219.

[2] William Z. Foster, *History of The Communist Party of The United States*, New York: International Publishers, 1952, pp. 550–551.

[3] William Z. Foster, *History of The Three Internationals*, New York: International Publishers, 1955, pp. 443–444.

参会，其中美国共产党的代表有 29 名。① 正是在美国代表们参加这次大会之际，共产国际路线的左转对美共今后的斗争策略产生了极大的影响。

在共产国际六大上，布哈林代表联共（布）代表团做了"关于国际形势与共产国际任务"的报告，将战后的年代划分为三个时期。第一个时期是自 1917 年俄国无产阶级革命到 1923 年德国无产阶级革命的失败，这个时期是"资本主义制度极端尖锐的危机时期"。第二个时期是"资本主义制度逐渐和局部稳定的时期"。而第三时期则是"世界资本主义矛盾剧烈发展的时期"②。在这个时期内，"一切帝国主义矛盾都越发尖锐起来"，"各资本主义国家内部的矛盾日趋激烈（工人群众的"左"倾，阶级斗争的尖锐化）"，这一时期资本主义基本矛盾进一步激化和发展，使得资本主义的稳定崩溃，"并使资本主义总危机必然走向恶化的地步"，等等。③ 基于这样的分析，大会认为之前召开的共产国际执委会第九次全会提出"阶级对抗阶级"的革命口号是正确无疑的。实际上，"第三时期"的理论是斯大林对联共（布）代表团报告内容所做的修改。关于这一理论，斯大林后来做了这样的系统阐述：新的革命高潮的条件日益增长的时期，即准备工人阶级迎接即将到来的阶级斗争的时期④，认为所有资本主义国家阶级斗争都在激化，欧洲革命危机在增长，新的革命条件在成熟，等等。

需要指出，共产国际关于"第三时期"理论的分析并没有契合于当时资本主义的具体实际，至少在共产国际提出这个理论的时候，并未有任何迹象表明资本主义危机即将到来。美国经济危机的爆发也是发生在一年之后。即便斯大林与共产国际关于资本主义发展前景的分析与预测是正确的，"第三时期"理论也严重低估了法西斯的危险性，而对工人阶级的激进程度和无产阶级的革命形势估计过高。⑤ 另外，共产国际认为社会民主

---

① Theodore Draper, *American Communism and Soviet Russia*, New York: Vintage Books, 1960, p. 300.

② Ibid., p. 302.

③ ［英］珍妮·德格拉斯选编：《共产国际文件（1923～1928）》第二卷，世界知识出版社 1964 年版，第 629—630 页。

④ 《斯大林全集》第 12 卷，人民出版社 1955 年版，第 20 页。

⑤ Theodore Draper, *American Communism and Soviet Russia*, New York: Vintage Books, 1960, p. 305.

党具有法西斯主义的倾向,"变成了帝国主义在工人阶级内部的主要支柱",在"有计划地执行这种反革命政策"①。然而实际上,"第三时期"理论关于社会民主党正在发生剧烈改变的分析是没有依据的,当时并没有迹象表明社会民主党变得像共产党人所描绘的那样糟糕。② 因此,在美国学者西奥多·德雷珀(Theodore Draper)看来,斯大林对"第三时期"理论的阐释只能针对苏联的情况,并不适用于外部的世界。③ 可以说,德雷珀的观点整体而言是正确的。实际上,"第三时期"理论严重背离了当时各国革命形势的客观实际,是斯大林和共产国际对当时国际形势的错误估量而得出的"左"的错误结论。比如,共产国际对中国革命高潮的到来做了过高的估计,在"阶级对抗阶级"的错误口号下,中共在李立三的领导下曾犯了严重的"左倾冒险主义"错误。

尽管"第三时期"理论是错误的,但一向强调集中统一的共产国际还是根据"第三时期"理论向各国共产党提出了三个方面的基本要求,其中之一就是各国共产党在反帝、反封建的斗争中采取"阶级对抗阶级"的策略方针,反对帝国主义战争、反对社会民主党,支持殖民地人民起义。④ 1929年,共产国际执委召开的第十次全会,对"第三时期"理论做出了更全面的阐述,进一步指出:"资本主义总危机增长,帝国主义内部和外部基本矛盾迅速加剧,从而必然导致帝国主义战争,导致大规模的阶级冲突,导致各主要资本主义国家新的革命高潮发展,导致殖民地伟大的反对帝国主义革命的时机。"⑤ 至此,"第三时期"理论和"阶级对抗阶级"政策成为共产国际及各国共产党制定斗争策略的基本依据。

共产国际积极支持和帮助美共贯彻"第三时期"理论和"阶级对抗阶级"的新策略。在共产国际的影响下,美共党内以福斯特为首的少数

---

① 王学东主编:《国际共产主义运动历史文献》第46卷,中央编译出版社2013年版,第675—676页。

② Theodore Draper, *American Communism and Soviet Russia*, New York: Vintage Books, 1960, p. 305.

③ Ibid..

④ 王学东主编:《国际共产主义运动历史文献》第46卷,中央编译出版社2013年版,第707—708页。

⑤ 王学东主编:《国际共产主义运动历史文献》第50卷,中央编译出版社2012年版,第461页。

派首先接受了共产国际关于资本主义危机日益增长和阶级斗争日益加剧的分析。他们认为，在不久的将来，美国极有可能"爆发一场带有革命特点"的斗争。因此，美共应与其他国家的共产党一样践行"阶级对抗阶级"的策略方针。① 同时，为了保证共产国际新策略和政策的切实执行，共产国际于1929年3月专门派了两名代表［德国人菲利普·腾厄尔（Philip earl）和英国共产党领导人哈里·波利特（Hany Pollitt）］参加美共第六次代表大会，并且带来了共产国际给美共的公开信。共产国际在信中指出，美国的"资本主义危机将要尖锐化，并且超过其他资本主义国家，从而导致一切对抗性矛盾的极度加剧"②。共产国际指示美共建立起新的革命性工会，积极组织工人群众开展反对资本主义的斗争。共产国际对美国下达指示之后半年即1929年10月，美国爆发了有史以来最严重的经济危机，这似乎验证了共产国际对美国形势的判断，也为福斯特等美共党人践行"阶级对抗阶级"政策、迅速发展组织力量提供了现实可能。

二 "第三时期"理论对福斯特时势观的影响

福斯特的时势观，深受共产国际"第三时期"理论的影响，而他的时势观决定了他的阶级斗争观点。按照苏共领导人在共产国际六大上的说法，世界资本主义内部矛盾进一步加剧，已经陷入不可救药的总危机。对于这个论断，福斯特极其赞同。他在著作中多次指出这个论断的重要性和正确性。1939年，他在《工人生活片段》一书中这样说道："共产国际指出这种稳定是不巩固的也是不能持久的，而资本主义不久将堕入更深重的危机中。目前的世界形势有着严重的产业危机、法西斯主义和战争，这就是共产国际预测的正确性的明证。整个'部分的、相对的暂时稳定'这一事情，是英明、勇敢而现实的共产主义思想和领导的光辉范例。"③ 即便是晚年的时候，福斯特仍然固守资本主义已经腐朽和垂死的论断。但凡

---

① 姜琦、张月明：《国际共产主义运动史的党际关系史（1848—1988）》，华东师范大学出版社1991年版，第222页。

② 详见 Bernard F. Johnnpoll, ed, *A Documentary History of The Communist Party of The United States: Toil and Trouble* (1928-1933), Volume, 2. London: Greenwood press, 1994, p. 110.

③ William Z. Foster, *Pages From a Worker's Life*, New York: International Publishers, 1939, p. 296.

美国出现经济恶化的征兆,福斯特便会言辞激烈地批驳资本主义的腐朽性和垂死性,号召民众起来展开反对资本主义的斗争。即便是在美国经济平稳发展时期,福斯特仍然会反复强调资本主义内部固有矛盾的不可调适性,批驳各种"新资本主义""人民资本主义"的论调,警告无产阶级不要对资本主义心存幻想,旨在使得无产阶级时刻保持战斗的状态。

1929年,资本主义世界爆发了严重的经济危机。经济危机的爆发使得福斯特确信共产国际六大"第三时期"理论的正确性,即资本主义危机日益增长。在福斯特看来,经济危机预示着资本主义的衰退。福斯特指出,目前的经济危机如同龙卷风暴般席卷了整个资本主义世界。他分析称,这个危机是由生产过剩引起的,于1928年首先袭击了德国和中欧,紧接着于1929年袭击了美国。随着1929年美国华尔街证券市场的崩溃,资本主义世界的各个国家都迅速地被席卷进这场经济危机的漩涡之中。福斯特强调,这场危机是资本主义历史中最严重、最深刻以及历时最长的危机。福斯特认为,这场危机意味着资本主义节节败退,已经陷入了不可救药的境地。他说:"在金融危机中,资本主义已经表现出毁灭性的影响。无论基于何种角度,资本主义世界处处都是废墟与残骸。整个资本主义金融体系摇摇欲坠。"① 在福斯特看来,危机不仅"威胁到了资本主义制度的生存环境"②,而且"证明了资本主义无法治愈它的内部矛盾所引起的冲突和日益加深的危机"。虽然福斯特认为资本主义已经陷入不可救药的总危机,有着乐观和夸张的成分,但是他对经济危机严重程度的评估还是比较客观的。在经济危机的影响下,千万个家庭陷入贫困,大量儿童失学与挨饿,公众健康状况恶化,自杀率飙升。大量流离失所的人们为了生存游荡在全国各地的城市和工业重镇。③ 此外,经济危机甚至还影响到了美国资本主义制度的根基。对此,美国历史学者约瑟夫·胡特马赫尔(Joseph Gutmach)这样说:"美国经济和人民遭受的普遍经济灾难是空前绝后的。在整个美国历史中,是有过恐慌衰退和通货膨胀,但大萧条对人民

---

① William Z. Foster, *Toward Soviet America*, New York: International Publishers, 1932, pp. 5 – 6.

② Ibid., p. 3.

③ James R. Barrett, *William Z. Foster and the Tragedy of American Radicalism*, Urbana and Chicago: University of Illinois Press, 1999, p. 163.

生活而且最终对美国政治制度性质的影响,是不可比拟的。"① 于是,经济的崩溃造成了这样一种社会氛围,如美国学者埃蒙德·威尔逊(Edund Wilson)指出:"民众迫切需要任何的一个指引者或组织者来帮助他们结束这种无序的状态。"②

可以说,福斯特对时势的分析深受共产国际"第三时期"理论的影响,即便是在资本主义经济平稳期或者繁荣期,福斯特仍然固守"第三时期"理论关于资本主义陷入总危机的论断。在他晚年的时候,福斯特仍在其著作中反复强调资本主义内部危机的日益深化。1947 年,福斯特在《世界资本主义的末日中》一书中强调"世界资本主义的腐朽"③,"美国资本主义日益野蛮化"④。1952 年,他在《美国共产党史》一书中以"世界资本主义的腐朽"和"美国总危机"为题,强调资本主义日益没落的态势不可逆转。他指出:"资本主义固有的内在和外在的矛盾的尖锐化,到了日益破坏和毁灭这个制度本身的的程度,这就产生了资本主义总危机。"⑤ 针对美国经济繁荣的情况,他这样说道:"美国尽管外表强大,但却卷进了世界资本主义总危机,而且必须服从资本主义衰亡的基本规律……美国资本主义基本上和所有其他国家的资本主义是一样的。"在此基础上,他批驳一些人关于资本主义处于经济上升阶段的论断,"完全是欺骗群众的宣传"⑥,是典型的"人民资本主义"或"新资本主义"论调。他在《人民资本主义和德热拉斯——评德热拉斯"新阶级"一书》中称:"这些年来的'人民资本主义'和 20 年代的'新资本主义'在政治上是一脉相承的。两者都是在各自的经济十分繁荣的时期产生的。"在性质上,他们"基本上是阶级合作论者",否认社会阶级和阶级斗争的存在。福斯特坚持认为,虽然现在美国资本主义较之前富裕多了,"但是基

---

① 转引自刘绪贻、李存训《美国通史》(第 5 卷),人民出版社 2002 年版,第 17 页。

② 转引自 James R. Barrett, *William Z. Foster and the Tragedy of American Radicalism*, Urbana and Chicago: University of Illinois Press, 1999, p. 163.

③ William Z. Foster, *The twilight of world capitalism*, New York: International Publishers, 1949, p. 7.

④ Ibid., p. 30.

⑤ William Z. Foster, *History of The Communist Party of The United States*, New York: International Publishers, 1952, p. 530.

⑥ Ibid., p. 533.

本上,世界资本主义体系是相对地和实际上削弱了,世界资本主义的总危机已经显著的加深了"。① 显然,福斯特的认识仍是固守"第三时期"理论关于时势的分析。

三 "第三时期"理论对福斯特阶级观的影响

按照"第三时期"理论关于资本主义危机日益加剧的分析,得出了资本主义国家内部阶级矛盾尖锐化的结论。该结论对福斯特的阶级观产生了重大的影响。一方面,经济危机期间,福斯特坚定地认为经济危机致使民众生活状况极度恶化,美国民众表现出了前所未有的愤怒和激进性,社会矛盾也变得更加尖锐。另一方面,在经济平稳时期,福斯特认为由于整个资本主义体系仍然处于危机当中,无产阶级和资产阶级的矛盾势必处在首要的位置,两者之间断无展开合作的可能。

经济危机期间,福斯特紧跟"第三时期"理论,认为经济危机势必会造成大规模的阶级冲突。福斯特指出,经济危机已经造成了劳动群众的贫困,但资产阶级政府却救济不力。福斯特分析称,整个资本主义世界的统治阶级,即资产阶级的政策试图寻求一种摆脱危机的方法,"将经济崩溃的负担转嫁到工人阶级、贫困农民和城市小资产阶级的肩上。该计划主要针对饥饿的失业者和群众,削减工资、加速工作、通货膨胀方案和增税等"。因此,随着危机的不断蔓延,劳苦大众的数量有了快速的增长。福斯特指出:"在所有的资本主义国家中,每一天饥饿的传播就如同瘟疫一般。而资产阶级只是沉浸在自己的快乐和享受之中,对这种可怕的痛苦却无动于衷。这时,他们毫不羞耻地教导民众从宗教中获得解脱,所谓的'科学家'也不论证造成大众贫困与饥饿的原因。"② 鉴于此,福斯特强调,对于共产党人来讲,"我们要做的不是'只是另一场经济危机',而是彻底地清除资本主义和迎来更高的世界性的'繁荣浪潮'"。这场危机"是由现存社会制度的根本性弱点所产生的,它所爆发的能量已经极大地

---

① [美]威廉·福斯特:《人民资本主义和德热拉斯——评德热拉斯"新阶级"一书》,《国际问题译丛》1958年第3期。

② William Z. Foster, *Toward Soviet America*, New York: International Publishers, 1932, pp. 7 – 8.

破坏了资本主义经济、政治和社会基础,以及促使无产阶级迅速地转向革命"①。关于这一点,美国学者欧文·豪沃和刘易斯·科泽（Irving Howe and Lewis Coser）曾这样说道:"随着经济危机在全世界范围内的爆发,这似乎使得在欧洲和美国的共产党人即共产国际极左主义的追随者有了用武之地,他们认为这场危机的严重性将会激发民众的革命意识。"② 对于当时大多数的美国共产党人及其追随者来说,推翻资本主义制度,在美国建立苏维埃政权的条件似乎已经成熟。在证券市场崩溃之后几天,美共机关报《工人日报》声称:"资产阶级企图将危机的负担转嫁到无产阶级身上,这势必会激怒他们,从而导致大规模的阶级冲突。"③ 福斯特等美国共产党人几乎无不乐观地认为,经济危机使得资本主义制度走向崩溃与灭亡,美国马上就能迎来社会主义革命胜利的曙光。

可以说,危机的加剧与美国民众所表现出来的激进性,使得福斯特等美国共产党人对共产国际六大提出的"第三时期"理论深信不疑。他们无不认为党的工作重心应该转移到组织无组织的工人,将深受贫苦的工人大众团结到革命队伍中来,积极领导他们开展反对资本主义制度的斗争。经济危机期间,美共的历次会议,历次集会以及组织的历次游行,都在重复着类似的话,即美国资本主义趋于崩溃,大规模的阶级冲突在即。

即便是在经济平稳期或繁荣期,福斯特也高度宣传阶级斗争的理念。早在1922年,福斯特就曾严厉地批驳了经济繁荣使得阶级矛盾缓和的论调,他说:"事实上极度的富裕不但不是阻力,而且是对工会组织和工人激进思想的一个刺激。在下述彼此相反的两种情况下,工人在组织上和思想上进步最快:一是在生活极端艰苦的时期;二是在所谓繁荣时期。生活很艰苦的时期,工人被迫不得不去思索、去行动;在繁荣时期,剥削减轻的时候,他们就会有勇气自动前进。"④ 在此基础上,他进一步强调经济

---

① William Z. Foster, *Toward Soviet America*, New York: International Publishers, 1932, p. 19.
② Irving Howe & Lewis Coser, *The American Communist Party: A Critical History*, Boston: Beacon Press, 1957, pp. 181–182.
③ William W. Wenstone & Arthur Zipser edited, *Highligts of a Fighting History: 60 years of The Communist Party, USA*, New York: International Publishers, 1979, p. 52.
④ William Z. Foster, *American Trade unionism: Principles and Origanization Strategy and Tactics*, New York: International Publishers, 1947, p. 64.

繁荣并不能消除阶级对抗。他说："作为一个阶级来说，美国工人并不会因为繁荣而减弱，倒是因此而更有生气并加强了战斗性。这是因为美国工人的生活较好并不应成为他们的工人运动微弱的理由，而应该是使他们的工会组织即使不是革命的、也应该是强有力的理由。"①

虽然阶级对抗是福斯特既有的政治主张，但"第三时期"理论无疑加深了福斯特对阶级斗争形势的认识。福斯特后来在论述阶级矛盾与斗争的时候，言辞也变得更为激烈与夸大。1937年，虽然美国的经济形势由于罗斯福新政的实施已经走向复苏，但是福斯特仍是尖锐地指出："千千万万的工人、小农、中产阶级分子陷入日益加深的饥饿中。它对经济产生了强大的压力，不利于日益受限制的资本主义制度。这种日益增长的压力形成尖锐的政治形式，它具有爆炸性，而且它不可避免地将把资本主义整个政治结构打得粉碎，从而用革命的方法扫清社会主义的经济力量和群众幸福自由发展的道路。我们在资本主义世界各地所见到的动乱、斗争、危机，是资本主义制度的政治爆炸或革命推翻资本主义制度的初期阶段。"②显然，福斯特此时关于阶级斗争尖锐化的主张，与"第三时期"理论高度契合。

第三节 福斯特关于阶级斗争路线的实践

福斯特在强调阶级对立和阶级斗争尖锐化的同时，积极领导美国民众采取游行、罢工等暴力手段开展反对资本主义的斗争，主张建立起战斗性的独立工会，宣扬共产党的阶级斗争原则和无产阶级专政。

一 领导民众反对资本主义的斗争

经济危机期间，福斯特积极践行阶级对抗的政策，领导失业工人大罢工。1930年初，福斯特前往莫斯科参加了共产国际的一次会议。这次会议所关注的主要问题之一就是发达资本主义国家失业工人数量不断上升的

---

① William Z. Foster, *American Trade unionism: Principles and Origanization Strategy and Tactics*, New York: International Publishers, 1947, p. 65.

② William Z. Foster, *From Bryan to Stalin*, New York: International Publishers, 1937, pp. 313–314.

问题。福斯特回到美国时带回了共产国际的重要指示,即共产国际号召共产党人要在 1930 年 3 月 6 日即国际失业日举行世界性的群众游行示威活动。福斯特直接组织和领导了纽约的失业工人大游行。在游行中,福斯特发表演讲称,城市的当权者将统治权交给了"美国的专制主义者和帝国主义者",他们否认自己对纽约失业的工人负有责任。因此他建议失业群众举行游行示威。① 于是,数千名工人群众涌向大街,高唱着国际歌,并开始了当时纽约《时代杂志》所称的"街头暴动最严重的时代"②。一千名警察立即做出反应,猛烈地攻击人群。数十名游行者和旁观者受伤,福斯特等四名共产党员的游行组织者被捕并被指控犯有重罪——煽动骚乱(riot)、二级攻击(assult in the second degree)以及叛乱(conspiracy)。③最后福斯特等 3 人被判刑 6 个月,另外一个人被判刑 10 个月④。后来,白劳德称 3 月 6 日的大游行是美共在大萧条时期走向复兴之路的"最初的一大步"。全部是或部分是由于游行的暴力行为,引起了全国对失业工人问题的极大关注。白劳德回忆道:"整体而言,在共产党人的发动下,全国开始注意群众的失业问题。"⑤ 这次游行活动为美共组织失业工人的运动奠定了有力的基础。在大游行中,福斯特以对工人群众和抓捕者的巨大吸引力,再次成为美共首要的群众领袖。⑥ 可以说,福斯特在经济危机期间积极参与和领导了多次罢工游行。他致力于在全国的大小集会上作演讲,号召民众开展各种示威游行等反对资本主义的斗争。⑦

---

① James R. Barrett, *William Z. Foster and the Tragedy of American Radicalism*, Urbana and Chicago: University of Illinois Press, 1999, p. 165.

② *New York Times*, March 7, 1930, I, p. 2. 转引自 James R. Barrett, *William Z. Foster and the Tragedy of American Radicalism*, Urbana and Chicago: University of Illinois Press, 1999, p. 165.

③ James R. Barrett, *William Z. Foster and the Tragedy of American Radicalism*, Urbana and Chicago: University of Illinois Press, 1999, p. 165.

④ William Z. Foster, *Pages From a Worker's Life*, New York: International Publishers, 1939, p. 243.

⑤ Earl Browder, "The American Communist Party", in Rita James, ed. *As We saw the Thirties: Essays on Social and Political Movements of a Decade*, Simon Urbana press, III, 1967, p. 219.

⑥ Irving Bernstein, *The Lean Years: A History of the American Workers*, 1920—1923, Boston: Houghton Mifflin Company, 1960, p. 427.

⑦ James R. Barrett, *William Z. Foster and the Tragedy of American Radicalism*, Urbana and Chicago: University of Illinois Press, 1999, pp. 167 - 168.

冷战时期，福斯特强调资产阶级与无产阶级之间矛盾的不可调和性，积极领导民众开展反对资本主义的斗争，旨在和平反战。从国内方面来讲，福斯特强调战后垄断资本的性质没有发生任何改变，仍然对无产阶级和社会主义采取咄咄逼人的进攻态势，战后美国国内不会出现像白劳德所说的"长时期的和谐的阶级关系"①。因此，福斯特强调："工人们面对许多危险，必须组织起来，应付这种危险。最严重的危险，是低估局势的严重性，和低估工会将要面临抵抗的激烈性。"② 从国际方面来讲，福斯特认为世界垄断资本正在磨刀霍霍向社会主义，两者之间时刻存在着战争的危险。1949 年，福斯特在其《资本主义的末日》一书中指出，美国的垄断资本正在企图发动另一个"反苏的毁灭性战争"，甚至试图用"武力摧毁中欧和东欧的新民主主义国家"。这些高喊和平的资本主义者正在积极备战，"对发展中的世界社会主义实行实际的战争"③。1950 年 12 月，福斯特在《政治事务》上发表《美国在资本主义世界中的霸权》一文，再次重申自己对美国资本主义和华尔街政策的分析与判断，并提出美共"必须与我们联合阵线中的同盟者共同作斗争，使人民了解美国政策的好战性质和帝国主义性质……粉碎我国国内高涨中的法西斯浪潮"，鉴于此，福斯特再次宣扬阶级斗争的理念，号召民众展开反对资本主义的斗争，"阻止垄断资本家以及社会民主党劳工领袖们的企图，阻止他们不顾一切地、注定要失败地去摧毁社会主义和挽救资本主义制度，阻止华尔街垄断资本家们主宰全世界，从而把世界投入到另一次更加可怕的战争大火中的企图"④。正是基于对国内和国际形势的考量，福斯特号召民众展开反对资本主义的斗争，并积极组织各种集会以制止资本主义和垄断资本的进攻态势。在福斯特的建议下，1950 年，美国共产党第十五次全国代表大会做出了《工人阶级和人民团结起来争取和平》的决议，专门强调

---

① ［美］威廉·福斯特等：《白劳德修正主义批判》，杨延生译，生活·读书·新知三联书店 1962 年版，第 98 页。

② 同上书，第 158 页。

③ William Z. Foster, *The twilight of world capitalism*, New York: International Publishers, 1949, p. 28.

④ William Z. Foster, "The Domination of the Capitalist World by the United States", *Political Affairs*, December, 1950.

"日益增长的战争危机与保卫和平的斗争"与"法西斯的威胁与保卫民主的斗争"的重要性。①

二 建立新的战斗型工会

组织和发展工会一向是福斯特高度重视的工作之一。福斯特更是凭借自己早期出色的工会工作经验,成为美共劳工史上的著名领导人。经济危机期间,福斯特紧跟共产国际的步伐,脱离了美国劳工政治的具体实际,一改先前"打入劳联内部"的正确政策,而是在劳联外部展开了独立的工会运动,组织革命性的"红色工会"。

根据斯大林的意见,时任红色工会国际主席的所罗门·洛佐夫斯基(Solomon Lozovsky)② 指示美共:"工会教育同盟必须更加发展独立的领导作用,在美国劳工联合会中的工作必须继续进行,而同时工会教育同盟应该更多注意在没有旧工会和旧工会所不能活动的产业中真正把无组织的工人组织起来,成立新的产业工会。"③ 虽然福斯特起初极其反对双重工会运动,认为这不符合美国的劳工运动实际,同时认为放弃在劳联内部工作无益于美国工会工作的开展。但此时的福斯特已经对共产国际的决策深信不疑,加之自己本身所具有的激进性,他很快就接受了共产国际的双重工会运动方针。

福斯特后来为自己支持建立独立工会的行为作了这样的解释:"自1912年起,工会教育同盟与它之前的北美工团主义同盟和世界工会教育同盟等组织就曾与双重工会主义作了有力斗争。然而在柯立芝时期的后半期(1926—1929),某些因素发生了作用,逐渐迫使工会教育同盟采取部分的独立工会政策。的确,在美国劳联所不能也不愿意成立工会的工业中,组织独立工会的基础,很早就存在被剥削的无组织的广泛工

---

① "Working-Class and People's Unity for Peace!" (Main Resolution of the 15th National Convention, C. P. U. S. A.) *Political Affairs*, Jan. 1951.

② 所罗门·洛佐夫斯基(Solomon Lozovsky,1878—1952),曾任红色工会国际的总书记、苏联工会中央委员会主席团成员、苏共中央委员会委员、苏维埃福外交部长等职。在福斯特加入美共之后相当长的时间里,洛佐夫斯基都是红色工会国际的总书记,在工会问题上对福斯特等美国共产党人以重要的指导。

③ William Z. Foster, *From Bryan to Stalin*, New York: International Publishers, 1937, p. 214.

人群众之中。"① 福斯特甚至还列举了迫切需要建立独立工会的四个原因：第一，"战后资本家向工人大举进攻时，美国劳联在许多工业中的基础缩小"。第二，"美国劳联采取了不罢工、'工会与管理当局合作'和'工人高级战略'的纲领。这种阶级合作政策，把工会作为斗争机构的基本任务，曲解成了附和资本家'生产高速化'的工具，扼杀了工会的战斗精神，使工人运动极端腐化下来"。第三，"大量积极的、革命的工人，都被驱出工会。这件事使工会失去了优秀分子，从而加速了它们的崩溃。由于这些工人被驱出了工会，工会教育同盟的积极分子（他们大部已经被工会开除了）无法再在劳联工会中活动"。第四，"在有组织和无组织的工人群众中，发展着一种从事斗争的新倾向"。正是在这些因素的综合作用下，福斯特认为，"建立新工会的问题终于活生生地在革命运动面前提出了"②。

为了适应共产国际工会政策的转变和有效地推行阶级斗争的路线，福斯特对其领导的工会教育同盟进行了改造。1928 年 5 月共产党中央委员会会议一致赞同洛佐夫斯基（Lozovsky）的建议，认为需要在美国劳工联合会没有进行活动的地方成立独立工会，同时又警告不要放弃在旧工会中的工作。③ 1929 年 8 月 30 日至 9 月 1 日，690 名代表前往克利夫兰（Cleveland）参加了工会教育同盟召开的全国第四次代表大会。该大会宣布将工会教育同盟改组为工会团结同盟。几乎有一半的代表来自于新成立的产业工会——全国矿业工会、全国纺织工人联合会、缝纫工人产业联合会。有 64 位黑人，72 位妇女，159 位青年。代表的平均年龄是 32 岁。同盟最终准许在钢铁、冶金、船舶、汽车等行业工人中间建立独立的革命性工会。在福斯特看来，它的全国性的产业同盟"实际上就是产业工会的胚胎"，它们是地方工会、厂工委员会，以及个体工人们组织较散漫的全国性集团。这个同盟在食品行业以及其他团体中间都发挥着作用。工会团结同盟选举福斯特任总书记，同盟全国委员会的成员也大都由福斯特的忠实追随者组成。这个同盟纲领是以阶级斗争为基础的，它反映出了共产国

---

① William Z. Foster, *American Trade unionism: Principles and Origanization Strategy and Tactics*, New York: International Publishers, 1947, p. 174.

② Ibid., pp. 174 – 175.

③ William Z. Foster, *From Bryan to Stalin*, New York: International Publishers, 1937, p. 215.

际新的"阶级对抗阶级"路线:建立工会团结同盟;反对帝国主义战争;保卫苏联;反对资本家的合理化;把没有组织的工人组织起来;主张建立一天七小时一周五天的工作制;主张实施社会保险;主张实施黑人在种族上、社会上、政治上的完全平等;将青年、妇女组织起来;击败劳工骗子;主张全世界工会团结。①

工会团结同盟在福斯特的领导下,积极推行"阶级对抗阶级"的政策,领导无组织的工人对资本家展开激烈的斗争,并取得了积极地效果。然而,工会团结同盟并没有发展起来强大的产业工会运动。诚如福斯特自己所说:"工会团结同盟所领导的工会并没有能够建立许多有力量的组织。"② 工会团结同盟的发展与工作的展开也是举步维艰,最后不得不再次返回劳联内部工作。1935年3月16日—17日,工会团结同盟召开特别代表大会,决定改组为争取工会团结委员会,主张工会团结同盟加入到劳联中去。③ 后来福斯特在总结工会团结同盟工作经验教训的时候,也承认这一时期工会团结同盟存在着一个严重的弱点,即"开始走向双重工会主义趋向"④。

三 宣传共产党的阶级斗争原则

福斯特践行阶级对抗政策的另一表现就是高度宣传共产党的阶级斗争原则。1932年,时值资本主义世界爆发了严重的经济危机,福斯特积极向民众宣传共产党的阶级斗争原则。他说:"共产党是以阶级斗争原则为基础,将日常斗争和实现最终革命目标结合起来,它无情地反对社会党和劳联领导人实行'阶级合作'的政策。"⑤

在福斯特看来,共产党与社会党的本质区别在于共产党主张和践行阶

---

① William Z. Foster, *American Trade unionism: Principles and Organization Strategy and Tactics*, New York: International Publishers, 1947, p. 180.
② Ibid., p. 199.
③ William Z. Foster, *History of The Communist Party of The United States*, New York: International Publishers, 1952, p. 304.
④ William Z. Foster, *American Trade unionism: Principles and Organization Strategy and Tactics*, New York: International Publishers, 1947, p. 199.
⑤ William Z. Foster, *Toward Soviet America*, New York: International Publishers, 1932, p. 252.

级斗争的原则，而后者是主张"阶级合作"的改良主义。因此，福斯特极力批驳社会党和劳联领导人的"阶级合作"理念是社会法西斯主义，宣扬共产党的阶级斗争原则。福斯特指出，社会法西斯主义旨在否定无产阶级与资产阶级之间的对立关系，麻痹工人阶级的斗争意识。与社会法西斯主义不同，共产党积极贯彻阶级斗争的政策，领导工人保卫自己的切身利益，最终推翻资本主义统治和建立苏维埃式的社会主义体制来寻求解决危机的出路。① 基于这样的认识，福斯特接受了共产国际关于拒绝与改良主义政党、派别、团体合作的方针，将改良性质的计划称之为社会法西斯主义。福斯特批驳美国社会党和劳联的政策是在为资产阶级服务，是在麻痹工人阶级，缓和阶级冲突。福斯特指出，社会改良主义是"资产阶级与工人阶级斗争的工具。这些社会改革家们在现实生活中，就是列宁所称的'在工人队伍中的资产阶级代理人'"②。在批驳社会法西斯主义的基础上，福斯特强调，共产党坚持阶级斗争的原则，反对任何主张"阶级合作"的改良主义计划。福斯特强调，共产党以阶级斗争为原则，对那些"假共产主义""空谈型"的社会法西斯领导人来讲，是一个无情的打击。

1947年，针对美国政府对共产党阶级斗争原则的种种指责，福斯特回驳道：共产党并不是简单地为斗争而斗争，而是为了工人利益和全体人民的最大利益进行不倦的斗争。在此基础上，福斯特也特别强调了阶级斗争原则对于共产党的重要意义。他说："（一）共产党人是工人阶级的骨肉，和工人阶级受着同样的痛苦，因此和其他工人一样需要消除这些痛苦；（二）共产党人只有丧心地为阶级斗争努力，让工人们知道他们是在反对资本家的压迫的日常斗争中最可靠的好战士，才能使工人们了解和拥护共产党人的更大目标——社会主义。这就是全世界共产党人在一切罢工和斗争中可以作为最负责的领导者的原因。"③ 面对国内的反共狂潮，福斯特与美国政府展开了激烈的争论，积极阐述美共的政治原则与目标。在争论的过程中，福斯特延续自己一贯的政治主张，强调共产党不能甘居

---

① William Z. Foster, *Toward Soviet America*, New York: International Publishers, 1932, p.259.

② Ibid., p.175.

③ William Z. Foster, *American Trade unionism: Principles and Origanization Strategy and Tactics*, New York: International Publishers, 1947, p.370.

"社会民主"的口号和理念之后,而是应该作出自己的分析。虽然福斯特承认了通过和平方式实现美国社会主义的可能性,但是他坦率地承认了美共的阶级斗争原则,也宣称美共并未放弃暴力革命的斗争方式。福斯特的这种抗争策略不但没有化解美共的危机,反而给法院对美共的审判提供了极大的便利。即便是在1952年底,在《美国共产党史》一书出版时,福斯特仍然强调:"共产党人特别支持工人阶级战斗的政策。他们始终是恶毒的阶级合作(工人阶级投降)政策的顽强的敌人。"[1]

四 颂扬苏联社会主义和无产阶级专政

福斯特极力宣扬苏联社会主义模式的正面性和优越性,反复强调美国需要建立苏维埃式的社会主义政权和实行无产阶级专政。

经济危机期间,福斯特认为,与资本主义制度下日益增长的苦难、剥削、战争和法西斯恐怖主义相比,苏联社会主义是一个新兴的日益完善的制度。苏联社会主义作为共产主义的第一阶段,不再是一个理论,更不再是被压迫阶级即无产阶级的一个美好愿望。现在,它是一个活生生的,且不断完善的现实。作为与世界资本主义同步运行的社会主义,它在日常生活中的各个领域已经表现出了明显优势,甚至已经在多个领域都超过了过时的资本主义制度。在政治上,苏联社会主义政权的建立,象征着自由与进步;在经济上,苏联社会主义废除了生产资料私有制,开启了繁荣的新时代。福斯特强调,苏联的工人和农民推翻了资本主义国家,建立了世界上第一个苏维埃政权。他们已经废除了工业和土地的资本主义私有制,正在建设一个社会化的工业和农业体系。在这个体系下,生产资料已经完全不归剥削劳苦大众的统治阶级所有。在福斯特看来,这些基本的政治、经济举措都是革命性质的,解决了资本主义所固有的基本矛盾,从而开启了一个普遍繁荣、自由与文化进步的美好世界。[2]

此外,福斯特认为,苏联社会主义社会是以一个有序和智能的方式运行着。社会主义改变了资本主义生产和社会组织的混乱与无政府状态。在

---

[1] William Z. Foster, *History of The Communist Party of The United States*, New York: International Publishers, 1952, pp. 561 – 562.

[2] William Z. Foster, *Toward Soviet America*, New York: International Publishers, 1932, pp. 71 – 72.

资本主义社会中，存在着人吃人的恶性竞争，它滋养着经济危机和战争威胁。福斯特指出，资本主义所存在的不良现象在苏联社会主义社会中是完全不存在的，因为社会主义"建立了一个协调现代工业和社会生活之间关系的国家性的计划经济体系。只有在社会主义社会条件下，在伟大的工业国有化和农业集体化的前提下，才有可能或必然存在着科学的计划经济。在苏联，社会领域的每一个进步都是在五年计划条件下进行的。在世界资本主义陷入不断增长的总危机和士气低落时期，社会主义计划经济体制的优势就显得那么突出，像一座耸立的高山"①。在福斯特看来，苏联社会主义的存在，对工人阶级有着深刻地革命性影响。世界上无产阶级在苏联社会主义的感召下，日益点燃起心头的希望与革命火焰，"准备罢工以挣脱凶残的资本主义制度的种种束缚"②。

之后，福斯特反复宣扬苏联社会主义模式的优越性，高度赞扬苏联社会主义的伟大成就。人民阵线时期，福斯特无论是从政治、经济、社会方面，还是从农业、工业和人民生活水平上，都高度颂扬苏联社会主义所取得的成就。他这样讲到："苏联政府的成就是如此的巨大和明白无误，全世界都被迫承认新的社会主义制度是一个成功。社会主义的太阳正在升起，而苏联愈来愈成为地球上被压迫劳动者希望的灯塔。"③"二战"期间，福斯特高度颂扬苏联社会主义模式在动员苏联人民投入战争时所显现出的积极作用。他指出，苏联社会主义虽然遭受到了足以击败任何资本主义国家的巨大损失，但苏联仍发挥了任何国家前所未见的最大军事力量，现在正将纳粹侵略者逐出它的边疆。他称列宁格勒、莫斯科和斯大林格勒等保卫战都是"无与伦比的军事成就"。这些成就只是自苏联诞生以来诸多意想不到的成就中的几个，这些成就"已经通过空前的全民团结、经济集中和勇敢的苏联人民及他们的社会主义政权的战斗精神，而成为现实"④。冷战期间，福斯特仍在为苏联社会主义辩护，站在道德的制高点上积极颂

---

① William Z. Foster, *Toward Soviet America*, New York: International Publishers, 1932, pp. 72 – 73.

② Ibid., p. 71.

③ William Z. Foster, *Pages From a Worker's Life*, New York: International Publishers, 1939, p. 314.

④ Ibid., p. 315.

扬苏联社会主义和无产阶级政权。

通过对苏联社会主义模式的赞美，福斯特旨在向美国民众灌输革命与无产阶级专政的理念，将其争取到共产主义革命的队伍中来。1955年，福斯特在其《三个国际的历史》一书中专门拿出一章，先是列出大量数据来论证苏联社会主义的进步性和优越性，然后指出社会主义可以使人民的问题得到根本解决，最后是强调暴力革命和无产阶级专政才是"走向社会主义之路"①。应该说，福斯特对苏联社会主义模式的每次颂扬，无不是在向美国民众传递无产阶级革命与专政的信号。

第四节　福斯特阶级斗争思想与实践的局限性

总体而言，福斯特的阶级斗争思想有着理想化的成分，即低估了资本主义的自我调适能力，高估了美国民众的革命性。因此，他的有关主张与实践存在着将暴力革命绝对化的教条主义倾向。可以说，福斯特等人在美国践行阶级斗争路线的效果并不理想，福斯特所作的革命性质的宣传并未获得美国民众的广泛支持，反而招致资产阶级的扼杀。

一　低估了资本主义的自我调适能力

福斯特关于阶级斗争的思想，一方面是建立在列宁对帝国主义腐朽性和垂死性有关分析的基础上，另一方面来自于共产国际提出的"第三时期"理论即关于资本主义危机日益加剧的分析。按照福斯特的逻辑，既然帝国主义是垂死的以及资本主义已经陷入了不可救药的总危机，那么，无产阶级理应采取一种"突变"的方式，即通过暴力革命的方式，推翻资产阶级镇压无产阶级的国家机器，建立起苏维埃式的无产阶级政权。显然，福斯特的阶级斗争思想是基于这样一个基本前提的，即资本主义生产资料私有制与社会化大生产之间的矛盾日益加剧，促使阶级矛盾尖锐化，进而引发政治革命的发生。

然而问题的关键是，福斯特所设想的这一前提并不成立，他对资本主

---

①　详见 William Z. Foster, *History of The Three Internationals*, New York: International Publishers, 1955, pp. 672 – 682.

义发展前景的认识本身就陷入了极端。福斯特在论述阶级矛盾与斗争的时候，无不在批判帝国主义的腐朽性与垂死性，无不在强调资本主义的危机不可避免。在福斯特看来，没有激烈的阶级冲突，帝国主义就只能垂而不死；否认阶级斗争，就是在为资本主义辩护。显然，福斯特只看到了资本主义内部矛盾的不可调和性，没有看到资本主义自我调适的能力。历史经验表明：社会主义革命并未在发达资本主义国家首先取得胜利，反而相继爆发于经济、政治、文化相对落后的东方国家。究其原因，在于这些经济相对落后的国家往往容易受到同时期发达资本主义国家的欺凌与侵略，这种来自于外部的冲击力极容易破坏落后国家本身已十分脆弱的政治、经济系统，导致国家政权急剧动荡、经济恶化、社会矛盾激化，从而引发革命。俄国的十月革命、中国的新民主主义革命，无不是在以上情况下发生的。而像美国这样生产力高度发达的资本主义国家，有着强大的自我调适能力，能够不断地调节生产关系不适应生产力发展的那些方面，使得生产关系暂时能够容纳生产力的发展，能够不断地缓和生产关系与生产力之间的矛盾，从而起到了延缓或阻碍革命的作用。

当然，福斯特的错误并不在于强调资本主义的固有矛盾，也不在于强调社会主义代替资本主义的历史必然性，毕竟"两个必然"是马克思、恩格斯对资本主义发展规律与人类社会发展规律的准确把握与正确分析。福斯特的错误在于他只是看到了资本主义必然灭亡、社会主义必然胜利的历史发展大势，而忽略了马克思、恩格斯关于"两个绝不会"的论断，没有看到资本主义尚存在着容纳生产力发展的空间，更没有看到资本主义的自我调适能力。福斯特所处的时代，实际上是国家垄断资本横行的时代，国家垄断资本在国民经济中占据主导性的地位。资产阶级可以凭借垄断资本所占据的主导性地位，使国家对生产关系作适当的调整，促进生产力的发展。首先，垄断资本可以利用国家权力干预经济生产中的无序状态，缓解资本主义的基本矛盾。其次，垄断资本利用国家权力调节国民收入的分配，采取缓和阶级矛盾的社会福利制度。比如，20世纪30年代，美国经济危机期间，罗斯福新政通过大力加强国家对社会经济生活的管理与调节，要求限制资本垄断和根本改善广大工农群众与中小资产阶级的处境[①]，旨在减轻

---

① 刘绪贻、李存训：《美国通史》（第5卷），人民出版社2008年版，第65页。

资本主义的基本矛盾，缓和国内的阶级斗争和对抗，以挽救濒临崩溃的美国资本主义制度。按照福斯特的话讲，罗斯福新政的"这一堆常常是自相矛盾的改良方案的主要目的是想对病危的经济制度打一针强心剂。它还有一个主要的政治目的，那就是阻止倾向战斗的群众去采取更为激烈的行动"①。事实上，罗斯福新政的实施，不仅缓解了阶级矛盾，使得美国暂时难以形成暴力革命这样的"突变"，而且也为资本主义发展创造了一个安全环境，促进了经济的持续发展。当时，即便是反对罗斯福任总统的著名记者沃尔特·李普曼（Walter Lippman）也这样说道："在一星期之内，对任何事任何人都失去信心的美国。重新信任政府和自己了。"② 但是，福斯特只是简单地批判罗斯福及其新政，并未对其进行深刻地分析，没有清醒认识到新政对于资本主义的积极作用。

总之，福斯特一味地强调资本主义的总危机和资本主义必然被社会主义替代的历史大势，殊不知历史发展趋势与现实状况，历史发展趋势与暴力革命是两个不同层面的命题。前者主要是由资本主义发展规律与人类社会历史发展规律所决定的，而后者则主要是由具体时势所决定。因此，他在未对美国资本主义发展前景进行正确和深刻分析的前提下，积极强调阶级对抗和暴力革命以实现社会形态的更迭，他的阶级斗争思想不免有着理想化的成分。

二 高估了民众的革命性

福斯特积极宣扬和践行阶级斗争的理念，积极领导美共开展为人民群众争取切身利益的斗争。然而，美国民众并没有被争取到共产主义的旗帜下，并没有接受共产主义的意识形态，更没有推翻资本主义制度的打算。即便是 20 世纪 30 年代美国经济危机期间，美共仍没有获得民众的广泛支持。这也就意味着，美国民众的革命性并不高，美国也不具备革命形势。

实际上，关于革命性和革命形势的判断标准，革命导师列宁早在《第二国际的破产》一文中就做了详细的论述。列宁强调革命的发生，必

---

① William Z. Foster, *History of The Communist Party of The United States*, New York: International Publishers, 1952, p. 294.

② 刘绪贻、李存训：《美国通史》（第5卷），人民出版社2008年版，第79页。

须具备三个客观的革命形势：一，统治阶级不能照旧维护自己的统治，资产阶级遭遇种种危机，尤其是政治上的危机，致使无产阶级的不满与愤怒迸发。革命形势的形成，仅靠无产阶级不能照旧生活下去是远远不够的，还需要统治阶级不能照旧统治下去。二，被统治、被压迫阶级的贫困和苦难"超乎寻常"地急速加剧，已不能照旧生活下去。三，在上述情况下，民众的积极性大大提高，他们在"和平"时期被人剥削、忍气吞声，但是在动荡时期，在危机的环境中，他们的思想觉悟大大提高，并积极投身于独立的政治行动之中。① 简言之，革命形势的形成，不仅在于资本主义爆发了政治、经济危机导致资产阶级统治根基不稳，而且需要民众革命性高涨和做好为革命而牺牲的准备。

那么，福斯特时期，美国的现实状况是否符合列宁关于革命爆发的三个标准呢？答案是否定的。

首先，美国民众承认资本主义的社会秩序。虽然资本主义由于其固有矛盾会爆发周期性的危机，但它从整体上看处于一种相对稳定的状态。对于美国的民众而言，他们早已认可资本主义的社会秩序是最切实可行的秩序。对此，恩格斯晚年在论述资本主义环境下无产阶级的状况时，曾强调在资本主义环境下出生和生活的无产阶级，他们深受所处环境的影响，对这种环境早已习惯，"甚至连动荡和危机都认为是理所当然的事情"②，因此，"这个阶级中的大多数人就仍将承认现存的社会秩序是唯一的社会秩序"③。在美国这样生产力高度发达的资本主义国家，无产阶级与民众更是深受所处环境的影响。虽然，美国的民众在经济危机期间变得激进，也有很多人向往和讨论共产主义，但是资产阶级的很多学者，包括美共主席福斯特后来都承认在美国实现共产主义的客观条件并不具备。这是因为，当时美国民众仍对资产阶级政府抱有很大的希望，他们认为资产阶级政府比共产党更能够领导他们走出危机。对此，福斯特后来承认道："工人群众虽然在争取他们日常要求——救济、工资等——剧烈斗争中愿意跟着共产党走，但他们并没有准备同资本主义决裂，而且他们觉得给共产党候

---

① 《列宁选集》第2卷，人民出版社2012年版，第460—461页。
② 《马克思恩格斯全集》第36卷，人民出版社1974年版，第251页。
③ 《马克思恩格斯文集》第4卷，人民出版社2009年版，第192页。

人投票就等于同资本主义决裂,同时他们又陷入了两党制的圈套,不愿意在少数党候选人身上'浪费他们的选票'。"①

其次,相对而言,美国民众的生活水平较高。与其他资本主义国家相比,美国的经济发展水平位于前列,即便是资本主义世界爆发了经济危机,美国也比其他资本主义国家更有能力应对和化解危机。因此,美国民众的"贫困"与"苦难"并没有像其他资本主义国家那样严重。与经济落后的东方国家相比,美国属于帝国主义国家,而多数东方国家属于被欺凌与被掠夺的国家。因此,美国民众的"贫困"与"苦难"程度远没有东方国家那样严重。加上美国资产阶级政府实施一系列改善民生的举措,美国民众的生活条件已经得到了很大的改善。相对于世界上同时期的大多数国家而言,美国民众尚未达到生活不下去的境地。

再者,美国民众的革命性并不高,根本不具备福斯特所讲的革命性。正如上面所讲,美国民众的生活水平要远远高于经济落后的东方国家,甚至高于同时期的其他资本主义国家。恩格斯所讲的资本主义初期所造成的工人阶级的绝对贫困,农民、小手工业者的破产,社会矛盾激化、政局动荡不安等现象,显然已经成为过去时。应该承认,在美国资本主义发展的同时,美国民众也得到了不少的经济实惠。由于革命往往意味着流血、牺牲、战乱,不可避免地会对经济生活造成强烈的冲击。所以,在经济平稳时期,美国民众自然不愿意加入到革命的队伍中来,更不具备为革命随时牺牲的勇气。经济危机期间,虽然美国民众曾一度认为美共是为人民利益而奋斗的战士,愿意倾听共产党的声音,但从整体而言,美国民众只是简单地想通过斗争来争取到自己的切身利益,并未表现出过激的革命情绪,更谈不上具备阶级觉悟或革命意识。

显而易见,美国并不具备革命形势,美国民众的革命性并不高。然而,福斯特紧跟共产国际六大关于资本主义国家内部阶级矛盾与斗争尖锐化的分析,强调阶级对抗与暴力革命,高估了美国民众的革命性。一方面,他在经济危机期间,强调经济恶化、民众生活条件困苦等造就了革命形势,号召民众积极开展反对资本主义的斗争;另一方面,他在经济平稳

---

① William Z. Foster, *History of The Communist Party of The United States*, New York: International Publishers, 1952, p. 291.

时期，强调经济即将恶化、民众即将贫困化，渲染革命氛围和夸大民众的革命情绪。比如，1952年底，他在《美国共产党史》一书中以"工人的贫困化""工人将转向社会主义"为题，表达了自己对于未来革命形势和民众革命性的看法。① 这里，福斯特关于美国民众革命性的论断脱离了美国的具体实际，他的阶级斗争思想与实践，也不免显得理想化。

三 将暴力革命绝对化的教条主义

正是由于福斯特低估了资本主义的发展前景和高估了美国民众的革命性，他积极强调阶级冲突和暴力革命，有将暴力革命绝对化的教条主义倾向。

福斯特关于阶级斗争的主张犯了盲目跟从共产国际和苏联共产党的教条主义的错误。当时，共产国际在国际共运中往往把苏联共产党及其领袖的意见、十月革命的经验作为"放之四海而皆准"的模板强行灌输给各国共产党，将暴力革命作为无产阶级革命的普遍规律对所属各党支部进行指导。在这样的背景下，福斯特不经深入的分析，简单地照搬照抄共产国际和苏联共产党的结论，过分强调了暴力革命和阶级斗争的重要性。这样既不符合马克思、恩格斯的关于斗争策略的论述，也不符合列宁的有关主张。虽然马克思、恩格斯强调暴力革命对于无产阶级实现历史使命的重要性，但他们并没有将暴力革命的斗争形式绝对化。恩格斯之后根据历史条件的变化特别强调了在资本主义国家有和平过渡到社会主义的可能。在恩格斯看来，暴力革命与和平过渡都是无产阶级斗争的方式，至于选择哪一种方式，要看具体的历史条件。在共产国际成立初期，列宁也曾告诫过：各国共产党在接受共产国际指导和无产阶级革命经验的同时，要将这些经验"在某些细节上正确地加以改变"，使之正确地适用于民族的和国家的差别，针对这些差别正确地加以运用，切莫将领导中心建立在斗争策略准则的"千篇一律、死板划一、彼此雷同之上"②。可见，列宁也未将俄国十月革命的经验绝对化。但是从共产国际的实践上来看，后来的领导人并

---

① 详见 William Z. Foster, *History of The Communist Party of The United States*, New York: International Publishers, 1952, pp. 545-549.

② 《列宁专题文集（论无产阶级政党）》，人民出版社2009年版，第256页。

没有正确理解或执行列宁的这一正确主张，只是断章取义地强调了列宁关于无产阶级革命、专政的论述。尤其是共产国际六大，强调资本主义危机加剧和阶级斗争尖锐化，指示各国共产党拒绝与改良性质的党派、政治组织、社会团体合作，时刻做好投入战斗的准备。在共产国际六大的指示下，各国共产党犯了严重的"左倾主义"和"关门主义"错误。对此，南斯拉夫的一位学者普·弗兰尼茨基（Pu Franzki）曾尖锐地指出，斯大林将列宁的有关言论和俄国的经验"片面地和非辩证地绝对化"。他这样说道："列宁在不同的形势下强调了无产阶级专政的各种细微差别，并允许有不同的形式，斯大林的定义则在下面这一公式中达到了顶峰，即'无产阶级专政就是无产阶级对资产阶级的统治，它不受法律限制，凭借暴力'，而这只是列宁在革命时期所下的定义之一。""与列宁在解释革命力量这一迫切重要的问题时所抱的灵活和审慎的态度相反，斯大林一味从阶级斗争和阶级矛盾的机制的片面理解出发，又把俄国的特殊经验当作唯一可能和必须遵行的经验而加以绝对化，并把它强加于人。他说：'换句话说，无产阶级暴力革命的规律，摧毁资产阶级的国家机器是这种革命的先决条件的规律，是全世界帝国主义国家革命运动的必然规律。'"[①] 显然，列宁的后继者斯大林曲解了列宁的理论，将暴力革命这一斗争方式及其作用绝对化了。

福斯特作为坚定的斯大林主义者，深受斯大林对阶级矛盾和阶级斗争有关分析的影响，反复强调暴力革命的重要性。久而久之，福斯特就陷入了一种思维定式，即凡是不承认暴力革命和阶级斗争，而主张阶级合作的共产主义者、党派、组织、学者，就是机会主义者或是资产阶级的代理人，是为资本主义辩护和对社会主义敌视的人。在当时越左越革命的国际共运大背景下，福斯特与同时期的大多数国际共运领袖和活动家一样，将暴力革命这一斗争形式绝对化，犯了"左倾"教条主义的错误。

四 缺乏现实可行性

在美国这样高度发达的资本主义国家高谈革命，践行"阶级对抗阶

---

① ［南］普·弗兰尼茨基：《马克思主义史》第 2 卷，徐致敬、杨达洲、李一、黄良平等译校，人民出版社 1988 年版，第 270 页。

级"政策必定是不会一帆风顺的。以福斯特为首的美共对资本主义否定和颠覆的革命宣传与鼓动,触及到了资产阶级的根本利益,必然会招致他们的阻挠与扼杀。对此,福斯特曾这样说道:"资本家和政府也用了残酷的野蛮政策对付左派的英勇斗争。在许多产业部门中,如果发现了一个工会团结同盟的盟员,他就是被开除和被列入黑名单的对象。工会团结同盟所领导的罢工受到资本家的残酷打击。它的罢工委员会遭受了袭击,盟员们也被捕入狱。罢工纠察队的人员也有被毒打的、被枪杀的、受毒气攻击的和被逮捕的。法庭也对红色工会下了无数的禁令。"① 福斯特在领导美共践行阶级斗争路线的过程中始终面临着牢狱之灾。比如,早在经济危机爆发初期,福斯特就由于在 1930 年 3 月 6 日大游行中的过激行为被捕入狱,并且被判了六个月的监禁。在监狱中,福斯特的身心遭到了摧残。在福斯特看来,美国的监狱就是资本主义的象征,即"在监狱里充满疾病、挫败、悲惨、无助和死亡"。这些监狱没有吃饭的工具,坏掉的食物,匮乏的医疗条件以及残酷的监狱纪律,等待这些犯人的几乎是传染性疾病和死亡。② 再比如,1932 年,福斯特在洛杉矶召开公众集会作革命鼓动与宣传。当时至少有 100 名武装警察以及大规模的武装军人和治安队员出动,投掷催泪弹和驱散人群,并且将福斯特投进牢房。警察不仅粗暴地对待福斯特,而且指控他再次犯了工团主义的罪行。③

可以说,福斯特等美国共产党人关于阶级斗争和暴力革命的主张与实践,不仅引起了美国资产阶级政府的恐慌,而且为"二战"后的美国政府掀起反攻狂潮提供了口实。比如在 1945 年 6 月,美国联邦调查局根据 1940 年颁布的史密斯法控告共产党人宣传或支持暴力推翻美国政府。联邦调查局不断地向司法部长施压直到其在 1948 年指控福斯特及其他 11 名美共全国政治局委员。④ 1946 年 10 月,联邦调查局局长,埃德加·胡佛

---

① William Z. Foster, *American Trade unionism : Principles and Origanization Strategy and Tactics*, New York: International Publishers, 1947, pp. 189 – 190.

② 威廉·福斯特对自己在美国监狱日子的描写详见 William Z. Foster, *Pages From a Worker's Life*, New York: International Publishers, 1939, pp. 243 – 268. and see William Z. Foster, "Prisoners", *Daily World Magazine*, May 3, 1975, M11.

③ James R. Barrett, *William Z. Foster and the Tragedy of American Radicalism*, Urbana and Chicago: University of Illinois Press, 1999, p. 183.

④ Ibid., p. 235.

(Edgar Hoover) 就根据史密斯法在美国军团代表大会上宣布,共产党人已渗透到各个角落,国家面临着"实现共产党人可怕阴谋"的威胁,于是开始着手收集所谓共产党人渗透的情报,迫害共产党人和进步人士。①1948 年 7 月 20 日,美国联邦调查局对美共的主要领导人发动了猛烈地攻击,逮捕了美共主席威廉·福斯特、美共中央总书记尤金·丹尼斯、工会活动领导人约翰·威廉姆孙(John Williamson)、美共黑人工作领导人亨利·温斯顿(Henry Winston)以及美共组织部长杰克·斯塔赫尔(Jack Stachel)。在不到一星期的时间里,美国政府又逮捕了美共政治局的其他几名委员。1948 年秋天,美国联邦最高法院在下曼哈顿区(lower Manhattan)指控美共政治局的 12 名委员密谋教唆和支持暴力推翻美国政府,并判其入狱。②

显然,在美国这样高度发达的资本主义国家,福斯特等共产党人贸然推行阶级对抗的路线和宣扬暴力革命,势必会招致资产阶级的猛烈反扑与疯狂报复,这样不但会重重受阻,反而会丧失自身本有的合法性。实践证明,在类似于美国这样较为发达的资本主义国家,难以出现以暴力夺取政权的无产阶级革命,即便是在经济萧条时期,美共也未能在美国国内掀起俄国式的革命风暴。这也就是说,在美国这样的发达资本主义国家强力发动暴力革命缺乏一定的现实可行性。因此,美共唯有根据具体条件的变化,不断地调整斗争策略,才能减少自己的阻力和扩大自身的影响。

---

① 刘绪贻主编:《美国通史》(第 6 卷),人民出版社 2008 年版,第 66 页。
② James R. Barrett,*William Z. Foster and the Tragedy of American Radicalism*,Urbana and Chicago:University of Illinois Press,1999,p. 235. See also David Shannon,*The Decline of American Communism:A History of The Communist Party since 1945*,New York:Harcourt,Brace and Company,1959,p. 196.

第三章　福斯特关于统一战线的思考与探索

在高度发达的资本主义国家中，如何建立有效的统一战线以争取到党外人士的广泛认同与支持，如何利用既有条件尽可能扩大自身的影响和壮大自身的力量，是美国共产党尤为重要和迫切的政治任务之一。美共历史上，福斯特领导或践行的统一战线策略主要有三种，即"打入内部"（boring from within）政策、人民统一战线和第三党联盟。针对不同的统一战线形式，福斯特有着不同的认识与实践，并取得了不同的成果。可以说，资本主义国家的共产党如何在自身力量相对弱小的情况下，建立并维护好与劳工、各阶层以及各派人士的统一战线问题，是一个老问题，同时也是一个常说常新的问题。通过梳理福斯特关于统一战线的认识与实践，不仅有助于深刻认识美共统一战线的利与弊、得与失，而且有助于探求美国共产主义运动停滞不前的原因。

第一节　福斯特关于"打入内部"的思考与实践

所谓的"打入内部"，是20世纪20年代美共工人统一战线策略的具体表现形式，即深入到工人群众中去，密切联系和组织普通工人群众，进而取得工人群众的广泛支持。由于丰富的工会工作经验以及与普通工人群众有着长期的接触，福斯特早期能够很好地、准确地了解普通工人群众的利益要求以及社会形势的客观需要。但他在共产主义政党中所处的次要地位却极大地限制了他在美国工人运动中所发挥的作用。[1] 同样，他关于

---

[1] Edward P. Jobanningsmeier, *Forging American communism: The Life of William Z. Foster*, New Jersy: Princeton University Press, 1994, p. 3.

"打入内部"的思想主张起初也并未引起美国共产党的高度重视。之后，在共产国际的支持下，福斯特的"打入内部"政策，成为美共在20世纪20年代的重要斗争策略。但这个政策从提出到实践再到最后的失败，始终被多种因素影响着。

一 福斯特关于"打入内部"的思考

首先，基于自己的工会工作经验，福斯特主张"打入"到劳联内部去，密切地联系和组织工人群众，以争取他们的认同与支持。众所周知，美国是工业化较为发达的资本主义国家，在这样的国家开展共产主义运动，能否得到工人群众的广泛认同与支持，成为决定运动能否有效展开、取得成功的关键。"第一次世界大战之后的几年中的特点，是工人阶级力量在国际上的巨大高涨，他们由于战争造成的破坏而激怒，而俄国革命的革命榜样作用鼓舞他们起来进行斗争。在好几个国家中，工人阶级的这种巨大攻势达到了对资本主义制度发动革命攻击的地步；在其他许多国家中，这种攻势表现在空前巨大的和富有战斗性的罢工方面。"[①] 受当时革命形势的影响，加之对美国国内形势的错误判断，刚刚成立的美国共产党和美国共产主义劳工党更多的是强调武装斗争和夺取政权。虽然美国两个共产党领导美国工人阶级为反抗资本主义作出了较大的努力与贡献，但更多的是高喊革命口号，恰恰忽略了当时美国工人阶层的实际需要就是改善工作条件，提高工资待遇。因此，这就导致美国共产党在成立之初就脱离了美国的工人运动。"美国共产党更多程度上是一个宣传性组织，在工会中的影响极其微弱，它的力量主要集中在纽约一些小的独立工会中，会员大概也只有两万五千人。"[②] 关于这一点，美共领导人查尔斯·鲁登堡（Charles Luderberg）指出："1919年的共产党是站在工人运动之外的，它通过鼓动和宣传，指出必须建立一个革命的政党来为推翻资本主义而斗争，企图这样来吸引工人参加它的队伍"，但是"在1919年和1920年中共产党是同工会运动隔绝的"。[③] 福斯特

---

① William Z. Foster, *Outline Political History of the World Trade Union Movemen*, New York: International Publishers, 1956, pp. 253 – 254.

② Theodore Draper, *American Communism and Soviet Russia*, New York: Vintage Books, 1960, p. 216.

③ *Workers Monthly*, Sept. 1926. 转引自 William Z. Foster, *History of The Communist Party of The United States*, New York: International Publishers, 1952, p. 202.

对此也有着清醒的认识,所以他特别强调和坚持在保守工会内部进行工作,建立起工人统一战线以积极争取更多工人群众的认同与支持。他指出:"我们在保守的工会内部进行工作的政策根本是正确的。仅仅是一小群积极分子就已经能够在美国两个高度托拉斯化的产业中,起了发动和领导各种运动的作用,并通过这些运动组织了五十万以上的工人,包括本国工人、由国外移民来的工人、黑种工人、白种工人、技术熟练和不熟练的工人以及女工和童工。并且我们还成功地把这些运动初步地引入产业工会运动的道路。"①

问题的关键是,刚刚建立的美共并没有认识到这一点,反而反对在现有工会,特别是反对在类似于劳联这样保守的工会中展开工作,"提倡任意建立对抗的工会"的双重工会主义观点在美共内部十分盛行。"这样便导致了美共在建立初期同美国工会运动基本隔离的状态,很难在工会中发挥作用"②,更不利于美国共产党广泛地争取工人群众。因此,福斯特严厉批评双重工会主义"对于自发性的过高估计和对于组织工作的过低估计;它分散的组织形式;它对于反宗教宣传的过分强调;它所起的作用,使它近于一个争取言论自由的宣传团体而不近于工会;它在罢工中提出不可能实现的要求;它硬性的策略;它拒绝从自己的错误中学习宗派主义的态度;以及它对苏联的反革命态度使革命工人和它疏远;等等"③。在此基础上,福斯特进一步指出,美国的工人与德国、奥地利以及旧俄的工人不同,他们没有感觉到当前的不能再忍受下去的政治痛苦,工人们所受的许多难忍的痛苦,在他们自己看来,更多的好像只是有关工资、工作时间、工作条件等的经济问题。④ 然而需要指出,虽然当时福斯特关于在保守工会中开展工作的主张是正确的,其相关分析也更为贴切工人群众的实际需要,但福斯特的"打入内部"主张并未引起美共的足够重视。

其次,在福斯特看来,列宁的统一战线理论与自己的"打入内部"

---

① William Z. Foster, *American Trade unionism: Principles and Organization Strategy and Tactics*, New York: International Publishers, 1947, p. 54.
② 李宗禹:《国际共运史研究》第六辑,人民出版社1989年版,第54页。
③ William Z. Foster, *American Trade unionism: Principles and Organization Strategy and Tactics*, New York: International Publishers, 1947, p. 53.
④ Ibid., pp. 51–52.

理念高度契合，给予自己以强大的理论支持。当时，双重工会主义作为一种国际性思潮，不利于各国共产党人广泛争取工人的认同与支持。对此，共产国际在列宁的指导下，提出了"到群众中去"的口号，要求各国共产党深入群众，有效展开工作。1920年5月，列宁在《共产国际》杂志上发表了《在政治上革命者是否应当在反动的工会中积极地工作》一文，首次对双重工会主义进行理论上的批驳。为了更好地剖析和批驳双重工会主义，并指出其在反动工会里工作的重要性，列宁又将该文作为《共产主义运动中的"左派幼稚病"》一书中的第6部分，在共产国际二大上散发。列宁在文章中对工会的作用进行了历史性的分析，指出无产阶级革命政党开始成长的时候，工会虽然不可避免地会暴露出某些反动色彩，但"除了通过工会，通过工会同无产阶级政党的协同动作，无产阶级在世界上任何地方从来没有而且也不能有别的发展道路"[①]。在共产国际第二次代表大会上，列宁再次告诫与会代表们，双重工会主义这一左的倾向是"运动发展过程中的病症"，即"不能正确地估计党在对待阶级和群众方面的作用和任务，不能正确地估计革命的共产党人在资产阶级议会和反动工会中进行工作的必要性"[②]。正是由于列宁的这般关注，工会问题成为共产国际第二次代表大会的最重要议题之一，并为此设立专门的委员会进行讨论。

  这时的福斯特由于丰富的劳工组织经验，也积极反对双重工会的政策，他认为列宁的有关论述对自己的"打入内部"理念提供了强有力的理论支持。如福斯特后来回忆称列宁的统一战线理论对他践行"打入内部"的理念而言是"意外的援军"。他说："由于左翼几乎一致地敌视'打入内部'政策，新生的脆弱的工会教育同盟面临最无希望的生存斗争。似乎这个组织很快也遭到与它不幸的前身同样的命运。但是，忽然意外的获得非常有力的帮助。这种极端需要的帮助就是从俄国革命伟大的领袖列宁那里来的。""我发现了列宁著名的小册子，即《共产主义运动中的左派幼稚病》一书。这书使我感到非常高兴与惊异，我发现书里面比我们以前更明确而有力地斥责了革命的双重主义，而赞成'打入内部'政策。"[③] 即便是在福

[①] 《列宁选集》第4卷，人民出版社2012年版，第160页。

[②] 同上书，第234—235页。

[③] William Z. Foster, *From Bryan to Stalin*, New York：International Publishers, 1937, p.137.

斯特晚年，他在列举列宁理论对美国共产主义运动的几大贡献时，也特别指出列宁理论的重大贡献之一就是对美国"左倾"宗派主义——双重工会主义的迎头痛击，列宁对双重工会主义的批评"对美国来说更是备加有力"①。在福斯特看来，列宁的统一战线理论就是对自己"打入内部"理念的系统阐述和真切反映。

在列宁理论的指导下，共产国际第二次代表大会确立了欧美各国共产党的统一战线新策略，最终使得美共在文字上摒弃了双重工会主义。之所以说是在文字上摒弃了双重工会主义，是因为在共产国际的压力下，美共不得不反思自己的工会工作方针，但并未有大的改观。正如福斯特所指出的那样，虽然列宁著作和共产国际二大反对双重工会主义的立场打击了双重工会主义，但是美共当时并"没有准备好吸取新的策略路线的全部含义，特别是没有了解列宁反对'左倾'主义的小册子所提出的那些含义。它虽然同意了争取部分要求的原则，但是并没有对这种要求提出任何纲领"②。当然，除了美共之外，还有不少的共产党不能够成熟地根据形势的变化来决定自己正确的统一战线策略，甚至有些无产阶级政党仍深受"左派"幼稚病的影响，高喊革命口号，鼓吹所谓的"进攻理论"，不愿意深入群众中去做细致的工作，对共产国际第二次代表大会的决议拒不执行。③ 在这种情况下，共产国际第三次代表大会于1921年6月在莫斯科召开，旨在总结革命经验，加强各国共产党的建设，制定争取团结大多数群众的统一战线策略方针。列宁在会上作了关于策略问题的报告，强调指出："共产国际必须把策略建立在这样的基础上：始终不渝地、有步骤地争取工人阶级的大多数，首先是在旧工会内部。"④ 根据列宁报告的精神，共产国际提出了"到群众中去"的口号，号召各国共产党要密切联系群众，展开工作，"同工会保持密切联系"⑤。至此，"打入内部"政策正式

---

① William Z. Foster, *History of The Communist Party of The United States*, New York: International Publishers, 1952, pp. 154 – 155.

② Ibid., p. 181.

③ 张汉清，曹长盛，黄宗良主编：《简明国际共产主义运动史》，北京大学出版社1985年版，第227页。

④ 《列宁全集》第42卷，人民出版社1987年版，第13页。

⑤ 王学东主编：《国际共产主义运动历史文献》第32卷，中央编译出版社2011年版，第383页。

成为共产国际的工会政策。列宁理论和共产国际的支持,不仅使得福斯特更加坚定关于"打入内部"的思想主张,而且消弭了福斯特与美共开展合作的分歧。

二 福斯特对"打入内部"政策的实践

首先,福斯特与工会教育同盟政策的转变。美国学者厄尔·贝克纳(Earl Beckner)在谈及工会教育同盟的时候曾这样说过:"没有人会发现一个组织经常被一个人的哲学观点和个性所支配,然而福斯特却在一开始就赋予了工会教育同盟以精神活力,没有福斯特,这个组织也许就不会获得那么大的影响。"[①] 很显然,厄尔·贝克纳认为福斯特的个人特点支配着工会教育同盟。需要指出,贝克纳的观点有绝对化的倾向,须知"工会教育同盟这个组织及其命运是由多种因素塑造的,并且只有综合考虑这些因素,才能解释美共20世纪20年代的工会政策及其特征"[②]。但不可否认的是,福斯特对于工会教育同盟政策的转变起到了极其重要的作用。

多年的工人经历和工会运动经验,使福斯特对罢工策略、劳工政治、工人们的实际状况有着深刻的了解。他清醒地认识到劳工激进主义的潜能来自于工人们的真切痛苦,尤其是来自于衣服加工业、纺织业、煤炭开采业等深陷困境行业里普通工人与企业主之间的矛盾与冲突。因此,福斯特领导的工会教育同盟特别关注工人们切身利益相关的具体事情,积极领导和计划组织当地富有战斗性的工人。[③] 在福斯特看来,20世纪20年代的劳工运动面临着一些基本问题:工会的目标是什么?工会的政策应该是什么?工人们与企业主之间的矛盾是否有调和的可能?劳工运动是应该避开政治还是应该发出自己独立的政治声音?在此之前没有人明确回答这些困扰工人们的问题,但是这些问题在"一战"后工会运动低迷的情况下出现了。[④]

正是基于自己丰富的劳工组织经验,福斯特领导的工会教育同盟率先

---

① Earl Beckner, "The Trade Union Educational League and the American Labor Movement", *Journal of Political Economy* 33, August, 1925, p. 410.

② James R. Barrett, *William Z. Foster and the Tragedy of American Radicalism*, Urbana and Chicago: University of Illinois Press, 1999, p. 118.

③ Ibid..

④ Ibid., p. 119.

在行动上反对双重工会主义,主张与共产党展开合作,建立广泛地工人统一战线。这些主张在很大程度上与共产国际的工会政策不谋而合。福斯特受邀参加了1921年7月3日在莫斯科召开的红色工会国际第一次代表大会。大会明确告诫美共要摒弃双重工会主义,并且吸纳工会教育同盟成为自己的支部,力图使之在美共的工会工作中发挥重要作用,以获取更多工人的认同与支持。在共产国际和红色工会国际的努力下,消除了福斯特领导的工会教育同盟与美共之间在工会问题上的分歧与隔阂,把积极主张"打入内部"理念的福斯特争取了过来。

福斯特加入美国共产党之后,深受共产党革命理论的影响。他领导的工会教育同盟在大力推行"打入内部"政策的时候,行为变得更为激进。1922年3月,工会教育同盟的机关刊物《劳工先驱》(The Labor Herald)创刊,创刊号发表了同盟的纲领,其内容是:断然反对双重工会主义运动,主张用战斗的政策来代替阶级合作,把行业工会合并成产业工会,把没有组织的工人组织起来,采取独立的政治行动,承认苏俄,废除资本主义,建立工人共和国等。① 根据"打入内部"政策的精神,福斯特领导的工会教育同盟开始在煤矿、纺织、建筑、服装、食品、皮革等工业里进行宣传和组织工作,建立了地方性和全国性的组织,希望能够争取更多的工人群众参加工会运动,进而参加工会教育同盟和共产党,将无组织的工人组成强大的革命性力量。

其次,福斯特大力推行"打入内部"政策。"打入内部"政策是在美国20世纪20年代工会运动衰落的背景下实施的,提出了诸多切合于工人阶级实际利益的主张,受到了工人群众的欢迎。因此,福斯特领导的工会教育同盟作为"打入内部"政策的实践主体,也深受工人阶级的欢迎,不久便发展成为了美国左翼和进步人士的广泛联合阵线。对此,美国学者詹姆斯·巴雷特曾这样说道:"随着工会运动在20世纪20年代的衰落,成千上万的工人积极支持工会教育同盟,某种意义上是将其作为扭转这种衰落局势的另一种尝试。"② 出于对龚柏斯劳工贵族及保守行业排外性的

---

① William Z. Foster, *History of The Communist Party of The United States* New York: International Publishers, 1952, p. 203.
② James R. Barrett, *William Z. Foster and the Tragedy of American Radicalism*, Urbana and Chicago: University of Illinois Press, 1999, p. 119.

反对态度，加之对工资待遇、社会生活的不满，全国一些带有激进情绪的工人很快对工会教育同盟的纲领产生了浓厚的兴趣。当时堪萨斯州（Kansas）的矿业工人领袖阿莱克斯·霍瓦特（Alex Howat）和劳工党的全国领袖约·格·布朗（J. G. Brown）都加入了同盟；芝加哥劳联领导人约翰·费兹帕特里特等人也对同盟采取了较为友好的态度；美国社会主义探索者、美国社会党创始人尤金·德布斯也积极支持同盟的政策与行动，他在同盟机关报《劳工先驱》上发表文章说道："在我看来，工会教育同盟是把美国工人正确指引到产业统一的唯一运动。"①

在福斯特的积极努力下，工会教育同盟取得了较好的成绩，在诸多行业里建立了工人组织。如詹姆斯·巴雷特指出："随着工会教育同盟的发展，由激进分子组成的各地方产业组织成为运动的核心，这些地方组织在全国范围内结成了十四个全国性产业部，每一个都有自己的书记处。"② 1922年3月19日芝加哥总工会会议以114票对37票通过了福斯特和约翰斯顿（Johnston）所提出的一项议案，即将各个行业工会合并成产业工会，自此，全国性的大规模合并运动就这样开始了。1922年12月同盟在芝加哥召开了全国铁路工人会议，各地到会代表有425人。工会教育同盟的影响甚至也扩大到了加拿大，在加拿大成立了许多工会教育同盟的小组。③

在"柯立芝繁荣时期"到来之前，工人们的工作、生活条件相对恶劣，他们在某种程度上意识到通过斗争以维护自己的经济权益。而工会教育同盟关于组织工人参加工会来争取自己合法权利的政策与举措，正好迎合了当时工人们的心态。即便是在1922年经济形势稍有好转的情况下，工人们对工会教育同盟的支持也是有增无减。难怪福斯特自豪地讲道："工会教育同盟几乎马上就在许多方面发生了强大的影响。"④ 工会教育同

---

① *The Labor Herald*, Apr. 1923. and William Z. Foster, *History of The Communist Party of The United States*, New York: International Publishers, 1952, p. 203.

② James R. Barrett, *William Z. Foster and the Tragedy of American Radicalism*, Urbana and Chicago: University of Illinois Press, 1999, p. 121.

③ William Z. Foster, *History of The Communist Party of The United States*, New York: International Publishers, 1952, p. 204.

④ Ibid..

盟在 1922 年的报告中指出工会教育同盟"已经对劳工党政策的转变有着决定性的影响"①。对此,有学者指出:"'决定性'这个词无疑是过于乐观了,但不可否认的是,与以往相比,工会教育同盟的影响变得更大。"②

作为工会教育同盟书记的福斯特,不断地到美国各地去做宣传和鼓动工作,以此来扩大工会教育同盟的影响力。到 1923 年,赞成合并运动的有 16 个国际工会,其中包括铁路工人委员会、养路工人委员会、印刷工人委员会、铸造工人委员会、服装工人联合工会、皮革工人工会、屠宰场工人工会等。宾夕法尼亚、俄亥俄等 17 个州的总工会也采取了同样的举措。几十个大的市总工会和行业工会理事会也赞成合并,数以千计的工会分会也是这样。③在这样的情况下,工会教育同盟报告中称合并运动"像燎原之火一样迅速蔓延"④。但好景不长,工会教育同盟及其践行的"打入内部"政策遇到了诸多难题。

三 "打入内部"政策的失败

首先,美国劳工联合会的保守与反共立场使得福斯特践行"打入内部"的政策变得异常艰难。早在 1918 年,劳联就宣称,工人们只能在自由企业制度的既有框架内展开争取合法经济权利的斗争,号召所属的各个支部工会立即将其中的"激进分子"清除掉。⑤ 因此,当福斯特领导的工会教育同盟在旧有工会里积极开展工作、组织劳工时,不可避免地遭到了劳联保守领导人的多番阻挠。1922 年 3 月 19 日,芝加哥总工会会议通过了福斯特关于将行业工会合并成产业工会的决议,合并运动就此展开,引起了劳联保守领导人的注意。4 月 11 日,劳联的领袖龚柏斯来到芝加哥,

---

① *The Labor Herald*, September. 1922, p. 7.

② Theodore Draper, *American Communism and Soviet Russia*, New York: Vintage Books, 1960, p. 71.

③ William Z. Foster, *History of The Communist Party of The United States*, New York: International Publishers, 1952, p. 206. 关于工会教育同盟的早期发展态势和影响力,一贯对福斯特持着贬低态度的西奥多·德雷柏在其著作中有所说明,并且也给予了部分肯定。详见 Theodore Draper, *American Communism and Soviet Russia*, New York: Vintage Books, 1960, p. 71.

④ *The Labor Herald*, September, 1922, p. 7.

⑤ Robert K. Murray, *Red scare; a study in national hysteria*, 1919-1920, University of Minnesota Press, 1955, p. 108.

在摩里逊旅馆召集了一次会议，选定了一千五百名左右地方工会的干部出席会议。在会议上，他们对芝加哥总工会决议进行猛烈攻击，并提出"把芝加哥总工会从赤色分子手中夺过来"的口号。同时，在这次会议上，他们指责工会教育同盟接受了莫斯科黄金津贴。① 当福斯特的共产党员身份被揭露以后，工会教育同盟被指责称是共产党的一个组织，工会教育同盟的成员甚至被视为非法的工会会员。此外，在1923年秋季劳联的全国代表大会上，劳联领导人谴责合并运动是"共产主义性质的"，既不允许讨论也不允许唱名表决，等等。② 因此，为了避开劳联的锋芒，更好地在旧有工会中开展工作，工会教育同盟被迫转入了地下，同时命令其成员拒绝承认其盟员的身份。福斯特后来也承认："代表大会是对工人党、工会教育同盟以及它们整个劳工运动里的一切朋友和支持者猛烈进攻的信号。"③ 这次代表大会实际上使得工会教育同盟"几乎在全国各个工会中的组织都转入到了地下状态"④。在这种情况下，工会教育同盟虽然能够勉强生存，但是已失去了继续发展下去的空间。到1925年，工会教育同盟"实际上只是由共产党党人组成的"，并且"只有相当一小部分的盟员在工会里活动"⑤。

其次，美国20世纪20年代的政治环境不利于"打入内部"政策的顺利实施。一方面，联邦政府对激进分子疯狂搜捕。1917年，俄国十月社会主义革命胜利后，革命的风暴很快席卷欧洲。而这个时候美国的移民主要来自于东欧和南欧，他们深受十月革命的鼓舞，加之面临的经济困难和他们发现美国大工业城市中的种种社会不公现象，他们开始倾心于主张对社会进行剧烈变革的社会主义、共产主义和其他各种激进主义。因此，

---

① William Z. Foster, *Pages From a Worker's Life*, New York: International Publishers, 1939, p. 172.

② William Z. Foster, *History of The Communist Party of The United States*, New York: International Publishers, 1952, p. 208.

③ Ibid..

④ *The Workers Monthly*, June 1925, p. 351, 转引自 Theodore Draper, *American Communism and Soviet Russia*, New York: Vintage Books, 1960, p. 76.

⑤ *International Press Correspondence*, March 18, 1925, p. 322; *Daily Worker*, August 14 and December 5, 1925. 转引自 Theodore Draper, *American Communism and Soviet Russia*, New York: Vintage Books, 1960, p. 216.

美国从 20 世纪 20 年代开始，工会运动似乎变得比任何时候都有力量。为了防止爆发革命，美国政府进行了一系列的突然搜捕行动，逮捕和驱逐了一大批社会主义、共产主义和无政府主义者。1922 年 8 月，"美国共产党的 57 名领袖在密执安州布里奇曼城共产党全国代表大会上被捕。"① 福斯特赫然在列，并且是第一个受审。在这种反共的氛围下，许多倾心于激进主义的劳工担心遭受迫害而刻意疏远工会教育同盟。另一方面，资方不断地压制激进劳工运动。20 世纪 20 年代，资本家疯狂地反对工会运动，在全国范围内开展了"开放工厂"运动，反对工人组织工会的权利，甚至鼓吹所谓的"美国计划"②。即资方享有不受工会干预、自由解雇工人的权利。一些垄断组织甚至采取了雇佣劳工暗探和打手、开除工会会员、列黑名单等手段，以打击不断发展的工会力量。③ 在这种情况下，美国的工会运动逐渐衰落，工会教育同盟的"打入内部"政策也进入了瓶颈期。

最后，美国 20 世纪 20 年代的经济繁荣，使"打入内部"政策难以得到更多工人的支持。美国经过 1920 年中期到 1921 年末的短暂经济萧条后，经济开始复苏，逐渐趋于"繁荣"，特别是 1923 年初到 1929 年的大部分时期"是美国工业扩展和资本主义繁荣时期"④。虽然，一些非技术型工人仍然贫困，但大多数劳工的工资和生活水平普遍有明显的提升。因此，工人们就失去了加入工会的经济动力，甚至有一些工人担心工会教育同盟的激进主义会损害到他们的既得利益，对同盟的"打入内部"政策而心生厌恶。对于美国经济繁荣对工人统一战线所造成的不良影响，福斯特曾这样说道："对于工会教育同盟来说，这是一个艰苦斗争的时期，也是一个它和群众比较脱离的时期。这是一个在美国工人运动史中工人阶级的积极性最低和斗争最少的时候，也是反动工会的领导成分的腐化堕落和专制统治到了极顶的时候。在丧失和群众的联系与群众运动的失败中，工

---

① William Z. Foster, *History of The Communist Party of The United States*, New York: International Publishers, 1952, p. 208.
② 所谓"美国计划"，实际上是 22 各州制造商协会领导人于 1921 年 1 月在芝加哥举行的会议上为开放工厂运动起的名字。
③ 杨生茂，陆镜生：《美国史新编（1492—1989）》，中国人民大学出版社 1990 年版，第 345 页。
④ William Z. Foster, *History of The Communist Party of The United States*, New York: International Publishers, 1952, p. 236.

会教育同盟自然很痛切地感受到繁荣所带来的幻灭、排挤和恐怖统治等对它发生的影响。"[1]"工会教育同盟并未能完全避免柯立芝繁荣时期工人阶级消沉与悲观的潮流。"[2]

当然，这并非意味着工会教育同盟就完全没有践行"打入内部"政策的机会。19世纪20年代，美国一些"夕阳"产业或"病态"行业，诸如煤炭、纺织、建筑、服装与皮革等领域的非技术型工人仍遭遇着失业、贫困之苦。工会教育同盟在这些行业中慢慢建立了自己的工人组织，并取得了不错的成效。但这时的美国共产党却犯了严重的"教条主义"错误，盲目跟从共产国际的路线。共产国际提出的"阶级对抗阶级"政策，加之美共党内的派性斗争，使得工会教育同盟未能充分利用自己既有的工人基础，反而推行不适用于当时美国工人政治的斗争策略，最终导致了"打入内部"政策的失败。

四 "打入内部"政策评析

在考察"打入内部"政策的时候，美国的历史学家们往往主要从组织的角度来分析工会教育同盟的组织运行，似乎它的成功与失败皆是美国共产党基本政策的反映。的确，美共的政策与政治观念改变了同盟的历史，有时候甚至是至关重要的影响，但这种角度忽略了同盟活动的社会大背景以及工人们试图通过自己的努力掌握工会与抵制劳工组织被腐蚀的积极意义。在20世纪20年代的美国，随着工会运动的衰落，成千上万的工人支持工会教育同盟在某种程度上是将其作为扭转这种衰败局势的尝试与努力。

需要指出，福斯特提出"打入内部"的理念，并不是空穴来风，而是根据自己多年工会工作的经验所得。福斯特早期在组织劳工的时候就提出要在保守工会中建立反对性的团体，将千百万未组织起来的工人组织到工会中去，实行罢工的斗争策略等。他的早期劳工组织经验，使得他习惯性地去思考工人运动中的一些基本问题，诸如工会的目标、策略以及工人

---

[1] William Z. Foster, *American Trade unionism : Principles and Origanization Strategy and Tactics*, New York: International Publishers, 1947, p. 88.

[2] Ibid., p. 143.

与资方的相处之道,等等。这些长期困扰着工人们的问题,在福斯特之前并没有人明确地提出来。如美国学者詹姆斯·巴雷特曾指出打入内部等策略问题"并不是共产党的创造,而是福斯特自我经验的逻辑发展"[1]。虽然,美国的工会运动到20世纪20年代开始呈现出了衰落的趋势,但这并不意味着工人们就完全没有激进的情绪。当时工人们的工作、生活条件还是极其恶劣的,从1923年—1929年,工人每人每小时的产量增加了32%,但工资只涨了8%,[2] 他们的收入水平使得他们没有能力购买更多的东西。这也就意味着,在20世纪20年代的美国,仍存在着劳工激进主义的"潜能"。[3] 因此,福斯特在这个时候力主"打入内部"的策略,争取更多工人的认同与支持并无不妥之处。此外,在福斯特加入美国共产党的时候,美共在工人群众中间的影响极其微小。在这样的情况下,作为在美共党内最富有劳工组织经验的福斯特,积极践行"打入内部"的策略,也是美共走出孤立状态,摆脱发展困境的正确之道。

但问题的关键是,美国共产党人是如何践行"打入内部"政策呢?这里有几种不同的推动力在交叉作用着,其中最核心也是最直接的推动力就是列宁关于党的先锋队理论。[4] 当时,列宁所创造的革命先锋队即俄国共产党领导俄国人民击败了资本主义而建立了社会主义政权。因此,对期待和渴望建立新世界的共产主义者们来说,列宁所创立的党是新型的党,有着很大的诱惑力。在福斯特看来,列宁所领导的俄国共产党"是人类历史上无可比拟的最高发展的政治组织。共产党是由工人阶级、农民和知识分子中最优秀最进步的分子组成的。它既有严格的纪律,又有高度的民主"[5]。于是,福斯特领导的工会教育同盟及其主张的"打入内部"政策就与俄国共产党之间有着千丝万缕的联系。在20世纪20年代的早期,福

---

[1] James R. Barrett, *William Z. Foster and the Tragedy of American Radicalism*, Urbana and Chicago: University of Illinois Press, 1999, p. 119.

[2] Arthur M. Schlesinger, : *The Crisis of the Old Order*: 1919—1933, Boston, Houghton Mifflin Company, 1957, p. 67.

[3] James R. Barrett, *William Z. Foster and the Tragedy of American Radicalism*, Urbana and Chicago: University of Illinois Press, 1999, p. 119.

[4] Ibid. .

[5] William Z. Foster, *History of The Communist Party of The United States*, New York: International Publishers, 1952, p. 151.

斯特的工会工作实际上有着相当大的独立自主性，并且他在论述共产党策略的时候也是将注意力集中放在了工业领域。同时，他领导的工会教育同盟为共产党人提供了工会运动方面的基础。[①] 但是逐渐地，工会教育同盟的立场与政策发生了变化，不仅服从于美共中央委员会的命令，而且与共产国际的路线保持高度一致。福斯特的"打入内部"政策与共产国际的工人统一战线策略有着极大的相似之处。尽管共产国际一再声称自己的政策是对科学社会主义的应用，但实际上这些政策却对美共起到了非科学性的影响：譬如共产国际高度集中决策和将其革命经验作为"普遍规律"对外输出；对世界局势的错误看法，尤其是对美国政治和经济形势的错误判断；还有美国共产党和共产国际内部的权力斗争；等等。作为美国共产党的主要领导人，福斯特逐渐卷入了这些权力斗争当中，工会教育同盟的工人统一战线政策也在很大程度上被共产国际和美共的派性斗争所改变。共产国际和美国共产党在理论上更多地强调阶级斗争，于是工会教育同盟就领导工人在车间和街头发动暴动与骚乱。[②]

应该说，美国共产党的政策和党内宗派斗争严重削弱了工会教育同盟的力量以及切断了福斯特等人与在工会里支持者之间的天然联系。福斯特建立与发展工人统一战线的努力遭到了保守工会领导人和美共党内反对者的阻挠。"福斯特作为共产党领导人的人生经历驱使他进入了另一个世界，这个世界里的决定和计划，在很大程度上依赖于纽约和莫斯科的'政党政治'（Party politics）。"[③] 为了卓有成效地实践自己的主张和策略，福斯特必须保持自己在美共党内的领导地位。身居高位的福斯特不可避免地卷入了紧张的派性斗争中，逐渐与美国的劳工运动的实际相脱离。而这种劳工运动的客观实际曾经是福斯特采取正确立场和主张的重要依据。"福斯特在美国共产主义运动中的特立独行——他早期的工人经历和工会

[①] For Foster's relative autonomy in his trade union work, see Daniel Bell and William Goldsmith, interview with Earl Browder, June 22, 1955, pp. 28–29, box i, folder 20, Bell Papers. 转引自 James R. Barrett, *William Z. Foster and the Tragedy of American Radicalism*, Urbana and Chicago: University of Illinois Press, 1999, pp. 119–120.

[②] James R. Barrett, *William Z. Foster and the Tragedy of American Radicalism*, Urbana and Chicago: University of Illinois Press, 1999, p. 120.

[③] Ibid..

工作经验——与他在政治生活中迫切需要强调马列主义国际性运动之间的矛盾,整个地塑造了福斯特在20世纪20年代的政治行为。"①

同时,旧工会的领导在20世纪20年代慢慢变得保守和反动,这对共产党的工人统一战线产生了极其重要的影响。在20世纪20年代初期,工会教育同盟尚能处理好自己与旧工会的关系,而从20世纪20年代中期开始,它的主要活动就是搞地下斗争,也不再与任何改良性质的党派、组织合作。福斯特曾向他的苏联导师索所罗门·洛佐夫斯基(Solomon Lozovsky)将美国的劳工领袖描述成是"在全球范围内最反动的工会官僚"②。当时,除了在意识形态上的厌恶之外,保守工会的领导人认为工会教育同盟的积极分子对他们构成了严重的威胁,"尤其是当他们感觉到脆弱的时候,感到激进雇主向其施加压力和普通民众表示不满的时候,这种威胁感就变得愈发强烈。这样的领导人在处理工会内左、右翼之间的矛盾的时就采取了特殊的方式,即他们可以并且很快开除所有的激进分子,以及通过黑名单的方式来限制各种激进的行为"③。

这种对工会运动的压制或镇压在某种程度上是20世纪20年代整个保守政治氛围的真切反映。当然,工会教育同盟之所以遭到保守工会的排斥,部分原因还在于福斯特及其同伴对美国官方的种种指责。当时,福斯特及其追随者一再指责美国的官方政策,称美国总统柯立芝是新英格兰的守财奴和罢工破坏者,将胡佛称之为殖民地人民的帝国主义剥削者,甚至指出美国繁荣的背后,是不可救药的总危机等。④ 在当时歌颂繁荣与稳定的官方和保守工会来看,这种论调当然就显得极其不和谐与难以容忍。除此之外,部分原因还在于各工会中的技术型工人对工会教育同盟的不信任。对于这些工人来说,他们对工会教育同盟的认知与支持不是出于激进

---

① James R. Barrett, *William Z. Foster and the Tragedy of American Radicalism*, Urbana and Chicago: University of Illinois Press, 1999, p. 120.

② William Z. Foster to Solomon Lozovsky, Chicago, April 10, 1923, fond 534, opis7, delo 459, listok3, Profintern Papers. 转引自 James R. Barrett, *William Z. Foster and the Tragedy of American Radicalism*, Urbana and Chicago: University of Illinois Press, 1999, p. 120.

③ James R. Barrett, *William Z. Foster and the Tragedy of American Radicalism*, Urbana and Chicago: University of Illinois Press, 1999, p. 120.

④ William Z. Foster, *History of The Communist Party of The United States*, New York: International Publishers, 1952, pp. 236–237.

的情绪而大都是出于同情之心。正如1928年来自于澳大利亚的工会领导人来到美国时,他惊讶于美国工会运动的衰弱无力,尤其令他吃惊的是,"工会主义在美国并不是一种政治信仰,更不是一种社会运动","每个行业的工人都是在为自己的物质利益而奋斗,没有时间去考虑别的"①。当时,即便是在一些经营不济的工业里,虽然工人们工资福利下降、政治压制肆虐,但这些工人对工会教育同盟的认同与支持也是有限度的。② 此外,"一战"后出现的红色恐惧和劳工运动的高涨使得广大普通美国人对共产主义产生了恐惧,尤其是福斯特共产党员的身份被披露后,他们担心福斯特领导的工会教育同盟会引起美国劳工的骚动与暴乱,从而对他们的正常生活产生威胁。在这样的情况下,福斯特试图建立起工人统一战线的任务,就变得异常艰巨与复杂。毫无疑问,美国共产党的政策削弱了工会教育同盟在劳工运动中的影响,即便是在接下来的美国经济危机和大萧条时期,美共也没有建立起广泛的工人统一战线,反而招致保守工会领导人、雇主以及官方的无情打击。③

仅就策略而言,福斯特的"打入内部"理念在很大程度上符合了美国工人运动的发展水平和斗争环境的需要。在当时民众普遍具有"恐赤心理"的情况下,共产党如果单独组织工会来开展运动,势必会招致资本家、政府以及旧工会的联合绞杀,不但不能争取到更多的工人群众,反而会丢掉自己已有的阵地。而依托劳联开展工会工作,则会大大减少前进中的阻力。但是,福斯特等美国共产党人后来一味地迎合共产国际的路线,到20世纪20年代后期,在共产国际路线发生转变的情况下,美国共产党人也随之发起了独立的工会运动,"打入内部"这一正确的政策被无情抛弃。

第二节 福斯特关于人民统一战线的认识与实践

1933年,福斯特由于身患重病前往苏联治疗,1934年归国后仍继续

---

① Irving Bernstein, *The Lean Years: A History of the American Workers, 1920—1923*, Boston: Houghton Mifflin Company, 1960, p.83.
② James R. Barrett, *William Z. Foster and the Tragedy of American Radicalism*, Urbana and Chicago: University of Illinois Press, 1999, p.121.
③ Ibid..

修养,直到1935年,福斯特才回到党内参加工作。① 当福斯特回归党内政治生活的时候,党组织本身已经处在剧烈的变革之中。这种变革既是出自于莫斯科方面的需要,也是因为美共的工作、美国劳工运动和美国的选举政治处于历史性的关键节点。美共在意识形态上转变的一个重要原因以及其他诸多方面转变的催化剂就是法西斯主义的兴起和共产国际为了应对威胁而提出的"人民统一战线"。②出于建立和发展反法西斯统一战线的需要,共产国际所属各国共产党包括美共在内,在某种程度上拥有了更大的自主性,它们可以根据本国的实际情况灵活地开展工作。然而,这时的福斯特,由于长期脱离党的一线工作,难免在思想和行为上落后于迅速变化的客观形势,他旧时推行"阶级对抗阶级"革命政策的惯性,又使得他难以适应美共政策和工作重心向反法西斯的转变。同时,由于长期脱离工人群众,福斯特再也难以像在美共建立初期那样提出符合工人群众利益要求和美国客观实际的正确主张。随着德国进攻苏联,福斯特才意识到建立反法西斯统一战线的重要性并发挥了积极的作用。

一 人民统一战线的提出

人民统一战线政策的提出宣告了共产国际推行"阶级对抗阶级"政策的失败。本来,苏联和共产国际的领导人预测,资本主义危机日益增长和阶级斗争日益急剧,世界无产阶级革命的高潮即将到来。但令他们意想不到的是,危机的爆发没有带来社会主义革命形势的高涨,反而迎来了世界法西斯主义的兴起。尤其是德国纳粹上台后所表现出的反共性质和咄咄逼人的对外扩张态势,对苏联的安全造成了严重的威胁。在这种情况下,苏联对国际形势和世界战略格局做出了新的分析和判断。在苏联看来,由于法西斯实行奴役全世界的侵略政策,世界的主要矛盾和主要敌人已经发生了重要的变化。德、意、日法西斯侵略国家正日益成为世界人民最危险的敌人,它们与以世界人民为主体的反法西斯侵略的主要力量成为世界范围内的主要矛盾。根据对国际形势的最新判断,苏联提出了建立国际反法

---

① Edward P. Jobanningsmeier, *Forging American communism: The Life of William Z. Foster*, New Jersry: Princeton University Press, 1994, pp. 266 – 267.

② James R. Barrett, *William Z. Foster and the Tragedy of American Radicalism*, Urbana and Chicago: University of Illinois Press, 1999, p. 189.

西斯统一战线的策略思想，强调利用帝国主义的矛盾，联合一切可以联合的力量，共同反对法西斯侵略势力。为此，苏联开始积极调整对英、美、法等西方民主国家的关系，把维护苏联安全纳入到反对法西斯侵略，维护世界和平的共同斗争的轨道。①

随着苏联外交策略的转变，共产国际促使了所属各国共产党也逐渐改变了之前对资产阶级政客、社会主义者的鄙视态度，转而与他们建立友好的联盟关系。② 1935 年夏，来自于世界各国的共产党代表们参加了在莫斯科召开的共产国际第七次代表大会。美国共产党派遣了一个规模较大的代表团出席了这次大会，③ 这次大会不仅放弃了"第三时期""阶级对抗阶级"的策略与口号，而且首次对法西斯主义的性质与危害作了详尽的分析。根据共产国际领导人季米特洛夫的建议，共产国际七大号召各国共产党人要对法西斯主义战斗，"就必须建立伟大的反法西斯人民统一阵线，这个统一阵线由工人、农民、知识分子以及人民中所有其他劳动的和民主的人士组成"④。季米特洛夫指出执政的法西斯是金融资本的极端反动、极端沙文主义、极端帝国主义分子的公开的恐怖的独裁。它对内使用各种手段镇压工人、农民和其他劳动群众，对外则实行野蛮仇视其他民族的、在方式上极端残暴的沙文主义。⑤ 根据季米特洛夫对法西斯性质的揭露与分析，共产国际在 1935 年 8 月 20 日作出了《共产国际第七次代表大会关于法西斯主义、工人阶级的团结和共产国际的任务的决议》，强调了法西斯主义的危害性和反法西斯的迫切性。决议指出，法西斯主义是当权资产阶级实行的一种"公开的恐怖专政"，"其目的在于实施非常措施来掠夺劳动群众，准备帝国主义掠夺战争，进攻苏联，奴役瓜分中国，和在此基础上阻止革命"。因此，共产国际第七次代表大会强调，在目前的历史阶段，国际工人运动的当务之急，就是建立

---

① 周尚文、叶书宗、王斯德：《苏联兴亡史》，上海人民出版社 2002 年版，第 426 页。

② Edward P. Jobanningsmeier, *Forging American communism: The Life of William Z. Foster*, New Jersy: Princeton University Press, 1994, p.272.

③ William Z. Foster, *History of The Communist Party of The United States*, New York: International Publishers, 1952, p.321.

④ Ibid..

⑤ 王学东主编：《国际共产主义运动历史文献》第 57 卷，中央编译出版社 2013 年版，第 389—390 页。

"工人阶级的战斗统一战线"①。

在大会上,季米特洛夫还着重提出了各主要国家反法西斯主义的问题和任务。在谈到美国的时候,他严厉批评了那些将罗斯福新政解释为资产阶级走向法西斯形式的错误说法,指出他们未能看到罗斯福与反动右翼之间的区别。但同时也指出美国法西斯主义危险的威胁和对它的潜袭发出警告。他指出,美国法西斯主义与德国法西斯主义不同的是:"德国法西斯主义提出反立宪的口号,而美国法西斯主义却企图冒充为拥护立宪和'美利坚民主'的卫士。"② 这里,季米特洛夫虽然强调与资产阶级民主人士的联盟,但也间接表达了对罗斯福政府的不信任,于是他号召美共建立一个全国性的工农党(Wokers and Farmers Party),他说:"在美国目前的情况中,建立劳动者的群众党——工农党,可能是适合的形式,这样的一个政党将成为美国群众性的人民阵线的具体形式。"③ 根据季米特洛夫的建议,美共调整了自己的斗争策略,逐渐清除了它在经济危机期间所表现出来的一些"左倾"宗派主义,工作重心由组织民众掀起社会主义革命转向建立广泛地反法西斯人民统一战线。

然而,人民统一战线运动却始终没有发展成为季米特洛夫所说的那样的一个羽毛丰满的、群众性的"工农党"。之所以如此,一是因为美国民众当时并不认为美国存在法西斯主义,即便是美共的主席福斯特后来也承认,美国并没有实行法西斯主义;④ 二是因为远处大洋彼岸的美国民众也没有感受到来自于德、意、日等法西斯国家的威胁;三是因为美国当时还没有完全走出危机,美国民众更多的是关心自己的切身利益问题,对国际态势的发展却表现出较少的关心;四是因为罗斯福新政所取得的成效对民众具有极大的吸引力。因此,当时美国共产党人利用"反法西斯统一战线"的口号,对美国的民众并不具有多大的吸引力。但是,美共对中间派别态度的转变以及联合一切进步势力的努力,有效地推动了美国共产主

---

① 王学东主编:《国际共产主义运动历史文献》第 57 卷,中央编译出版社 2013 年版,第 392、405 页。

② 《季米特洛夫文集》,解放社编 1950 年版,第 108 页。

③ William Z. Foster, *History of The Communist Party of The United States*, New York: International Publishers, 1952, p. 321.

④ Ibid., pp. 295–296.

义运动的发展。

二　福斯特对人民统一战线的初步态度

在共产国际提出人民统一战线的时候，处在美共政治边缘的福斯特虽然没有公开反对人民统一战线，但是他起初似乎对这个政策并不认同。福斯特当时作为共产国际执委会的一员参加了共产国际的第七次代表大会，他本来打算在共产国际会议上作报告，但由于身体状况不佳，没有将报告呈交给大会。但从他未提交的报告中可以看出他对人民统一战线的态度。在这个报告中，福斯特强调美国工人激进性和国内法西斯的危险性，以及罗斯福新政政府中所存在的"法西斯因素"。他说，"在当今美国，法西斯分子与共产党之间展开了竞赛，因为党在政治上的领导正在迅速唤醒劳苦大众"，但就目前的形势来看，"法西斯分子在竞赛中处于领先的地位"。可见，福斯特的注意力集中在批驳国内法西斯分子方面。同时，福斯特还特别强调需要在1936年大选的时候建立一个广泛的工农党。福斯特报告的主旨和内容无不反映出了美共在"第三时期"对罗斯福新政的态度，① 间接地表达了自己对人民统一战线的消极态度。

虽然福斯特积极赞同共产国际对美共有必要建立农工党的指示，但他对农工党的论述也几乎都是站在"阶级对抗阶级"的立场上，并非是基于对人民统一战线的考量。如福斯特在1935年6月写了《美国劳工党的新的政治基础》（The New Political Bases for a Labor Party in the United States）一文，详细阐述了自己对劳工党的看法与理解。他首先分析了美国之前劳工党运动失败的原因，即工人阶级没有政治上的迫切要求。他说："美国工人阶级之所以在这么多年都没有建立起规模强大的社会主义政党或劳工党，是因为他们没有意识到自己目前的政治要求，并自觉地形成一个阶级的观念。他们甚至也没有意识到组建起自己的政党，进行系统的、持续的政治斗争。"② 但是，目前美国持久而深刻地工业危机改变了

---

① "Speech of William Z. Foster, 7th Congress of the Communist International, July 28, 1935" quote in Comintern Archives, p. 49. 转引自 James R. Barrett, *William Z. Foster and the Tragedy of American Radicalism*, Urbana and Chicago: University of Illinois Press, 1999, p. 190.

② William Z. Foster, "The New Political Bases for a Labor Party in the United States" *The Communist International*, Vol. XII, No. 12, June 20, 1935.

这一现状，即经济危机造就的劳苦大众，已经提出了一系列的政治要求。他说："工业历经危机多年，致使工人大规模的失业、饥饿、工资低、农产品价格低廉等，最主要的是产生了普遍的贫困和数百万的劳苦大众，他们大部分已经提出了一系列的政治要求。"在福斯特看来，这些劳苦大众虽然处在分散的、无组织的状态，但这无疑会成为建立群众性政党的政治基础。[①] 福斯特在文章中列举出了劳苦民众的主要政治要求：失业保险、失业救济、养老金、每周工作 30 个小时、对贫困农民的救济、法治国家的最低工资、政府重视工会、降低生活成本、政府制定计划充分保障就业、政府加大对救济工作的投入、减少税收、对小业主的救济、废除童工劳动、黑人的平等权利、反对法西斯主义（对罢工权和自由集会的保障）、反对帝国主义战争（认可苏联的和平政策）等。福斯特认为，民众的这些政治要求使其变得激进，他们成为当今美国激烈政治斗争的基础。他说："劳苦大众在资本主义条件下的生活已经使得他们无法忍受，他们认为资本主义是注定要灭亡的，必须用一个新的社会秩序来替代。他们在走投无路的情况下无不讨论革命。民众对资本主义的对抗刷新了美国的历史。因此，建立劳工党，尤其是工会下级组织的发展，不仅仅是反映出来激进主义的发展，更显示出民众废除资本主义制度的要求。"[②]

显然，福斯特此时的政治主张，还基本上停留在阶级对抗上，对人民统一战线并没有给予较大的关注。与福斯特强调"阶级对抗阶级"的立场不同，共产国际的领导人季米特洛夫虽然对罗斯福新政也心存怀疑，但他在论述劳动党政策的时候，更多的是强调人民统一战线。季米特洛夫和其他共产国际领导人要求共产党人加强与一切进步势力的合作，共同反对法西斯主义，甚至指示美共在即将到来的 1936 年总统大选中全力支持罗斯福。尽管当时福斯特与白劳德都对季米特洛夫报告中政治立场的转变感到吃惊，并拒绝立即作出积极的响应。"但与福斯特相比，白劳德的立场显然转变的够快。白劳德当时尽管也有一些疑虑，但他在后来提交给大会

[①] William Z. Foster, "The New Political Bases for a Labor Party in the United States" *The Communist International*, Vol. XII, No. 12, June 20, 1935.

[②] Ibid..

的报告中,积极拥护共产国际的新路线。"①

在共产国际积极推行人民统一战线的时候,福斯特旧有的激进性和革命性显得较为不合时宜。有学者认为,福斯特当时的个人倾向和性格完全适合于共产国际关于第三时期的理论和策略,而白劳德似乎更适合人民统一战线时期的政治气候。② 的确,白劳德领导美共积极建立广泛的人民统一战线,大大增强了美共在美国社会中的影响力和威望。白劳德个人不仅在美共党内的地位与威望大大提高,而且深受共产国际领导人的赏识。如30年代后期,季米特洛夫称赞白劳德是"英语世界中最著名的马克思主义者"③。而此时的福斯特则似乎并不满意人民统一战线政策在美国的广泛应用。他的思想更多是来自于"他工会运动的经验和他对马克思主义的所谓'正统理解'"。正如一个名叫吉尔·格林(Gil Green)的老美共党员所说:"福斯特一直专注于怎样在行业工会中组织工人阶级。"他有伟大的眼光,但他"在政治领域常常采用极其狭窄的方法"④。

三 身份转换与福斯特政治思维的僵化

福斯特由于身体状况不佳,加之在政治观点上没有能够与共产国际保持协调一致,福斯特的身份由美共的总书记转换成了美共的主席。在美共党内,主席在名义上是党的最高领袖,但并不具有实际的权力,而总书记则是党的最高负责人,拥有具体的领导权力。当时,福斯特的权力地位被党内的白劳德所代替。白劳德作为福斯特的得力助手,在1932年福斯特由于患病而中止工作之后,在党内的地位和作用日益突出。此时的白劳德对社会民主做了新的阐释,并获得了较为广泛的认同,一度成为美国社会的公众性人物。正如马克·奈山(Mark Naison)指出:"白劳德表现出了

---

① James R. Barrett, *William Z. Foster and the Tragedy of American Radicalism*, Urbana and Chicago: University of Illinois Press, 1999, p. 190.
② Ibid., p. 191.
③ Maurice Isserman, *Which Side were You on? The American Communist Party During the Second World War*, Middletown, Connecticut: Wesleyan University Press, 1982, p. 15. See also Joseph R. Starobin, *American Communism in Crisis, 1943 – 1957*, Cambridge: Harvard University Press, 1972, p. 268.
④ Anders Stephenson, "Interview with Gil Green" See Michael E. Brown, *New studies in the Political and Culture of US. Communism*, New York: Monthly Review Press, 1992, p. 310.

成为公众人物的这一长期压制的野心。"① 与福斯特相比，白劳德更善于对美国经济危机和战争期间不断变化的政治形势做出反应。

从 30 年代中期开始，福斯特的身份发生了较大的改变，即由积极的劳工组织者和党的政策的权威阐释者转向了作家和党的符号。从他的生活和经验来看，他始终将美共与美国旧的激进主义传统和工人阶级联系起来。② 在当时大多数的美共党员看来，福斯特与其他美共领导人不同的是，他代表着美共成为群众性、革命性工人阶级政党的方向，因此美共党员对其十分尊敬。尽管福斯特在党内仍有着较高的威望，但由于身体状况不佳而不能顺利地开展工作。在这样的情况下，福斯特开始"重塑"自己。为了系统阐述自己的政治观点，福斯特致力于学习，即将自己的大部分精力投入到了写作和研究上。在人民统一战线时期，福斯特撰写了至少20 本小册子，其中包括关于介绍劳工组织经验的书籍。他通过这些小册子，间接地表达了自己的政治观点。同时，这些小册子使得福斯特感觉到自己仍在为他引以为豪的政治工作付出。③

通过研读福斯特此时的小册子可以看出他旧有的激进性仍在发挥着作用。他在书中更多地还是强调共产党的无产阶级本质、工人阶级的生活与运动状况、美国社会中的阶级矛盾等。到 20 世纪 30 年代末期，福斯特制定宏伟的写作计划——写自己的个人历史。所谓自传，如学者菲利普·勒琼（Phillipe Lejeune）所说："从一定意义上讲是属于小说的类型，它本身和它所描写的现实往往都有创造的成分。"一般的自传都会提及很多人，但很少选择在细节上来描写他们的生活状况。但是在福斯特的自传里，可以看到他很少提及自己的生活细节，也很少描写自己与其他人的关系。④ 福斯特在描写自己的时候，一直强调自己的无产阶级本性，强调了工人阶级生活的困苦与资本主义制度的种种弊病，更多的时候是在描写阶

---

① Joseph R. Starobin, *American Communism in Crisis (1943 – 1957)*, Cambridge: Harvard University Press, 1972, p. 47.

② James R. Barrett, *William Z. Foster and the Tragedy of American Radicalism*, Urbana and Chicago: University of Illinois Press, 1999, p. 202.

③ Ibid..

④ Phillipe Lejeune, *On Autobiography*", ed. Paul John Eakin, trans. Katherine Leary, University of Minnesota Press, 1989, xi.

级斗争的场面。他在1937年出版了《从布利安到斯大林》，在1939年出版了《工人生活片段》，在这两本书中他着重宣传了阶级斗争的理念。正如美国学者弗林（Flynn）在评价福斯特的两本自传的时候，这样写道："福斯特的生活和行为以及他作为工人的经历，使他更多地关注工人阶级、阶级斗争、工人阶级的需要以及实现的目标，他没有个人生活，也不在意外界其他人的利益要求。"① 与此同时，美国作家约瑟夫·费里曼（Joseph Freeman）也持着类似的观点，即福斯特并没有孤立地描写自己："他在描写自己的时候都会穿插地阐述革命斗争策略的一般规律和工会运动的基本原则……阶级斗争是世界上最为重要的事情。为了阶级斗争，他可以从身体上、精神上乃至在道德上作相应的调整。"费里曼甚至指出，福斯特的疾病似乎加重了这种禁欲主义。②

诚然，福斯特回到党内工作以后，基本上从事的都是办公室的行政工作。由于身患重病，他一边卧床静养，一边从事理论写作。这种隔离于工人群众的工作和生活环境极大地限制了他的视阈和对外部世界的了解，使他难以对不断发展变化的国际国内形势作出准确的判断，他旧有的革命激进性也使得他难以接受美共正在践行的人民统一战线政策。这样，福斯特这个时候的政治观点并不契合于30年代美国政治的新特点。甚至有学者认为，即便是在冷战期间，福斯特身居高位且不能提出符合美国社会现实和民众利益要求的正确主张，他对美共的衰退负有不可推卸的责任。③

四 福斯特在人民统一战线后期的主张

虽然福斯特起初并未对共产国际的反法西斯人民统一战线持着积极的态度，但是从未有人像福斯特那样对"帝国主义战争"进行激烈的批判。

---

① Flynn, *Life of a Great American Working Class Leader*, pp. 476 – 477. 转引自 James R. Barrett, *William Z. Foster and the Tragedy of American Radicalism*, Urbana and Chicago: University of Illinois Press, 1999, p. 203.

② Freeman, *American Testament*, p. 295, 转引自 James R. Barrett, *William Z. Foster and the Tragedy of American Radicalism*, Urbana and Chicago: University of Illinois Press, 1999, p. 203.

③ Edward P. Jobanningsmeier, *Forging American communism: The Life of William Z. Foster*, New Jersy: Princeton University Press, 1994, p. 3.

不过他当时将英国、美国政府与希特勒等同起来。① 随着德国入侵苏联，福斯特才转而积极支持建立广泛的反法西斯人民统一战线，并积极号召民众开展反法西斯的斗争。

首先，福思特谴责法西斯，积极声援苏联和同盟国。需要指出，由于白劳德在1941年3月被捕入狱，自1941年3月到1942年5月的这个时间段，美共的日常工作是由福斯特主持。1941年6月22日，德国入侵苏联，使得美共在福斯特的领导下急速改变以往对战争的态度，当日便发表声明谴责纳粹德国对苏联的入侵，要求在"反对希特勒主义的斗争中予苏联以全力的支持与合作"②。美共在发表的声明中号召，每个憎恨法西斯主义压迫和珍视和平、自由的人，每个认为苏联及其人民的事业具有进步性的人，都应当为了与苏联人民的友谊和团结而斗争。"打倒法西斯主义的罪恶战争！"③ 在接下来的几天内，美共的机关刊物《工人日报》发表多篇文章，谴责德国法西斯，声援苏联。1941年6月28日，福斯特在美共的全国委员会会议上指出："希特勒入侵苏联改变了世界大战的性质。因此使得我们党有必要改变对战争的态度。先前的战争是帝国主义权力集团之前的斗争，……我们没有采取任何立场。……但是现在，随着希特勒对苏联发动战争，整个世界形势已经发生了根本性的改变。这就意味着希特勒试图将法西斯主义蔓延到世界各地。"因此，福斯特认为美共应该全力支持苏联反对希特勒的斗争。他说："我们关键性的任务就是尽可能（道德上、经济上以及军事上）地援助苏联，确保歼灭希特勒以及他的纳粹野蛮主义。这就意味着，除了不断地促使美国提供支持外，我们还必须帮助英国以及其他国家反对希特勒的斗争。一切同希特勒作战的人们，不管他们是谁，都帮助了苏联，帮助了美国的民主，帮助了捍卫世界自由和文明的斗争。"④ 美

---

① James R. Barrett, *William Z. Foster and the Tragedy of American Radicalism*, Urbana and Chicago: University of Illinois Press, 1999, p. 222.

② William Z. Foster, *History of The Communist Party of The United States*, New York: International Publishers, 1952, p. 408.

③ [苏]索伯列夫等：《共产国际史纲》，人民出版社1985年版，第499页。

④ William Z. Foster, "The New World Situation and our Tasks" (abridged report to National Committee of the CPUSA, June 28, 1941), in William Z. Foster and Robert Minor, "The Fight against Hitlerism" (New York, [July] 1941), pp. 3–12. 转引自 Bernard K. Johnpoll, *A Documentary History of the Communist Party of the United States.*: *The Great Patriotic War* (1941–1945), Volume, 7. London: Greenwood, 1994, pp. 41–42.

共全国委员会会议根据福斯特讲话的精神,重申了美共对战争的态度。会议分析希特勒对苏联的进攻不仅仅是剑指共产主义,而是意图奴役各国人民和征服全世界,倘若不歼灭法西斯主义,世界人民就永无安宁之日,因此美国人民应该积极加入到保卫苏联、反对希特勒的战斗之中。会议指出:"在这次斗争中,美国人民无法保持中立或置之度外。他们除了起来击败希特勒主义之外别无选择,他们除了支持苏联来确保决定性地战胜希特勒及法西斯主义之外别无选择。"会议号召美国民众"必须全力以赴地去击败德国法西斯主义"①。1941年8月,福斯特在芝加哥体育馆作演讲,表达了自己与美共对美国有关举措的欣赏与赞同。他指出:"渐渐地,他们(美国人民)开始支持解除武器禁运,租借法案以及其他许多不断增加的有力举措。"他和美共对这一局面表示欢迎。在他看来,这些举措里的任何一项都有可能加速纳粹战争机器的毁灭。②福斯特及其领导的美共对战争态度的急速转变,令共产国际方面出乎意料。当时,一则共产国际方面的内部通知对美共进行了严厉的批评,指责美共转变过于急速而没有拿出时间对美国民众进行战争新路线的教育。另一则通知单独指责福斯特夸张地亲苏,没有根据工人们的兴趣来充分阐释苏联投入战争的目的。③

其次,主张生产战,为战争胜利作准备。随着德国进攻苏联,福斯特转变了过去对战争的态度,认识到军事生产对赢得反法西斯战争胜利的极端重要性。因此,福斯特领导美共积极投入了这场战争,并以全部的精力动员工会、报纸以及其他地方的一切党员组织劳工来加速工业的生产。需要指出,战时的劳资纠纷引起了工人们的不满。珍珠港事件爆发后不久,

---

① Bernard K. Johnpoll, *A Documentary History of the Communist Party of the United States: The Great Partriotic War* (1941–1945), Volume. 7. London: Greenwood, 1994, p. 32.

② William Z. Foster, "Defend America by Smashing Hitlerism" (New York, [September] 1941), p. 6 (this was a speech Foster delivered on August 20, 1941, at the Chicago Stadium); 转引自 James R. Barrett, *William Z. Foster and the Tragedy of American Radicalism*, Urbana and Chicago: University of Illinois Press, 1999, p. 213.

③ "Memorandum of Comrade Aerova on the CPUSA", August 24, 1941, fond 515, opis3, delo4903, listki1–7, CPUSA Papers; and [Aerova], "Memorandum of Comrade Aerova on the CPUSA, II", August 24, 1941, fond 515, opis3, delo4903, listki15–20. 转引自 James R. Barrett, *William Z. Foster and the Tragedy of American Radicalism*, Urbana and Chicago: University of Illinois Press, 1999, p. 213.

罗斯福总统召集劳资双方的代表召开会议,要求双方能够通过自愿和合法的手段来解决之间的分歧与矛盾,以免影响战时的军备生产。参加商讨会的劳资双方做出了战时不罢工的承诺。罗斯福甚至建立了一个战时劳工局专门来解决劳资双方之间的矛盾。[①] 福斯特领导的美共积极支持这些措施。早在1941年11月,当苏联还前途未卜的时候,福斯特在美共的《工人日报》上就宣称:"罢工只是应该用于保护工人最基本的经济利益或只能保护工会的基本运作上,并且它只能是迫不得已而为之的方法。"[②] 因此,美国共产党及左翼领导的工会,积极坚持履行战时不罢工的保证,"甚至对于那些因待遇不公平而引起的车间停工处理的过于严格。它们也积极支持工厂生产委员会"[③]。通过美共、产联以及劳联的共同努力下,美国1942年的罢工人数减少到了1941年的三分之一。

当美国成为苏联的战时盟国时,福斯特更是具体提出了美共的"全国团结争取胜利"这一新的政策,其目标是:"在美国一切愿意向轴心国敌人作战的阶级和组织中,实现尽可能最强有力的合作。"福斯特还强调工会有责任"尽可能密切地与雇主和政府合作,以争取最大限度地推动发展生产"。因此,福斯特呼吁工人们要"避免罢工",认为劳工要保证"生产持续不断地进行",劳工应当在一切管理机构、政府和企业董事会中有充分的代表,并通过这种途径,在增加生产方面与雇主承担起相同的责任。当时,"一切为了战争生产"成为一个为确保战争的反法西斯性质而提出的政治口号,也成为一个呼吁通过战争生产提供就业机会的经济要求。[④]

1942年,在白劳德出狱后,福斯特与白劳德在接下来的几年时间里都在向美共党员阐释战争的性质,积极开辟为保卫苏联和挫败纳粹的第二战线。由于福斯特早期在工会工作中建立起的威望,他对战时美共的工会

---

① Maurice Isserman, *Which Side were You on? The American Communist Party During the Second World War*, Middletown, Connecticut: Wesleyan University Press, 1982, pp. 135–136.

② Ibid., p. 136.

③ William Z. Foster, *History of The Communist Party of The United States*, New York: International Publishers, 1952, p. 411.

④ [美]佩吉·丹尼斯:《尤金·丹尼斯的一生》,劳远回等译,新华出版社1988年版,第189—190页。

政策产生了极大的影响。他积极主张工业和平和劳工组织之间精诚合作以及提高生产效率。这种政策的核心就是不罢工的保证。① 1942年，他在《工人日报》上发表了题名为"工会与战争"的一系列文章，再次阐述自己的主张。如福斯特强调："谈及工资、工时和工作条件这些问题时，工会的政策必须以'争取胜利'这一民族利益为基础。我国目前最大的需要是一支强大的军队和军用物资的最高生产量，因此，工会的一切政策应以发挥工人最大的生产力和战斗效率为方针。"② 在接下来的一年多时间里，福斯特还开辟了答问专栏来向广大党员阐释美共战时的工会政策。尽管当时福斯特在党内处处受到白劳德的排挤与压制，但他利用自己在美共党内（尤其是在党内工会积极分子中）的影响力，仍对生产战作出了较大的贡献。③

与此同时，针对一些大企业降低劳工工资、增加工时、提供恶劣工作条件等破坏战争生产的行为，福斯特还号召劳工要广泛地参加战争，号召他们与这种破坏战争生产的行为作斗争。针对美国矿工联合会在1943年的罢工，福斯特在匹兹堡对美共的150名劳工战斗分子进行演讲，演讲的重要内容就是拒绝罢工，并将罢工的组织者刘易斯④称为"这个国家的法西斯主义者"。此外，福斯特还严厉指责罢工和号召美共党员积极抵制刘易斯的严重影响。此后，福斯特不放过任何机会来表达自己对刘易斯的憎恶之感，指责刘易斯的反犹太人主义、政治阴谋家、法西斯性质以及破坏战争生产等。⑤ 正是因为福斯特美国共产党人积极履行不罢工的保证，当美国最高法院根据1940年的史密斯法，逮捕了以威廉·福斯特为首的美

---

① James R. Barrett, *William Z. Foster and the Tragedy of American Radicalism*, Urbana and Chicago: University of Illinois Press, 1999, p. 214.

② William Z. Foster, *American Trade unionism : Principles and Origanization Strategy and Tactics*, New York: International Publishers, 1947, pp. 295 – 296.

③ James R. Barrett, *William Z. Foster and the Tragedy of American Radicalism*, Urbana and Chicago: University of Illinois Press, 1999, p. 214.

④ 约翰·卢埃林·刘易斯（John L. Lewis, February 12, 1880 – June 11, 1969），美国著名的劳工组织者，于1920年至1960年间长期担任美国煤矿工人联合会的主席。"二战"期间，他曾组织几次煤矿工人大罢工，受到了福斯特的指责。

⑤ James R. Barrett, *William Z. Foster and the Tragedy of American Radicalism*, Urbana and Chicago: University of Illinois Press, 1999, p. 214.

国共产党全国政治局委员 12 人时，福斯特在 1949 年向法庭提交的证词中特别回忆了共产党"在战时不罢工保证的问题上，它比美国的任何组织都自豪和笃定"①。在战争期间，美国的工人阶级积极投入到生产运动中，生产比战前差不多增加了 100%。② 但需要指出，战时美国的军事生产出现了惊人的增长，主要是由于产联和劳联做出的不罢工保证以及对劳工的号召，而美共发挥的作用是有限的。对此，福斯特也承认道："动员和领导整个工人阶级在战争中英勇地负起击败希特勒的责任，这是拥有一千一百万会员的工会的最高任务。由于美国没有一个广大的能够使工人群众有所归依的农工党，这个任务加倍沉重地落在工会身上。共产党的影响虽然很大，可是它还未具有决定性的政治领导地位。工人群众还是指望着工会负起政治指导的责任。"③

第三节　福斯特关于第三党联盟的探索与反思

建立第三党联盟是美国共产党自成立以来，就一直采用的统一战线策略，同时也是福斯特极为重视与主张的策略。对此，福斯特围绕着第三党联盟展开积极的实践，但最终的结果都是以失败而告终。事实证明，在美国两大资产阶级政党尚且拥有强大的影响力和广泛群众基础的情况下，第三党联盟很难在美国取得切实的成效，那么，美国共产党怎样在两党制的前提下，扩大自己的政治影响力和争取更多工人群众的支持，应当是工作的首要。对此，福斯特晚年的时候对美共的第三党策略做了深刻的反思。

一　福斯特关于建立第三党联盟的探索

早在 20 世纪 20 年代初，福斯特等美国共产党人就试图就通过第三党运动来推行统一战线的政策；20 世纪 20 年代，美国经济逐步进入了经济

---

① James R. Barrett, *William Z. Foster and the Tragedy of American Radicalism*, Urbana and Chicago: University of Illinois Press, 1999, p. 214.

② William Z. Foster, *History of The Communist Party of The United States*, New York: International Publishers, 1952, p. 410.

③ William Z. Foster, *American Trade unionism: Principles and Origanization Strategy and Tactics*, New York: International Publishers, 1947, p. 290.

繁荣期，工人运动的力量也逐渐减弱。对此，福斯特指出："工人斗争这次大为低落的基本原因，是因为美国帝国主义在这个时期中正处在一个大高潮中。这时，在经济力量上或国际影响上，美国的资本主义均有巨大的发展，美国成了世界上最强大的帝国主义国家。许多因素促使美国的产业高度发达，使它的政治力量增强。"[①] 那么，在这种情况下，美国共产党就面临着如何更好地争取劳工阶层的认同与支持的难题。

与此同时，资本主义国家普遍出现了战后经济复兴的局面，这就要求共产国际根据变化了的国际形势"改变原来向世界资产阶级实行正面冲突的策略，要求根据已变化的形势作出相应的实际结论，使自己的策略适应新的形势"[②]。对此，共产国际三大在列宁的指导下实现了斗争策略的转变，初步确定了建立无产阶级统一战线的方针，要求各国共产党联合一切反对资本主义的工人组织和党派，采取联合行动。[③] 根据共产国际的号召，美共开始改变之前拒绝与任何改良性组织合作的初衷，主张与当时以拉福莱特（La Follette）为首的进步党运动合作。当时，拉福莱特运动得到了中小资产阶级的广泛支持，并日益形成第三党运动之势。福斯特等美国共产党人主张与拉福莱特运动合作，集中所有进步力量，提名拉福莱特为总统候选人。美共的此举在于试图建立突破美国两党制结构的第三党。可以说，福斯特关于美共与进步人士合作的主张，是符合当时的客观历史条件的。但随着共产国际四大的左转，福斯特等美共党人逐渐放弃了与拉福莱特运动的合作，转而决定建立新的劳工党，单独提出候选人参加1924 年的总统竞选。在这种情况下，美共提名福斯特作为总统候选人参加竞选，最终得到了 3.6 万张选票。拉福莱特进步独立党人在选举中共获得 483 万张选票，约占总数的 16.6%。但是民主党和共和党所得的选票高达 2410.3 万张，占总票数的 82.9%。[④] 这样的结果表明，美共盲目跟从共产国际的"左倾"策略，并不利于美共统一战线工作的展开。

---

① William Z. Foster, *American Trade unionism : Principles and Origanization Strategy and Tactics*, New York: International Publishers, 1947, p.143.

② 李宗禹：《国际共运史研究》第六辑，人民出版社 1987 年版，第 32 页。

③ 王学东主编：《国际共产主义运动历史文献》第 32 卷，中央编译出版社 2011 年版，第 371—374 页。

④ 李道揆：《美国政府与美国政治》，中国社会科学出版社 1990 年版，第 794 页。

1928年美国总统大选，美共又一次提出较为"左倾"的竞选政纲，其中一条就是提倡组织劳工党，并提名福斯特作为党的总统候选人。但结果只获得了4.8万张选票。经济危机期间，福斯特再次作为美共的总统候选人参加1932年的美国大选，虽然得到了较高的票数，即10.2万张选票，但远远不抵民主党和共和党的3645.3万张选票。① 在人民阵线运动时期，美共将第三党运动作为反对美国帝国主义崛起的有力武器。"二战"爆发前夕，美共又以此来挑战罗斯福政府。"二战"结束以后，以福斯特为首的美国共产党再次发起了第三党运动，并以此来反对美国政府对苏联的遏制政策。福斯特等美共党人支持进步党候选人亨利·阿加德·华莱士（Henry Agard Wallace）② 参加总统竞选，但华莱士在1948年的大选中只得到了115万多张选票，仅占总票数的2.4%，而杜鲁门得票数为2400多万，占总票数的49.5%。③ 显然，杜鲁门得票数是华莱士的二十多倍。这种结果无疑宣告了福斯特等共产党人所力主的第三党运动再次失败。在失败已是既成事实的情况下，福斯特仍没有放弃第三党运动。在1948年8月举行的党的十四大上，福斯特批评了党内部分党员认为第三党运动已经转入了低潮，开始衰落等较为实际的观点，指出这是一种"错误的理论"，同时大力强调党的斗争策略是没有问题的，问题只在于操作过程中党内存在着右倾主义的错误，等等。④ 可见，福斯特对第三党联盟策略是何等的坚持！

通过梳理福斯特等美国共产党人关于第三党联盟的实践，我们不难看出，福斯特等美国共产党人关于通过第三党运动来推行统一战线的实践是失败的。因此，美共的策略是需要突破两党制还是在两党制框架内开展活动，仍值得探讨。同时，美共在美国现有两党制的政治结构下和在自身力量弱小的情况下，如何建立并有效维护与资产阶级两党内进步

---

① 李道揆：《美国政府与美国政治》，中国社会科学出版社1990年版。
② 亨利·阿加德·华莱士（Henry Agard Wallace, October 7, 1888—November 18, 1965年）是美国第三十三任副总统（1941—1945年），农业部长（1933—1940年），和商务部长（1945—1946年）。在1948的总统选举中，华莱士是民进党的总统候选人。
③ 李道揆：《美国政府与美国政治》，中国社会科学出版社1990年版，第795页。
④ 肖庆平：《陵谷之变——战后美国共产主义运动历史述评》，中国人民大学1988年博士论文，第48页。

人士、自由派人士以及社会各阶层的统一战线,争取更多民众的认同与支持,仍是美共需要高度重视和亟待解决的主要问题之一。当然,倘若不论成败,仅就客观作用而言,福斯特等美国共产党人积极推行第三党策略试图打破美国资产阶级的两党制结构,其所代表的进步的政治潮流,对美国资产阶级政府造成了压力,迫使政府逐步改善自己的执政方式和吸纳共产党的一些合理性建议,在一定程度上推动了美国社会主义因素的增长。

二 福斯特对第三党策略的反思

首先,关于20世纪20年代美共的第三党策略,福斯特后来进行了这样的反思。他这样说道:"1922—1924年这个关键时期的政治局势虽然有利,但是工人阶级不能够脱离两个资本主义政党来建立独立的群众性政党,这是因为美国工人在思想和组织上面的弱点,由于工会领袖们和社会党希尔魁特派之流的严重背叛行为,也是由于经济状况从1923年起开始好转。此后的'繁荣'引起了小资产阶级幻想在群众中的复活,并且加强了劳工党的死敌——反动领袖对工会的控制。"① 正是基于这样的认识,福斯特直接承认了在美国两党制下急于建立劳工党是一种冒险与失误。他说:"在进行劳工党建党这样的复杂斗争的时候,年轻的工人党急于要帮助工人阶级冲突两党制这个致命的陷阱来建立劳工党,显然是犯了一些严重的错误。最基本的错误就是工人党让它自己同工人和农民支持拉福莱特的广泛运动的分离。"② 福斯特承认道,虽然拉福莱特运动曾拒绝工人党的参加,但是美共还是应该利用既有的条件来支持拉福莱特运动,通过这个运动将左翼分子集合起来,建立较为广泛的统一战线。在福斯特看来,美共当时由于害怕自己弱小而被强大的小资产阶级领导的运动所淹没,这个理由现在看起来是"不充分的"。因此,在能够建立广泛的统一战线的大好时机,美共竟然提出自己独立的总统候选人,这就是典型的"宗派主义错误的证明"③。与此同时,福斯特也明确地承认他对于工人党与费

---

① William Z. Foster, *History of The Communist Party of The United States*, New York: International Publishers, 1952, p.219.

② Ibid..

③ Ibid..

茨帕里克（Fitzpatrick）①决裂负有不可推卸的责任，②并且指出同费茨帕特里克集团的分裂所产生的危害特别大，因为分裂影响到了整个工会运动，"结果是共产党人同他们的中间盟友大部分隔绝了，合并运动和建立劳工党运动的政治结合解体了"③。更重要的是，强力推行劳工党运动，不仅导致了美共与芝加哥劳联领袖费茨帕里克的决裂，也大大阻碍了工会教育同盟和美共统一战线策略的顺利推进，使得美共失去了中间盟友的支持。

其次，针对1932年的第三党运动策略，福斯特指出美共同样犯了"左倾宗派主义的错误"④。须知，此时美共发动的第三党运动发生在美国经济危机爆发期间。但是，即便是经济如此萧条的情况下，美共也没有借助第三党运动建立广泛的统一战线，没有争取到美国民众的广泛支持。为什么会这样呢？这主要是美国的两党制在美国是如此的强大和根深蒂固，以至于民众对美国资产阶级政党仍抱有很大的希望，并不打算跟着美共运用暴力革命的手段推翻现存的资产阶级政府。对此，福斯特后来也清醒地指出，虽然工人群众在经济危机期间由于争取"他们的日常要求，即救济、工资等"，曾一度站在共产党的这一边，但他们并未打算"与资本主义决裂"⑤。在福斯特看来，当时美共对此缺乏必要的认识，没有将争取工人群众切身利益的任务放在首位，反而高谈激进的口号，甚至提出"用革命的方法解决危机"。因此，美共不仅没有建立起广泛、有效的统一战线，反而逐渐缩小了自己"对一般群众的影响"⑥。

再者，针对1948年的第三党运动策略，福斯特也进行了较为深刻的反思。一方面，福斯特指出美共当时对"选举的统一战线斗争处理得不灵活，尤其是工会里的左派在反对马歇尔计划、要求和平、要求美苏友

---

① 费茨帕里克（Fitzpatrick），时任芝加哥劳联领导人之一，于1922年提出建立一个全国性政党的建议。1923年，美共与费茨帕特里在建立农工党的具体问题上，产生了分歧，两者走向分裂。

② William Z. Foster, *History of The Communist Party of The United States*, New York: International Publishers, 1952, p. 222.

③ Ibid., p. 221.

④ Ibid., p. 292.

⑤ Ibid., p. 291.

⑥ Ibid..

好、要求独立政治行动这些方面还斗争得不恰当。这些弱点削减了华莱士的选票"①。可以说,福斯特的反思是极其深刻的。因为在当时的历史背景下,共产党人所力主的第三党运动是注定要失败的。就当时美国国内来讲,正值凶恶的反共浪潮时期,这无疑加重了普通民众的"恐赤"心理。而当时美国的大多数选民都认为华莱士所领导的进步党运动与共产党人有着紧密的联系,甚至被共产党人所操纵,这使得越来越多的非共产党人逐渐退出华莱士的第三党运动。的确,当时美国共产党人对华莱士是持着支持的态度,并借用华莱士来积极宣传共产党的政治理念。比如,共产党人曾在华莱士所演讲之处诸如华盛顿、得克萨斯州等地纷纷出售自己的中央机关报《工人日报》。当时一名亲华莱士的人士这样说道:"从始至终,共产党人在华莱士运动中都是主要的组成部分。"共产党人在第三党运动中的活跃程度,甚至使得华莱士都开始怀疑共产党人将其提名为总统候选人是为了将第三党运动规模变得更小和易于掌控。就当时的国际形势来讲,苏联的行为对华莱士的运动造成了严重的影响。1948年2月末,苏联出兵捷克斯洛伐克;6月,苏联开始对西柏林进行军事封锁。这些事件引起了美国民众对苏联的不满。②而这个时候,华莱士对苏联所表现出的友好态度,势必会对其所推动的第三党运动造成严重的负面影响。另一方面,福斯特一定程度上承认在美国两党制的背景下,美共所力主的第三党运动是难以成功的。诚如福斯特后来所讲:"很多工人虽然渴望和平而且同情进步党,但是他们掉在两党制度'两害相权取其轻'的陷阱里,还没有到支持第三党运动的程度。"③的确,当时的杜鲁门正是利用民众害怕杜威④当选的心理来削弱华莱士的影响。⑤当时,杜鲁门通过运用政治手腕和推行"公

---

① William Z. Foster, *History of The Communist Party of The United States*, New York: International Publishers, 1952, p. 472.

② 详见 David Shannon, *The Decline of American Communism: A History of The Communist Party since 1945*, New York: Harcourt, Brace and World, 1959, pp. 177–179.

③ William Z. Foster, *History of The Communist Party of The United States*, New York: International Publishers, 1952, p. 472.

④ 托马斯·杜威(Thomas Edmund Dewey, March 24, 1902 – March 16, 1971), 1943年到1955年期间担任纽约州州长,1944年和1948年期间两度作为共和党候选人参选美国总统,但都败选。

⑤ David Shannon, *The Decline of American Communism: A History of The Communist Party since 1945*, New York: Harcourt, Brace and Company, 1959, p. 179.

平新政",弱化了第三党运动的影响。杜鲁门在竞选活动期间开始向左转,并未直接攻击华莱士。他只是清楚地向劳工们指出支持华莱士就是变相的支持杜威。在美国两党制"两害相权取其轻"的背景下,杜鲁门显然比杜威显得更为进步。同时,杜鲁门实行了一系列的"公平新政"以迎合民众的实际需求。杜鲁门在竞选期间所提出的竞选保证主要有:房租限额、黑人公民权利、物价管制、取消塔夫脱—哈特莱法、联邦教育津贴、清除贫民窟、廉价租屋和扩充社会保险等。虽然这些举措在福斯特看来没有"任何的真实性,只是来骗取不当心的选民的谎话"[①]。但是,这些许诺无疑迎合了多数民众的心态,得到了美国民众(包括许多工人)的极大支持。比如,杜鲁门通过支持新的民权立法赢得了大多数黑人的支持,加速了美国南部民主党不同政见者的分化。[②]

第四节 福斯特统一战线思想与实践的局限性

自美共诞生之日起,如何争取到更多民众的同情与支持,是其始终面临的重要问题与艰巨的历史任务。应该指出,福斯特等美国共产党人为了争取更多民众的支持而付出了较大的努力,但他们所推动的统一战线工作却未能取得预期的效果。事实上,美共非但没有获得美国民众的广泛支持,反而组织力量与影响力逐渐衰微。那么,造成这种不堪局面的原因是什么呢?

一 盲目跟从莫斯科的路线

研究美国共产主义运动的中外学者,大都认为,美共在工作中存在着长期受制于苏联和盲目跟从共产国际脚步的弊病。可以说,美共自诞生之日起,就像与苏联和共产国际签订了"卖身契"一样,将自己的前途、命运紧紧地与莫斯科绑在一起。比如,美共就是在列宁的先锋队理论指导下建立起来的,并将马列主义作为党的指导性思想。当然,将马列主义作

[①] William Z. Foster, *History of The Communist Party of The United States*, New York: International Publishers, 1952, p. 472.

[②] David Shannon, *The Decline of American Communism: A History of The Communist Party since 1945*, New York: Harcourt, Brace and Company, 1959, p. 179.

为指导性思想本身不存在什么问题,但问题是美共犯了严重的教条主义错误,将自己的每一个政策与策略都套用马列主义,这就导致美共大部分政策的制定不是基于美国现实状况的具体分析,而是基于莫斯科方面的需要。须知,当时马列主义的权威阐释者正是苏联的主要领导人。就此而言,福斯特等美国共产党人所推行的统一战线工作也犯了紧跟莫斯科路线的弊病,即犯了严重的方向性错误。

比如,福斯特所推行"打入内部"政策,就深受列宁统一战线理论与共产国际的影响。起初在列宁理论和共产国际的正确指导下,福斯特所推行的统一战线工作取得了初步的成效,争取到了一些民众的积极支持。但是随后面对共产国际方面施加的巨大压力,福斯特选择了妥协和接受了共产国际对美国共产党的激进建议,最终放弃了自己之前坚持的正确主张,甚至表现得比共产国际的要求还要激进和"左倾"。对此,美国学者西奥多·德雷珀曾这样说道:"福斯特领会得很快。当他从尴尬的状态中恢复过来的时候,他左转的如此急速并远远超过了共产国际的领导人们。他们(指共产国际的领导人们)要求与拉福莱特完全决裂,但还不至于达到与劳工党运动完全脱离的境地。而福斯特则迅速地跳到了比他们更加极端的立场上。"[①]

再比如,虽然美共的反法西斯人民统一战线取得了初步的成效,但仍存在着这样的问题,即美共的人民统一战线策略盲目跟从苏联路线。正是由于美共一味迎合莫斯科的路线,1939年8月苏德条约的签订,曾使得美共一度处于尴尬的境地。当苏德条约签订的时候,福斯特、白劳德都没有反对。不同的是,在福斯特看来,苏德条约的签订,意味着世界上的主要矛盾并不是人民大众与法西斯的矛盾,而是无产阶级与资产阶级的矛盾,因而更应该强调广泛地经济、政治斗争。基于这样的认识,福斯特重提"社会主义"的口号,主张在美国推行阶级对抗的政策。因此,福斯特的主要批判对象是"帝国主义战争"而非批判法西斯的侵略,同时他认为美国在此次战争中应保持绝对的中立。1939年9月14日,福斯特在美共政治局会议上,根据苏联路线的转换而坚持无产阶级的政治立场,主

---

① Theodore Draper, *American Communism and Soviet Russia*, New York: Vintage Books, 1960, p. 109.

张美共应该继续保持进攻的态势,将它的目标由"和平"转向"社会主义"。① 不仅如此,福斯特等一些美国共产党人甚至还积极为苏德条约的签订辩护。包括后来,福斯特在苏德条约的问题上,仍为苏联的行为辩护,即"苏联看清了它正被英、法(美国也是如此)所出卖,因此在1938年8月24日,为自身和平打算,同德国签订了为期十年的互不侵犯条约"。"说苏联用这个条约帮助了希特勒是一个谎言,对希特勒来说,条约推迟了他的计划,也推迟了他对苏联的进犯。"② 当德国入侵苏联以后,福斯特的态度又急速地转变,转而支持苏联对德国的反击战。这样,不仅使得美共在践行统一战线的时候不知所措以至于陷入了迷茫与混乱之中,而且福斯特为苏联辩护的行为招致了美国社会民众的普遍反感与憎恶。这样,美共就坐实了"美共是苏联代理人"的罪名,不仅使得美共丧失了美国犹太人、自由派人士以及进步团体的好感与支持,而且激起了美国普通民众的反共情绪。虽然,随着德国入侵苏联,美共利用人民统一战线一度再次获得民众的好感,但是随着美苏"冷战"的开始,美共势必会与这些昔日的盟友再次发生分裂。这样,美国共产主义运动再次处于危机当中也在所难免。

同样,福斯特等美共党人所力主的第三党运动也大都是莫斯科路线的具体体现,也大都是处于维护苏联利益的需要。比如"二战"刚刚结束,福斯特等人大力推动的第三党运动是为了支持苏联冷战政策的需要。福斯特当时指责马歇尔计划是另一种帝国主义策略,是"美国垄断资本的冷血计划,试图建立起他们的统治以奴役世界人民"③。鉴于此,福斯特明确提出要积极推动建立第三党的进步力量,并以此作为今后几年政治统一战线的主要任务。这意在打破美国两党制一统天下的局面,积极宣传共产党反对垄断资本的斗争纲领。1947年9月,欧洲九国的共产党和工人党代表在波兰召开会议,作出了一系列决议,要求美国共产党用积极的行动

---

① James R. Barrett, *William Z. Foster and the Tragedy of American Radicalism*, Urbana and Chicago: University of Illinois Press, 1999, pp. 211 – 212.

② William Z. Foster, *History of The Communist Party of The United States*, New York: International Publishers, 1952, pp. 374 – 375.

③ William Z. Foster, "Organized Labor and the Marshall Plan", *Political Affairs*, February, 1948, p. 99.

来阻止杜鲁门政府的反苏计划。在这样的情况下,美共正式提出立即发动第三党运动,并且在1948年大选中提出独立的总统候选人。

可见,福斯特等美国共产党人所力主的统一战线策略,几乎都是基于莫斯科方面的有关分析或指示,深受莫斯科路线的影响。因此,当莫斯科的路线符合美国社会的客观形势时,美共的统一战线就能够取得较大的成效;反之,美共的统一战线不仅会遭受重挫,而且会丧失原本所拥有的群众基础。但问题是,莫斯科与美国相距千里之遥,所作出的分析怎能每时每刻都契合于美国的客观实际呢?所制定的政策怎能都符合美共工作的实际需要呢?正是由于美共的统一战线工作严格遵照莫斯科的决定,犯了方向性的错误,致使工作本身困难重重。

那么,福斯特等美共党人为何如此信服和遵照莫斯科的命令呢?通过福斯特的有关言论,也许可以探究美国共产党人的心路历程。一方面,福斯特深受列宁革命先锋队理论的影响。早在1921年,福斯特第一次参加共产国际会议的时候,他就深深地被布尔什维克党无坚不摧的力量所深深打动,并且俄国革命也使他有理由相信,美国共产党也可以像俄国共产党那样凭借少数精英分子领导大众在美国掀起风暴式的革命。[①] 诚如福斯特所说:"俄国革命教会他们(指共产国际参会代表)普罗大众是不太可能会清醒地革命的,但是他们将会在有组织的、自觉地精英分子领导下去进行革命。"[②] 也正是由于福斯特等人受俄国革命先锋队等理论影响之深,当时美国一名叫斯科特·尼尔林(Scott Nearing)的社会主义经济学教师针对福斯特与佩帕尔的斗争这样批评道:"在策略问题上,你(指福斯特)和他(指佩帕尔)的政策都是基于俄国的经验,但这种经验并不适用于你所面对的美国现实形势,如果你执意遵循它,将导致你们党的毁灭。"[③] 为了捍卫自己所信仰的先锋队理念,福斯特与尼尔林展开了激烈

[①] William Z. Foster, "The Russian Revolution" (Chicago: Trade Union Education League, 1922) contains the articles he sent from Russia to the Federated Press. 转引自 Theodore Draper, *American Communism and Soviet Russia*, New York: Vintage Books, 1960, p. 69.

[②] William Z. Foster, *The Bankcruptcy of the American Labor Movement*, p. 51. 转引自 Theodore Draper, *American Communism and Soviet Russia*, New York: Vintage Books, 1960, p. 69.

[③] "Scott Nearing and Party Policy", *Daily Worker*, May 10, 1924, magazing supplement. 转引自 Theodore Draper, *American Communism and Soviet Russia*, New York: Vintage Books, 1960, p. 123.

的辩论，其中有一段他是这样说的："当然，革命并不是有远见的革命家在头脑中凭空产生的，但是愚蠢的大众之所以发生暴动皆因生活环境所迫，并且在具有正确思维的革命者的领导下，就能引发反对资本主义的革命风暴。"① 这说明了福斯特深受俄国十月革命和先锋队理论的影响，同时也说明了福斯特是多么捍卫自己所认定的政治理念！另一方面，在当时大多数共产主义者的心目中，共产国际就是革命的中心，神圣的殿堂，甚至是他们全部的信仰寄托。因此，在虔诚的信徒心目中，共产国际的决定自然是不会错的，自然是英明伟大的。福斯特后来这样回顾自己的莫斯科之旅，即"我相信共产国际对美国具体形势的了解要比我们自己了解的更透彻，即便是他们离这边尚有五千甚至是六千英里之遥。他们也能够根据美国的情况对我们以指导。"② 为了维护自己心目中神圣殿堂的地位，他甚至不惜同自己一向敬重的美国社会主义领导人尤金·德布斯发生激烈的争论。当德布斯出来支持拉福莱特的时候，福斯特指责德布斯此举是对资产阶级的"完全投降"。德布斯回应道，自己同福斯特和共产党人一样与拉福莱特作过，但与他们不同的是，自己没有接受所谓的"莫斯科的罗马教廷"（Vatican in Moscow）的指导。针对德布斯的言论，福斯特则这样回应道："我们并不为接受共产国际的指导而有丝毫后悔，相反的，我们以此为荣。"③ 可见，共产国际在福斯特心目中的地位是何等之高！

　　正是因为福斯特等美共党人与苏联的关系过于亲密，美共历来被美国政府、各政治派别、知识分子乃至普通民众认为是"非美"的"舶来品"，是莫斯科在美国设立的办事机构或代理人。在这种背景下，福斯特等美国共产党人所推行的统一战线策略不仅难以争取到更多民众的支持，反而会招致普通民众的反感与憎恶。

---

① "Foster's Reply to Nearing", *Daily Worker*, May 17, 1924, magazing supplement. 转引自 Theodore Draper, *American Communism and Soviet Russia*, New York: Vintage Books, 1960, p. 123.

② *Daily Worker*, October 8, 1925. 转引自 Theodore Draper, *American Communism and Soviet Russia*, New York: Vintage Books, 1960, p. 123.

③ Foster's first letter to Debs, *Daily Worker*, July17, 1924, p. 1; Debs' reply and Foster's second letter, *Daily Worker*, July31, 1924. 详见 Victor G. Devinatz, "'An Open Letter to Eugene V. Debs': Debs' Relationship to the U.S. Communists, Circa 1919 – 1924", *Working USA.*, Jun. 2015, Vol. 18 Issue 2.

二　未能契合美国民众的实际需求

福斯特等美国共产党人的统一战线策略之所以会失败，最直接的原因就是美国民众对美共的不认同与不支持。那么，美国民众为何不选择支持美共呢？笔者认为，最主要的原因就是美共的统一战线理论、路线与策略的制定没有真正地契合于美国民众的实际需要。

对美国的普通民众而言，他们最关心的不是阶级斗争或推翻资本主义，而是自身的实际利益能否得到切实保障的问题。然而，美国共产党自诞生之日起，所奉行的就是如何争取更多民众来开展阶级斗争与暴力革命，推翻美国的资本主义和促使美国走向社会主义。因此，美共所推行的统一战线政策，其目的就是组织工人群众和宣传革命性的主张，领导民众走向推翻美国资本主义的道路。当时，福斯特等美国共产党人与世界上的其他共产党人一样，大都认为，通过组织民众开展反对现存资本主义制度的斗争，甚至开展一场俄国式的暴力革命，就会消灭社会中的阶级对立与压迫问题，才能解放无产阶级自己乃至解放全人类。比如，福斯特曾在经济危机期间号召民众建立广泛的统一战线来打碎资产阶级的国家机器，建立起按照劳动群众意愿的苏维埃政府。[①] 福斯特甚至乐观地认为，美共旨在推翻资本主义的统一战线策略会得到工人们的认同。他说："党清楚地知道，工人们的逻辑观点是，一个政党以最终推翻资本主义制度为目标，始终会懂得如何组织他们来捍卫自己的切身利益。"[②] 甚至福斯特到晚年的时候，仍坚定地认为"世界资本主义制度总危机进一步把美国资本主义制度完全席卷进去之后，劳动人民群众——工人、黑人、农民、知识分子等——就会大大地加强他们的经济和政治组织，集结成强大的反垄断的联合。这个群众运动要进行有效的战斗，最后向资本主义本身挑战，那么必须有马克思列宁主义者——共产党来担任政治上的领导"[③]。

当然，福斯特所力主的统一战线理论、政策或策略从一般意义上而

---

① William Z. Foster, *Toward Soviet America*, New York: International Publishers, 1932, p. 271.

② Ibid., p. 243.

③ William Z. Foster, *History of The Communist Party of The United States*, New York: International Publishers, 1952, p. 570.

言，并无不妥之处。毕竟福斯特等美共党人的主张与马克思、恩格斯以及列宁的有关思想主张在本质上是一致的。革命导师马克思、恩格斯与列宁在论述科学社会主义理论的时候，无不强调共产党领导民众推翻资本主义制度的目的和坚持暴力革命的斗争方法，甚至将两者视为共产党开展工作的两个基本原则。但问题是，福斯特忽略了革命导师们强调实现社会主义道路理应包括暴力革命与和平过渡两种策略，至于运用哪一种斗争策略，则要审时度势、因地制宜。

应该指出，美国民众最迫切需要的不是通过革命的方式来缔造一个新世界，而是希望在现存资本主义制度的框架内，将自己的经济、政治利益最大化。也就是说，美国民众所期望的无非是过上更好的生活，或者活的更有尊严感。当经济萧条的时候，美国民众由于生存条件的恶化，虽然他们为了促使资产阶级政府来改善他们的生活而表现出了一定的激进性，但远未达到福斯特所讲的革命情绪的高涨。经济平稳时期，他们的切身利益能够在既有的资本主义框架内得到有效保障，他们自然不会选择通过革命这种比较冒险的方式来变革现存的社会制度。尤其是随着美国资产阶级政府为了巩固自己的统治地位，不断地实行一揽子改善民众生活条件的计划或政策，民众几乎能够过上了衣食无忧、安居乐业的生活。由于生活条件的改善，美国工人阶级甚至在意识形态上逐渐被"资产阶级化"。这一点，福斯特等美国共产党人也是予以承认的。比如，福斯特曾讲到美国工人阶级由于生活上的富足，成为"资产阶级化"了的工人，致使美国工人阶级在长时期内缺乏社会主义的思想。[①] 试想在这种情况下，让生活安定的工人阶级放弃既有的安逸生活跟着共产党进行暴力革命和缔造新世界是多么奢侈的想法！工人阶级尚且如此，更不用侈谈美国普通民众会起来闹革命。因为与现实中的利益相比，美共所描绘的新世界对当时大多数的美国民众而言就如同"镜中花""水中月"般抽象与遥不可及。就此而言，福斯特等美共党人所推行的统一战线长期脱离了美国民众的实际需要，既是美共争取不到民众广泛支持的重要原因，也是美国共产主义运动长期停滞不前的主要因素。

[①] William Z. Foster, *History of The Communist Party of The United States*, New York: International Publishers, 1952, p. 542.

三 未能契合美国的政治社会环境

福斯特等美国共产党人推行统一战线之所以会失败的原因，不仅仅是由于盲目跟从莫斯科的路线和长时期脱离美国民众的实际需要，而且还与美国当时的政治、社会环境有着很大的关系。

从当时美国的政治环境来讲，一方面，美国资产阶级民主制度比较成熟和完善；另一方面，美国资产阶级为了维护自己的统治，不断地打压共产党人。首先，美国在全民选举基础上的两党制度经过长时期的发展，已经逐渐完善和成熟，形成了对美国政治的垄断。虽然除两党外，美国历史上由于阶级矛盾或社会矛盾激化，出现了许多小的政党即所谓的第三党，但是第三党在美国政治舞台上发挥的作用是微乎其微的。[1] 两党基于公平竞争的原则通过全民选举上台执政，得到了美国各社会阶层的普遍认可。两党上台执政以后，为了维护自己的合法性，都会实施一些符合美国普通民众切实利益要求的政策或措施，进而换取了民众的进一步支持。同时，轮流执政的资产阶级两大政党又可以不断地修正政府制度来进一步维护和巩固两党制。久而久之，美国的民众对两党制产生了很大的依赖性，这种依赖性一旦产生就很难改变。这种对政党的依赖性或忠诚，除非国家出现特大危机，如美国20世纪30年代的"大萧条"，否则是不易改变的。民主党和共和党是在美国内战以后形成的全国性大党，大部分选民或忠于民主党或忠于共和党，对政党的忠诚度和依赖性世代相传，就慢慢保持了美国两大党的优势与稳定，新成立的政党很难将它们的选民争取过来，更不用谈与其抗衡了。[2] 如福斯特后来也承认美国民众掉进到了两党制的"两害相权取其轻"的陷阱里。[3] 其次，轮流执政的两大党为了维护两党的优势，不断地打压共产党所推动的第三党运动。资产阶级政府为了维护自己的统治地位，会运用各种政治手段来维护两党制和限制第三党的产生与发展。当第三党出现并意欲争取更多民众支持的时候，两大党除了在竞选中将其击败外，更为重要

---

[1] 李道揆：《美国政府与美国政治》，中国社会科学出版社1990年版，第161页。
[2] 同上书，第166页。
[3] William Z. Foster, *History of The Communist Party of The United States*, New York: International Publishers, 1952, p.472.

的是还常常把第三党所力主的新思想、新观念和新计划吸纳过来,纳入到自己的政纲当中①,这样就致使第三党丧失了本来吸引民众的东西。因此,尽管在美国历史上不断地涌现出进步主义性质的第三党,但最终都是以失败而告终。须知,即便是那些有着较大影响力的进步性政党在两党制面前都难以得到发展,都难以争取到更多民众的认同与支持,更无须讲力量一向弱小的美国共产党了。倘若美国共产党强力突破两党制,遭来的只能是美国政府的政治打压与反共狂潮。因此,美国共产党就面临着如何将自身及共产主义根植于美国的政治环境当中的问题,即将共产主义与美国的政治环境结合起来,主动融入美国的主流政治社会当中去,充分利用美国既有的民主传统来争取到更多民众的认同与支持。

从当时美国的社会环境来看,美国社会对共产党与共产主义有着较差的印象,甚至对其十分反感,因而人民不会选择加入到美共的统一战线当中去。福斯特旨在推翻资本主义的统一战线策略,不仅使得美国的决策者倍感压力,而且会使得美国民众感到自己的人身与财产安全时刻都受到威胁。比如,美国学者赖斯·艾德勒(Les K. Adler)指出,通过考察"苏联及其共产主义形态对美国民众的生存和自由所构成的威胁",便可以很好地解释美国在冷战时期的"外交政策和国内的限共政策"②。艾德勒的话反映出了共产党及共产主义在美国社会中不被喜爱的事实,即美共的激进性主张或以革命为目的的统一战线策略,不但不会将美国普通民众吸引到自己的旗帜下面来,反而会给同情与支持美共的普通民众带来不必要的麻烦。比如,冷战时期,美国政府掀起了反共狂潮,一些进步人士无辜受到牵连。这种行为虽然旨在摧毁国内的共产主义运动,但是这种反共狂潮也"威胁到了美国公民自由权和政治言论自由的长期传统"③。可以说,政府的反共行为一度对社会舆论产生了很大的蛊惑性影响和培植了"惧共""恐赤"的社会心理。冷战时期,

---

① 李道揆:《美国政府与美国政治》,中国社会科学出版社1990年版,第167页。

② Les K. Adler, *The Red Image: American Attitudes Toward Communism in the Cold War Era*, New York & London: Carland Publishing, 1991, p.1.

③ Stanley Kutler, *American Inquisition: Justice and Injustice in the Cold War*, New York: Farrar Straus & Giroux, 1984, p.152.

甚至有民众将"德国纳粹"与"共产主义的意识形态"类同。① 简而言之，当时的美国民众普遍感觉到美共为其带来更多的是负面性的影响，纷纷与之疏远而不愿加入到美共的统一战线当中去。需要指出的是，美共由于人民阵线时期摒弃了之前的宗派主义政策和在意识形态上的成见，摒弃以往与资产阶级"水火不容"的阶级对立关系，积极展开与一切进步势力的合作，美共的统一工作取得了相对较好的成绩，在获得民众广泛支持和组织力量得到较大发展的同时，美共也首次融入到了美国主流政治社会当中，甚至一度遏制住了美国共产主义运动逐渐衰落的态势。因此，美共唯有充分考量美国的社会环境，转换统一战线策略与改善自身形象，才能争取到更多民众的同情与支持。

---

① Les K. Adler, *The Red Image: American Attitudes Toward Communism in the Cold War Era*, New York & London: Carland Publishing, 1991, p. 1.

第四章　福斯特与党内"修正主义"派别的斗争及影响

在美共历史上，如何认识历史发展趋势与现实具体状况之间的关系，如何制定出契合客观实际的政策或策略问题，始终是最为敏感而又尖锐的争论点。这些争论"不仅使得美国共产主义运动慢慢地陷入孤立，而且使得美国共产党从一开始就具有宗派主义的痕迹，同时也使得福斯特卷入了这些争论的中心"①。作为正统的共产主义战士，福斯特与美共党内的各种"修正主义"派别进行了坚决的斗争。但在斗争的过程中，福斯特领导的美共紧跟苏联的步伐，不仅对美共的组织发展和工作造成了较大的损失，而且将马列主义从现实中孤立地、抽象地提出来，陷入了一种"左"的思维定式，脱离了美国的具体实际。

第一节　福斯特与党内各种"修正主义"派别的斗争

作为国际共运史上正统的马克思主义活动家和坚定的共产主义战士，福斯特为了捍卫自己所理解的马列主义和传统的共产主义理论，以及捍卫莫斯科这座心中的神圣殿堂，福斯特与各种不同于传统共产主义理论的思潮、与各"修正主义"派别进行了不调和的斗争。

---

① James R. Barrett, *William Z. Foster and the Tragedy of American Radicalism*, Urbana and Chicago: University of Illinois Press, 1999, p. 148.

一 与佩帕尔派的斗争

福斯特与佩帕尔①之间的斗争起初是由在农工党问题上的意见分歧所引起的。当时美共根据共产国际三大所制定的统一战线策略，积极开展农工党的联盟运动。但是在如何开展农工党运动的问题上，美共党内出现了严重的意见分歧，形成了两个不同的派别，即以佩帕尔、鲁登堡（Ruthenberg）为代表的激进劳工运动派和以福斯特、坎农为代表的渐进劳工运动派。当时佩帕尔主张更为激进，这导致美共与劳联领导人费茨帕特里克的分裂，进而使得支持劳联的旧有工会与农民组织不仅不愿意再与共产党采取联合行动，而且要将打入到自己内部的共产党员和工会教育同盟成员清除出去。在这种情况下，福斯特领导的工会教育同盟力量逐渐减弱，其积极践行的工人统一战线策略也遭到了旧有工会的强烈抵制。其中，劳联和支持劳联的工会更是加强了对自己工会中激进分子的清算。对此，福斯特曾作过这样的描述，即："在工会运动中，目前最盛行的一种恐怖主义，采取了所谓'扣红帽子'的形式。这种办法就是编造关于'红色威胁'的可怕故事，以恐吓思想落后的工会会员，使他们不得不拥护反动派。这种办法施行的广泛程度，以及施行这种办法所采用的卑劣手段几乎是难以让人相信的。苏俄、布尔什维克主义、共产主义、从内部进行突破——这些字眼一到工人骗子的嘴里，就变得如此神奇。"②

那么，面对共产党和工会教育同盟要被工人群众所孤立的困境，共产

---

① 约翰·佩帕尔（John Pepper），原名叫约瑟夫·波加尼（Joseph Pogany），先是匈牙利社会民主党的专业记者，后来加入了匈牙利共产党。他于1922年7月来到美国，到美国之后他以共产国际在美国的代表自居，事实上他只是在美共的匈牙利分部的执行局工作。有这样一种说法是佩帕尔并不是共产国际的代表，来到美国只是流放形式的，实际上在他之后共产国际才派了代表到美国，代表是波兰人瓦列茨基。但是佩帕尔的说辞迷惑住了美国共产党人，并且由于他曾经在共产国际中工作过的缘故，他比美国人更善于理解共产国际内部的工作。几个月之后，佩帕尔被共产党政治局选为美共的委员会书记。详见 Theodore Draper, *American Communism and Soviet Russia*, New York: Vintage Books, 1960, pp. 57—61. 关于这一点，也可参见［美］詹姆斯·坎农《美国共产主义运动的头十年》，张鼎五译，商务印书馆出版1963年版，第75—80页。

② William Z. Foster, *American Trade unionism: Principles and Origanization Strategy and Tactics*, New York: International Publishers, 1947, p. 132.

党人又该采取何种策略来扭转局势呢？当时，佩帕尔派急于建立农工党的激进主张对美共的工会工作造成了不利影响。对此，福斯特派的坎农首先对其进行了严厉的指责。坎农认为美共在美国只是"一个小小的少数派，在劳工运动中只有一个小小的立足点。我也明白，没有实力雄厚的劳工官僚一翼的合作，由我们自己来领导一个群众性的政党，那是一种不切实际的幻想"。福斯特同意坎农的意见，认为"如果没有芝加哥劳工联合会的支持，芝加哥代表大会的工会代表就无法使他们的地方和中央组织加入新的'农工党'"①。福斯特派大都是工人阶级出身，有着社会党、世界产业工人联合会和劳联的工作经验和训练，因而对美国的工人运动有着更加切合实际的认识。他们指出，佩帕尔派的"错误政策"不可避免地导致了与劳联领袖费茨帕特里克的分裂，使得美共的工人运动陷入了孤立的状态，因此他们要求美共的政策回到先前的共产主义者——进步主义者联盟的状态。② 但是另一方，佩帕尔派差不多都是社会党左翼出身，不乏党的和政治的经验，但是他们很少或者基本上没有干过实际的工会工作，尤其是他们其中大多数都是知识分子出身，热衷于理论、行政方面，而缺乏组织劳工的实际经验。

需要指出的是，福斯特-坎农派并不反对在美国推行农工党运动，他们同样认为农工党运动是共产国际"打入内部"政策和工人统一战线在美国的具体表现形式，只是他们反对佩帕尔在不与进步主义者联盟的情况下贸然建立新的政党。同时，在福斯特看来，美国的情况不同于欧洲，美国的工人远远没有欧洲的工人那么激进，因此要根据美国的实际情况制定出合适的斗争策略。福斯特早在1921年就曾提出过著名的工会运动三步走策略，即第一步是孤立的时期，这个时期是行业工会独立活动期；第二步就是联合时期，行业工会之间实现联盟；第三步就是合并时期，即各工会在其所在的行业内逐渐地融合成一个整体，并直接走向产业工会主义。显然，在福斯特看来，美国的工会运动是一个"无意识的""进化的"

---

① 详见［美］詹姆斯·坎农：《美国共产主义运动的头十年》，张鼎五译，商务印书馆出版1963年版，第88—90页。关于福斯特和坎农走向联合的过程，也可参见 Theodore Draper, *American Communism and Soviet Russia*, New York: Vintage Books, 1960, pp. 78–79.

② Theodore Draper, *American Communism and Soviet Russi*, New York: Vintage Books, 1960, p. 85.

"不可避免的"渐进过程。①

基于这样的认识,福斯特派与佩帕尔派进行了激烈的斗争。在1923年8月24日美共政治委员会的会议上,针对佩帕尔等人为农工党政策辩护而提出的"提纲",福斯特、比尔特曼和坎农等人投了反对票,这在某种程度上可以看作是两派展开斗争的正式起点。② 1923年12月30日至1924年1月2日在芝加哥举行的美共第三次代表大会上,福斯特和坎农将不满意佩帕尔等人主张的代表组织起来,举行了一次秘密会议,最终控制了党的最高领导权,将佩帕尔从党的权力高峰上拉了下来。对此,坎农后来这样讲道,福斯特原来的计划并不打算公开与党站在一起,而只是想做一个突出的群众领袖,在广泛的范围内独立进行活动,但随着形势的发展,福斯特渐渐明白,在紧要的关头是党控制了一切,因此他要想控制工会工作,就必须控制党本身。③ 在美共第三次代表大会上,福斯特代替坎农成为美共主席,坎农担任美共的助理执行秘书。福斯特派与佩帕尔派在美共中央委员会中的席位比是8∶5,在中央政治局里的席位比是4∶3。④ 福斯特派以多数的优势暂时压制住了佩帕尔等人关于农工党运动的激进主张。

最终,在共产国际的干预下,福斯特派取得了斗争的胜利。当时两派就之间的意见分歧请求共产国际出面解决。佩帕尔派请求共产国际削减福斯特派在美共党内的力量,在美共中央委员会增加四名少数派成员,并且要求完全主掌美共党报《工人日报》以及恢复佩帕尔派在党内的多数地位等。⑤ 而福斯特方面,鉴于佩帕尔不是美共党员,则请求共产国际将佩帕尔从美国调走。同时,佩帕尔的追随者们也知道了佩帕尔实际上是流放到美国而非共产国际的代表,他们对此表示了极强的愤怒。当时佩帕尔的盟友鲁登堡、洛夫斯东等人向共产国际递交申请书以证明佩帕尔其共产国

---

① Theodore Draper, *American Communism and Soviet Russia*, New York: Vintage Books, 1960, pp. 64 – 65.
② [美] 詹姆斯·坎农:《美国共产主义运动的头十年》,张鼎五译,商务印书馆出版1963年版,第127页。
③ 同上书,第91—92页。
④ Theodore Draper, *American Communism and Soviet Russia*, New York: Vintage Books, 1960, pp. 91 – 92.
⑤ *Daily Worker*, December 6, 1924, p. 4. 转引自Theodore Draper, *American Communism and Soviet Russia*, New York: Vintage Books, 1960, p. 111.

际代表身份。① 共产国际最终拒绝了佩帕尔的要求而同意了福斯特的请求。在共产国际的支持下，福斯特开始积极制定清除佩帕尔的决定。决定指出：共产国际是国际性的组织，它主张各国的共产党必须牢牢控制在布尔什维克的手里，必须布尔什维克化。现在，倘若（佩帕尔—鲁登堡）少数派的声明是真实的，共产国际是再清楚不过的。并且我们知道共产国际将严厉地履行这一职责，将解除佩帕尔等人的权力。②最终，佩帕尔被共产国际调离美国，两派的斗争才得以平息。虽然，福斯特派最终取得了胜利，但之后由于共产国际路线的左转，福斯特派甚至提出了比佩帕尔派更为激进的主张。

二 与坎农派的斗争

美国党内派别斗争的那几年，正好也是斯大林发起反对托洛茨基主义的时期，美国共产党人也根据共产国际内部的斗争来调整自己的立场。③由于福斯特与坎农在托洛茨基的问题上持着不同的态度，两者之间展开了激烈的斗争。

福斯特是共产国际尤其是斯大林的忠实追随者，积极支持了斯大林和共产国际反对托洛茨基的运动。早在1925年9月，福斯特就曾警告激进作家卡尔弗顿（V. F. Calverton）道："在托洛茨基的问题上极其容易断送一个人的政治生命！"但即便如此，福斯特的一些亲密盟友还是对托洛茨基的政治处境表达了极大的同情，并且在事情的关键时刻置福斯特于尴尬的境地。④ 福斯特的这些盟友里包括坎农⑤。坎农等人开始对托洛茨基的

---

① Theodore Draper, *American Communism and Soviet Russia*, New York: Vintage Books, 1960, p. 111.

② Ibid., p. 112.

③ James R. Barrett, *William Z. Foster and the Tragedy of American Radicalism*, Urbana and Chicago: University of Illinois Press, 1999, p. 155.

④ Ibid..

⑤ 詹姆斯·帕特里克·坎农（James Patrick Cannon，1890年2月11日——1974年08月21日），1890年生于美国堪萨斯州的罗斯代尔，1908年，加入美国社会党。1919年，参与创建美国共产党的前身——美国共产主义劳工党，曾与福斯特形成著名的福斯特-坎农派，与佩帕尔展开激烈的斗争。之后因为他同情和支持托洛茨基，宣扬托洛茨基主义的观点，于1928年10月27日被开除出党。他是美国无产阶级革命家，国际托洛茨基主义运动领袖。曾参与创建美国共产党、美国社会主义工人党以及第四国际。

思想观点产生了浓厚的兴趣，对托洛茨基的政治命运表示了同情，逐渐向托洛茨基主义靠拢。斯大林之后责怪道："为什么一再警告，还是会出现这样的情况？难道福斯特没有及时与之作不调和的斗争吗？还是因为福斯特自身就是一个宗派主义者！"① 尤其是斯大林最后决定在共产国际第六次代表大会上开除托洛茨基的时候，坎农站在了斯大林的对立面并且回到美国以后积极在美国共产党内宣传和践行托洛茨基的观点。就这样，福斯特开始严厉斥责他的昔日盟友。②

由于当时在美国共产党内，福斯特积极领导反对托洛茨基主义的运动，坎农等人无法公开地宣传托洛茨基的路线，但在私底下秘密组建了一个新派别来传播托洛茨基的观点，主张退出工会，放弃结成统一战线。对此，后来坎农这样回忆道："托洛茨基被共产国际的所有成员党批判为反革命分子，共产国际六大再次重申了这一批判。没有一个党员公开支持托洛茨基主义。全党一致反对他。那时党已不再是一个你能在其中提出问题，获得公平讨论的民主组织。拥护托洛茨基和俄国反对派意味着给自己扣上反革命叛徒的帽子，不经任何讨论就会立即被开除。在这种形势下，我们的任务是：在必然到来的决裂来临之前，秘密组建一个新派别，它的前景是：无论它的规模大小，它肯定会被开除出党，并势必同斯大林派斗争，同整个世界斗争，建立一个新的运动。"③

然而，福斯特紧跟斯大林关于西方资本主义正在进入全面崩溃期的分析，认为应该加强在工会里的工作，结成统一战线，牢固掌握工人运动的领导权等。正是基于这样的认识，同时也深深地考虑到自己如果不积极地与美共党内的托洛茨基主义者作战就会失去斯大林的信任与支持，因此福斯特与坎农派展开了激烈的斗争，试图迫使坎农等人放弃托洛茨基主义的政治立场。在1928年10月的一次福斯特派—坎农派联合党团会议上，福

---

① Philip J. Jaffe, *The Rise and Fall of American Communism*, New York: Horizon Press, 1975, p. 31.

② James R. Barrett, *William Z. Foster and the Tragedy of American Radicalism*, Urbana and Chicago: University of Illinois Press, 1999, p. 155.

③ James P. Cannon, *The History of American Trotskyism*, New York: Pathfinder Press, 1972, p. 51.

斯特以质询的形式提出了这个问题，要坎农等人给予合理的解释。但是坎农反守为攻，回应道："任何人对我提出的质询，我都会将其视为对我的侮辱。大家都清楚，我今天的地位，是为党打拼了十年才得来的，谁怀疑我的地位，我都要生气的。"① 坎农的此番言论暂时堵住了福斯特派的悠悠之口。此后坎农试图在美国共产党内组织左翼反对派，进一步宣传和发展托洛茨基的观点和主张。

随着形势的发展，福斯特派感觉到了问题的严重性：一者他们听到了太多关于坎农等人在党内争取更多党员信奉托洛茨基主义的传闻；二者担心自己的反对者即洛夫斯东等人指控他们是坎农派的同谋。在这种情况下，福斯特派决心与坎农派决裂，并试图将其驱逐出联合党团以及将其提到美共政治委员会面前控告之。之后福斯特派将坎农派提到政治委员会和中央监察委员会的联席会议上受审。但坎农等人表示不服，不断地揭露和打击福斯特派，坎农甚至向前来旁听的党内干部宣读了一份声明，宣布自己在一切原则问题上百分之百地支持托洛茨基与俄国反对派，并决定要跟他们走，为他们的路线斗争到底。②

最终在福斯特的积极斗争下，坎农这个曾积极组织和建立美共国际工人保卫组织以及与工会组织有着紧密联系的著名领导人，于1928年10月被开除出党。与坎农一起被开除出党的人大约有一百余人，这些人中包括像马克斯·沙赫特曼这样的知识分子，还包括像阿恩·斯瓦贝克、马丁·阿贝、比尔·唐恩兄弟、文森特、格兰特、迈尔斯等这些工会活动积极分子，甚至还包括曾经与福斯特在芝加哥和明尼阿波利斯一起工作过的人。这样，不仅对美共的工作造成了巨大的损害，而且还严重削弱了福斯特在与杰伊·洛夫斯东斗争中的地位与力量。③

---

① James P. Cannon, *The History of American Trotskyism*, New York: Pathfinder Press, 1972, p. 53.
② Ibid., p. 54.
③ James R. Barrett, *William Z. Foster and the Tragedy of American Radicalism*, Urbana and Chicago: University of Illinois Press, 1999, p. 155.

三 与洛夫斯东派的斗争

与苏共党内斗争一样,福斯特与洛夫斯东①之间的斗争既是路线之争,也是权力之争。鲁登堡逝世之后,洛夫斯东掌握了美共中央多数派,使得美共党内的派性斗争变得更加激烈。② 洛夫斯东作为"一个完全的宗派主义者,为了掌握权力不择手段。比如,他积极搜索对手政治不当行为的证据和紧紧跟从共产国际的政治以提高他在美共党内斗争中的砝码"③。对此,福斯特称洛夫斯东是一个"小资产阶级分子"(petty-bourgeois intellectual)和"职业的宗派主义者和阴谋家"(professional factionalist and intriguer)。

当时,洛夫斯东紧跟共产国际领导人布哈林的有关分析,认为由于资本主义处在上升阶段,美国的阶级关系就显得比较特殊以及革命形势在美国并不乐观。他不断地将这个论调提升到更高的理论层次并将之作为美共制定方针策略的依据。这与斯大林后来关于资本主义总危机和世界阶级斗争激化的分析是相违背的。但美国共产党人的实际经验使得他们不得不考虑本国的具体特征。

起初,福斯特对洛夫斯东的论断也持着赞成的态度,他也认为美国资本主义正处在上升时期,应该将马列主义与美国的实际紧密地结合起来。福斯特也曾专门论述美国劳工运动所存在的弱点和保守性等特征。④

但与洛夫斯东不同的是,福斯特对共产国际的左转持着赞同的态度。他认为洛夫斯东的观点在某种程度上带有悲观气息,不利于美国共产主

---

① 杰伊·洛夫斯东(Jay Lovestone 1897年12月15日——1990年3月7日),早期是美国社会党的成员,1919年—1929年是美国共产党的党员、领袖,于1929年被开除出党以后成为一个反共产党人士和美国中央情报局的助手,积极参与了很多反共的活动。并且他之后还是美国劳联、产联的外交政策顾问以及多个工会组织的领导。

② William Z. Foster, *History of The Communist Party of The United States*, New York: International Publishers, 1952, p.271.

③ See "Memorandum for Mr. Lass Re: Jay Lovestone" September 9, 1942, document 61 - 1929 - 65, Lovestone FOIA file, FBI Headquarters, Washiongton, D.C. 转引自 James R. Barrett, *William Z. Foster and the Tragedy of American Radicalism*, Urbana and Chicago: University of Illinois Press, 1999, p.155.

④ James R. Barrett, *William Z. Foster and the Tragedy of American Radicalism*, Urbana and Chicago: University of Illinois Press, 1999, p.156.

运动的有效开展。福斯特正好借助斯大林与共产国际来批判洛夫斯东的悲观论调,他批判洛夫斯东低估了群众的左的动向以及缺乏斗争的眼光。① 此时的福斯特虽然对洛夫斯东的观点持有异议,但并没有直接与洛夫斯东进行公开的较量。

随着 1928 年 7 月共产国际六大的召开,福斯特与洛夫斯东的矛盾就开始变得激烈,双方进行了互不相让的斗争。在共产国际六大上,无论是从理论上的认同,还是由于政治原因,洛夫斯东最终选择了与斯大林的对手即布哈林站在了同一条战线上。一向对共产国际政治较为敏感的洛夫斯东,这时做出了一个致命性的选择。② 在六大上,洛夫斯东坚持认为,美国资本主义仍在发展,并且拥有很大的潜力,并列举了大量的事实来加以证明。但福斯特等少数派认为洛夫斯东派"什么也看不见,只看到美国资本主义的力量"。③ 于是福斯特派借助共产国际六大正在掀起反对右倾危险运动之际,向共产国际的英美秘书处提交了一份名为《美国党中的"右倾"危险》的报告。该报告实际上就是指责洛夫斯东高估了美国资本主义的力量而低估了美国工人阶级的激进性,犯了"右倾危险"的错误。④ 在布哈林的保护下,洛夫斯东虽然没有被打成右派,但他还是迫于压力在六大上做出了某些让步,比如他为自己鼓吹美国没有建立新工会而表示后悔。⑤ 他坦承美共在对待社会党的态度上、黑人工作上以及反帝国主义宣传等问题上犯了一些"右倾错误"⑥。

但是,福斯特等少数派对洛夫斯东的斗争并没有止步于此,相反加大

---

① Irving Howe & Lewis Coser, *The American Communist Party: A Critical History*, 1919—1957, Boston: Beacon Press, 1957, p. 165.

② James R. Barrett, *William Z. Foster and the Tragedy of American Radicalism*, Urbana and Chicago: University of Illinois Press, 1999, p. 157.

③ 转引自姜琦、张月明《国际共产主义运动史的党际关系史(1848—1988)》,华东师范大学出版社 1991 年版,第 222 页。

④ "The Right Danger in the American Party", first appeared in *The Millitant*, November 15, 1928, and then in the *Daily Worker*, December 11, 1928.

⑤ Theodore Draper, *American Communism and Soviet Russia*, New York: Vintage Books, 1960, p. 308.

⑥ Ibid., p. 313.

了对洛夫斯东的攻势。在大会期间，福斯特获得了一次个人胜利，即得以有机会与斯大林私下会晤。他把与斯大林的谈话内容作为与洛夫斯东斗争的武器，并将谈话内容写成了一封信寄回了美国以证明斯大林对他们反对洛夫斯东集团的支持。① 但是这封信据传被洛夫斯东的战友吉特洛截获了。吉特洛将这封信的内容以电报的形式发给了洛夫斯东提醒他多加注意，这样就延缓了洛夫斯东的失败。②

福斯特等人在共产国际六大上对洛夫斯东派的进攻，并没有直接撼动洛夫斯东派在美共党内的多数派地位，反而受到了布哈林的严厉批评。尤其是1928年下半年美国的经济并未出现危机的迹象反而略有回升，这更加坚定了洛夫斯东等人先前的主张。他认为，经济回升表明美国资本主义在很大程度上"暂时摆脱了萧条"，这可能会延缓经济危机的爆发，同时他还认为国内的政治情绪并没有左转等等。但是福斯特等人则对此进行了强烈的批评，他们认为经济回升并不代表繁荣，相反，预示着危机的来临。③ 但无奈洛夫斯东派当时在党内占据多数的席位，且由于布哈林的支持在共产国际上刚取得胜利，福斯特等人难以与其抗衡。但占据优势地位的洛夫斯东不免得意忘形了起来。在苏联共产党和共产国际批判布哈林"右倾机会主义"斗争进入高潮的时候，洛夫斯东还不断地声称布哈林不是"右倾"，他甚至强调美共不能"以强盗的方式"（gangsterism）进行反对布哈林的斗争。④ 这样的言论无疑触及到了斯大林的底线，坚定了斯大林打击洛夫斯东集团的决心。因此，共产国际于1929年1月初致信给美共中央，对洛夫斯东进行了严厉的批评，指责其犯了严重的"右倾错误"。

在共产国际的干预下，福斯特也一改自己先前反对双重工会主义的立

---

① 信的内容详见 James R. Barrett，*William Z. Foster and the Tragedy of American Radicalism*，Urbana and Chicago: University of Illinois Press，1999，pp. 311 – 312. 也可参见［美］詹姆斯·坎农《美国共产主义运动的头十年》，张鼎五译，商务印书馆出版1963年版，第217页。

② James R. Barrett，*William Z. Foster and the Tragedy of American Radicalism*，Urbana and Chicago: University of Illinois Press，1999，p. 540.

③ 转引自姜琦、张月明《国际共产主义运动史的党际关系史（1848—1988）》，华东师范大学出版社1991年版，第223页。

④ Theodore Draper，*American Communism and Soviet Russia*，New York: Vintage Books，1960，p. 389.

第四章 福斯特与党内"修正主义"派别的斗争及影响

场,声称:"我们现在进入了漫长的双重工会主义时期。"[①] 1929年3月1日,在美共六大召开之际,共产国际代表要求美共接受共产国际的决议,调离洛夫斯东美共中央总书记的工作,选福斯特为总书记。但是当时的洛夫斯东仍然掌握着党的领导权,加之他得到了至少百分之九十的代表的支持,他甚至敢于拒绝共产国际关于将福斯特选为美共总书记和美共权力重组的要求。[②]

在美共六大上,福斯特与洛夫斯东发生了激烈的争论。福斯特指责洛夫斯东派具有非无产阶级的特征以及在南方组织黑人工作上的种族主义倾向。但福斯特的讲话不时地被洛夫斯东派打断。洛夫斯东在会上大声宣读了一封私人信件,信件中的内容是福斯特声称自己在斯大林的干预下已取得了胜利。洛夫斯东的盟友吉特洛也宣读了一份委员会记录,大翻福斯特的旧账,揭露福斯特曾在1919年出售战时债券和向美国参议院表示自己的爱国主义情怀等等。他们两派之间甚至展开了激烈的人身攻击。[③]

在美共党内争论不休的情况下,共产国际坚持让两派的领导人去莫斯科报告具体情况。在1929年4月,福斯特前往莫斯科作辩护,请求共产国际出面为其提供支持。福斯特在向共产国际美国局作的报告中不仅使用了"右倾危险"一词来斥责洛夫斯东,而且还着重从三个方面批评了洛夫斯东的右倾错误:一,洛夫斯东高估了资本主义的力量而低估了无产阶级的激进性,指责其观点是从资产阶级理论家那里借来的;福斯特认为,洛夫斯东对进步资本主义理论的热衷而忽略了纺织业和采矿业中工人阶级激进情绪的高涨;二,洛夫斯东及其追随者忽略了"白种人沙文主义的危险",没有认识到南方组织者中的种族差别,并且也没有践行共产国际关于南方黑人民主自治的要求;最后,福斯特强调保

[①] William Z. Foster, "Bourgeois Reformism and Social Reformism", *Daily Worker*, February 22, 1929.

[②] James R. Barrett, *William Z. Foster and the Tragedy of American Radicalism*, Urbana and Chicago: University of Illinois Press, 1999, p. 157.

[③] "Transcripts of the Anglo-American Secretariat, April 12, 1929," fond 495, opis72, delo61, listki33-53, 93, Comintern Archives;转引自 James R. Barrett, *William Z. Foster and the Tragedy of American Radicalism*, Urbana and Chicago: University of Illinois Press, 1999, p. 157.

持无产阶级品质的重要性。总之,福斯特认为洛夫斯东的理论向熟练工人和小资产阶级倾斜而没有重视行业工人,因而犯了严重的右倾错误。他声称,"共产国际必须给美共以坚定的支持"[①]。同时他也向共产国际表明了自己的忠心:"过去、现在和将来,我都与共产国际站在一起,那里的很多同志都有勇气支持我和批评我,能够使我克服种种苦难与障碍。"[②] 福斯特控告洛夫斯东犯了"右倾主义危险"的错误,无疑迎合了莫斯科当时的政治气候,加之他对共产国际表示忠心的言论是何等的情真意切!其结果可想而知,共产国际虽然对两派都提出了批评[③],但最终还是毫无疑问地支持了福斯特等少数派。然而,1929 年 6 月,洛夫斯东被派回到美国以后仍继续反对共产国际的指示,并要求美共中央重新考虑对他们的评价。[④] 在这样的情况下,以福斯特为首的美共中央做出决议,宣布把洛夫斯东等人开除出美共,至此,福斯特与洛夫斯东派的斗争最终以福斯特派的胜利而告终。

四 与白劳德主义的斗争

福斯特反对白劳德主义的斗争可以分为三个阶段。

第一阶段,即 20 世纪 30 年代中期,福斯特与白劳德的初步分歧与冲突。福斯特与白劳德之间的分歧起源于美国共产党应该在反法西斯的人民统一战线中如何发挥作用。在共产国际采取建立反法西斯统一战线的新方针之后,白劳德根据共产国际的有关精神,促使美共改变了之前对罗斯福

[①] "Speech of t William Z. Foster before the American Commission of the Communist International, May 6, 1929, transcript", fond 495, opis72, delo66, listki1 - 97 (quote on 89), Comintern Archives. 转引自 James R. Barrett, *William Z. Foster and the Tragedy of American Radicalism*, Urbana and Chicago: University of Illinois Press, 1999, p. 158.

[②] James R. Barrett, *William Z. Foster and the Tragedy of American Radicalism*, Urbana and Chicago: University of Illinois Press, 1999, p. 158.

[③] 关于共产国际对两派的批评,可参见 William Z. Foster, *History of The Communist Party of The United States*, New York: International Publishers, 1952, pp. 273 - 274.

[④] 按照福斯特的话讲,洛夫斯东和吉特洛拒绝了这个共产国际及许多国家共产党代表所组成的委员会所得出的结论,他们一回到美国就采取了坚决地措施来分裂党。(William Z. Foster, *History of The Communist Party of The United States*, New York: International Publishers, 1952, p. 274.)

政府的敌视态度①，但1936年美国大选的局势，以及美共对国内外形势的分析加剧了党内的意见分歧。在践行人民统一战线政策的过程中，白劳德过多地把人民阵线的领导作用完全归功于罗斯福和劳工的最高领导机构，他倾向于把罗斯福新政派人物的言论和纲领看作是已经完成的业绩而不加批判地接受。这实际上把"人民联盟的作用贬低为充当总统开明姿态的附属品"②。据此，福斯特对白劳德的主张进行了批评，认为白劳德过高地估计了资产阶级民主，过高地估计了罗斯福新政的作用，而忽视了党的先锋模范作用。当然，罗斯福新政不能永远克服资本主义的经济危机，这在很大程度上是对的。

但是福斯特在批驳白劳德的同时，却走向了"左"的极端，他认为美国共产党人在多数情况下，"听任日常领导的斗争权落入非共产党人手中"。他批评白劳德只是从共产党能在多大程度上以党自己的名义来衡量先锋作用，而对美国社会内部的主流思潮则不闻不顾。并且，福斯特把庞大的产联运动和民主运动说成是"一场伟大的自发运动"，甚至要求把这场"伟大的自发运动"纳入成立一个全国性的农工党的轨道。福斯特的这一主张，致使"那些埋头组织和加强这些运动并影响这些运动的方向的共产党人感到困惑不解"③。因为当时很多共产党人并不感觉到这场运动是"自发的"，而是他们精心组织的结果。

福斯特与白劳德分歧在1936年美国大选之后变得尖锐起来。由于两个人在美共党内都身居高位，他们之间的分歧也逐渐演变为美共党内的主要争论。但是在其他领导人的努力斡旋下，美共中央委员会没有指名地批

---

① 白劳德之前根据共产国际"第三时期"理论和"阶级对抗阶级"的政策，不断地攻击罗斯福政府及其推行的"新政"。1934年夏天，白劳德还在其《共产主义在美国》一书中对罗斯福及新政作了这样抨击："我们很快便了解了这一个痛苦的现实，罗斯福及其'新政'与他之前的胡佛一样，也代表着华尔街的银行家与金融资本大公司，他甚至对人民大众的生活水平造成了更加猛烈的冲击。"（详见 Earl Brewder, communism in the United States, New York: International Publishers, 1935, p.14.）对此，美国学者小施莱辛格指出，当时美共领导人厄尔·白劳德攻击罗斯福新政是一种"饥饿纲领"，指责实行"新政"的罗斯福"就像与他以前的胡佛一样，不过对群众的生活水准进行着更凶恶的打击。"（Arthur M. Schlesinger, The Politics of Upheaval: 1935 - 1936, Boston: Houghton Mifflin Company, 1960, p.190.）

② [美]佩吉·丹尼斯：《尤金·丹尼斯的一生》，劳远回等译，新华出版社1988年版，第143页。

③ 同上书，第143—144页。

评福斯特和白劳德两人的观点,并采取了第三种方针。美共全国委员会在大选后所做的分析没有像白劳德那样对罗斯福表示毫无戒心的信赖,而强调"工人阶级的独立能力和政治觉悟正在日益增长",并且"正在影响着民主党向进步和民主的方向发展"。但美国委员会也明确表示不同意福斯特关于成立一个全国性农工党的观点,它在文件中说:"党将抵制任何这样的企图",并且要"支持民主党和罗斯福政府的一切具有进步性质的措施。"① 这就意味着美共委员会在两者之间采取了一个折中的方案。

但是,美共委员会并没有消弭福斯特与白劳德之间的分歧。1937年,针对白劳德领导的美共日益亲近罗斯福政府的情况,福斯特在论及人民统一战线的意义时,表达了自己的不满情绪。他将法国共产党和西班牙共产党的巨大发展与美共工作的停滞作了鲜明的对比,强调系统地招募和培训党员的重要意义。他坚持认为在统一战线组织里工作是远远不够的,"共产党必须寻求新的方法取得独立,成为群众日常斗争中以及一般理论上的真正领导者"。福斯特认为,美共工作方面的主要缺陷在于"对目前的渐进运动"和"对罗斯福和刘易斯的批评不足",以及"没有提出自己的独立政纲"。美共有一种"清盘倾向","在一般工作中失去了自己的身份",等等。② 这里,福斯特担心白劳德领导的美共在践行人民阵线时不断扩大党的社会基础,美共的无产阶级特点有可能被招募中产阶级党员的洪流所淹没。福斯特说:"他们的加入,给美共带来了诸多问题与任务,……问题归根结底在于如何利用这些专家,……目前我们的中心任务就是扩大和加强党的无产阶级基础。"③

鉴于两派之间的严重分歧,福斯特与白劳德于1938年1月来到莫斯科就他们的立场进行辩论,并且请共产国际出面来调解他们之间关于美共的政策和策略的分歧。莫斯科的决定是,派美共的另外一位领导人尤金·

---

① [美]佩吉·丹尼斯:《尤金·丹尼斯的一生》,劳远回等译,新华出版社1988年版,第144页。
② Harvey Klehr, *The Heyday of American Communism*, New york: Basic Books, 1984, pp. 186 – 206.
③ William Z. Foster, "The Communist Party and the Professionals", *Communist* 17, September, 1938, pp. 805 – 806;转引自 Irving Howe & Lewis Coser, *The American Communist Party: A Critical History*, 1919—1957, Boston: Beacon Press, 1957, p. 344.

丹尼斯（Eugene Dennis）回到美国，要他在福斯特的宗派主义倾向与白劳德的改良主义倾向之间起到一个"平衡"的作用。这种"平衡作用"所要达到的效果是，美国共产党"既能坚持自己的革命目标，又能充分地参加广大各阶层人民当前的斗争"①。至此，福斯特与白劳德之间的激烈斗争暂告一段落。随着德苏战争的爆发，出于保卫苏联和反法西斯的需要，福斯特对罗斯福政府的敌视态度才有所软化。②但是，福斯特对罗斯福政府的态度并没有彻底的转变，福斯特与白劳德之间的争论也没有从根本上消除，他们仍然坚持各自的观点。

第二阶段，即1944年初，福斯特与白劳德之间的斗争正式拉开了帷幕。1944年初，当福斯特再次起来与白劳德斗争的时候，国际形势已经发生了显著的变化。一方面，苏联红军取得了斯大林格勒保卫战的胜利，在与德国法西斯的战争中转守为攻；另一方面，1943年11月，苏、美、英三国领导人在德黑兰召开会议，会议决定英、美在1944年春天在西欧开辟第二战场，旨在对法西斯国家进行致命性的打击，这标志着世界反法西斯斗争正在向胜利迈进。在这种情况下，美共开始考虑战后应该采取怎样的斗争策略。作为美共的主要领导人，福斯特与白劳德也分别提出了自己的主张，但由于两人的视野、阅历以及看问题的方法不同，两者之间的斗争正式拉开帷幕。

1944年1月，白劳德在美共全国委员会上作了《德黑兰：我们在战

---

① ［美］佩吉·丹尼斯：《尤金·丹尼斯的一生》，劳远回等译，新华出版社1988年版，第144—145页。

② 1941年6月22日，德国对苏联发动进攻，苏德战争爆发。苏联和共产国际领导人出于保卫苏联的考量，制定了新的斗争路线和政策，号召各国共产党建立广泛地人民统一战线，争取一切爱好和平的力量起来反对法西斯，以保证苏联和世界的和平。尤其是在美国成为了苏联的战时盟国后，福斯特软化了之前对罗斯福政府的强硬态度，并于1941年6月28日在美共全国委员会会议上讲："一切同希特勒作战的人们，不管他们是谁，都帮助了苏联，帮助了美国的民主，帮助了捍卫世界自由和文明的斗争。"（［美］佩吉·丹尼斯：《尤金·丹尼斯的一生》，劳远回等译，新华出版社1988年版，第189页。）会议根据福斯特的建议，作出了《为击溃希特勒及希特勒主义斗争的人民纲领》，纲领指出："罗斯福总统保证给予苏联一切可能的援助的宣言，表明了大多数美国人的愿望，他们希望将这一诺言见诸现实。"（《解放日报》1941年8月7日。）福斯特甚至还提出了我们的"全国团结争取胜利"这一新的政策，其具体目标是"在美国一切愿意向轴心国敌人作战的阶级和组织中，实现尽可能最强有力的合作"。等等。（［美］佩吉·丹尼斯：《尤金·丹尼斯的一生》，劳远回等译，新华出版社1988年版，第189页。）

争与和平中的道路》的报告，系统阐述了自己关于美国战后形势以及美共政治策略的分析。事实上，报告中的有些内容也不乏合理的成分。福斯特与达西对这个报告有着不同的意见。此时的福斯特与其说是对白劳德的观点持有异议，不如说是对白劳德的权威发起挑战。福斯特经过多年的党内政治生活，已不只是当初对工会工作、组织工人感兴趣，而是深谙党内政治斗争的规律，况且他早已对白劳德鸠占鹊巢行为表示了不满。自白劳德上台，福斯特总是不失时机地向他发起挑战。① 这个时候，福斯特与达西认为，白劳德已经达到了人生的巅峰，他们私底下呼吁其他美共领导人迫使白劳德退位。②

对于白劳德所作的报告，福斯特认为存在着许多严重的错误，并在会上就要求发言对之加以批驳，但其他几位委员力劝他不要发表反对意见，认为这样做会在党内造成混乱，不利于党的团结统一。③ 于是，福斯特在会上最终没有得到发言的机会，无奈之下，福斯特与达西在1月20日，给美共全国委员会写了一封长达七千字的信，表达了他们对白劳德德黑兰路线的反对态度。④ 在这封信中，福斯特没有明确指责白劳德将美共改组为政治协会的决定，也没有对美共当时的立场，即支持战争、不罢工协定和罗斯福政府等进行批评。福斯特只是尖锐地批评白劳德关于战后世界形势的预测。他认为"白劳德对战后资本主义前景的乐观展望"存在着两个基本的错误：首先，白劳德对"战争造成的世界资本主义危机的日益深化程度"估计不足。福斯特认为，即便是美国也难以避免这场总危机。其次，福斯特认为"美国金融资本的主要部分现在或以后都不会纳入到以民主和进步的精神来执行德黑兰会议的决定所必需的全国团结之中"在他看来，德黑兰会议"并不能够清除美国的帝国主义"，美国统治阶级

---

① Philip J. Jaffe, *The Rise and Fall of American Communism*, New York: Horizon Press, 1975, pp. 57–59.

② Maurice Isserman, *Which Side were You on? The American Communist Party During the Second World War*, Middletown, Connecticut: Wesleyan University Press, 1982, p. 193.

③ [美] 威廉·福斯特等著：《白劳德修正主义批判》，杨延生译，生活·读书·新知三联书店1962年版，第6页。See also James R. Barrett, *William Z. Foster and the Tragedy of American Radicalism*, Urbana and Chicago: University of Illinois Press, 1999, p. 217.

④ Maurice Isserman, *Which Side were You on? The American Communist Party During the Second World War*, Middletown, Connecticut: Wesleyan University Press, 1982, p. 193.

的主导部分仍然是"强大的、贪婪的和富有侵略性的"。福斯特告诫美共，不能信赖资本家去实行德黑兰的决定，而需要"准确地告诉民众，大资本家才是他们真正的敌人，并且动员一切力量帮助他们取得斗争的胜利。"战后，福斯特推测，阶级斗争会再次激化，共产党人将继续倡导社会主义，并将之作为"最终解决美国问题的唯一办法"①。除此之外，在具体的政治策略上，福斯特对白劳德也进行了严厉的批评。②

针对福斯特和达西信中的反对意见，1944年2月8日，美共全国委员会召开扩大会议进行了深入讨论，与会代表明确表示支持白劳德的意见，纷纷投票反对福斯特。当时，美共的伊利诺伊州主席莫里斯·蔡尔兹（Morris Childs）批评福斯特的信是"对美共党员的中伤"。吉尔·格林（Gill Green）称福斯特的表现是"悲剧性"的，因为这是他长期脱离美共群众工作的结果。③ 鉴于此，福斯特要求白劳德将自己的观点，连同委员会的决议通过密电递交给莫斯科，但是他并没有得到自己想要的答案。季米特洛夫在回电中规劝福斯特收回自己的反对意见，不要固执己见。④ 于是，在共产国际的干涉下，福斯特暂时收回了对白劳德的批评。

---

① Maurice Isserman, *Which Side were You on? The American Communist Party During the Second World War*, Middletown, Connecticut: Wesleyan University Press, 1982, p. 193.

② 详见[美]威廉·福斯特等《白劳德修正主义批判》，杨延生译，生活·读书·新知三联书店1962年版，第6—26页。

③ Philip J. Jaffe, *The Rise and Fall of American Communism*, New York: Horizon Press, 1975, p. 62.

④ Philip J. Jaffe, *The Rise and Fall of American Communism*, New York: Horizon Press, 1975, pp. 62 - 63. 关于这一点，还有一种说法是，季米特洛夫支持了福斯特，对白劳德进行了严厉批评，指责白劳德在适应变化了的国际形势方面已经走得太远，建议其重新考虑所有问题并及时向共产国际汇报，但白劳德拒不接受共产国际的建议，扣留了季氏的电报，并欺骗福斯特说，季氏强烈建议福斯特收回自己的反对意见。福斯特在不知情的情况下，以为白劳德代表的是共产国际的意见，便不得不暂时收回对白劳德的批评。(Harvey Klehr, John Earl Haynes & Kyrill Anderson, *Soviet World of American Communism*, New Haven, Connecticut: Yale University Press, 1998, pp. 105 - 106.) 对此，美共党员吉尔·格林在接受美国历史学者詹姆斯·巴雷特采访的时候，也指出季米特洛夫在电报中批评了白劳德，倘若福斯特及其追随者看到了这封电报，他们将不会收回自己的反对意见。吉尔·格林指出，当时白劳德并没有向福斯特出示这封电报，而是指派吉尔·格林前往福斯特的住所传达了季米特洛夫的"意见"，并劝福斯特收回反对意见。总之，吉尔·格林指出了白劳德是在撒谎。(James R. Barrett, *William Z. Foster and the Tragedy of American Radicalism*, Urbana and Chicago: University of Illinois Press, 1999, p. 220.) 需要指出，吉尔·格林曾是白劳德派的一分子，曾站在福斯特的对立面，他的此番言论具有一定的可信度。

第三阶段，白劳德解散美共为福斯特彻底击败白劳德提供了便利的条件。当时白劳德以胜利者自居，变得更加有恃无恐，肆意发挥着自己的创造力。他甚至从共产国际解散这件事情上得出了解散美国共产党的结论。1944年初，他建议解散美国共产党，改组为共产主义政治协会。① 白劳德在观念中已经彻底接受了资本主义、阶级合作、两党制，并有进一步的发挥。在这样的基础上，他认为美国已不需要共产党的存在，因此他建议解散美国共产党，把共产党员重新组织在一个教育性的团体里。这个团体不应当提出自己的候选人，而且性质是不分党派的。按照福斯特的话讲，他自己由于站在反对的立场，被取消了全国主席职位。② 他积极鼓励所有那些对党的路线的正确性的怀疑想法，他不放过任何机会来批评白劳德的政策和揭露它的荒谬性。③

福斯特真正起来与白劳德展开激烈的斗争，起因于法共中央书记雅克·杜克洛（Jacques Duclos）的文章④。1945年4月，法共中央书记雅克·杜克洛在美共机关刊物《共产主义手册》上发表了一篇名为《论解散美国共产党》的长篇文章，对白劳德的德黑兰立场予以批驳。⑤ 他在文章中将白劳德与福斯特的政治立场加以对比，赞扬福斯特给全国委员会的信。⑥ 1945年5月20日，共产主义政治协会接到了杜克洛的论文，由于感觉到兹事体大，政治委员会立即对该论文进行了讨论。⑦ 这篇文章的分

---

① William Z. Foster, *History of The Communist Party of The United States*, New York: International Publishers, 1952, p. 430.

② Ibid., p. 431.

③ Ibid., p. 434.

④ 关于杜克洛这篇文章，也是众说纷纭，但较为流行的观点就是文章并非出自杜克洛之手，因为杜克洛的立场与白劳德极其接近，最大的可能就是共产国际的季米特洛夫所写，而假借杜克洛之手来指责美共的策略没有与共产国际保持步调一致。（Philip J. Jaffe, *The Rise and Fall of American Communism*, New York: Horizon Press, 1975, p. 78.）

⑤ James R. Barrett, *William Z. Foster and the Tragedy of American Radicalism*, Urbana and Chicago: University of Illinois Press, 1999, p. 222.

⑥ [美]佩吉·丹尼斯：《尤金·丹尼斯的一生》，劳远回等译，新华出版社1988年版，第199页。See also William Z. Foster, *History of The Communist Party of The United States*, New York: International Publishers, 1952, p. 434.

⑦ William Z. Foster, *History of The Communist Party of The United States*, New York: International Publishers, 1952, pp. 434–435.

析，发表的时间以及所阐述的观点，无不传递着苏联领导人的意见。尽管当时莫斯科的权威领导人对美共党内的争论不置一词，但是当时美共的领导人们将这篇文章在这个时间的发表解读成是苏联对福斯特与白劳德之间斗争的干预。在这种情况下，政治委员会的180名代表纷纷放弃了自己先前对白劳德的支持态度，转而集中攻击白劳德是"臭名昭著的修正主义"者。杜克洛的这篇文章来得恰逢其时，不仅攻击了白劳德，更为福斯特再次站出来与白劳德进行斗争提供了有力的武器。他的这篇文章传递出了莫斯科方面更希望福斯特成为美共最高领导人的信号。[①] 正如福斯特自己后来所说，这篇文章发表的正是时候，接受它的客观形势已经成熟，有助于重新审查我们的战后前景和政策。[②] 1945年5月22日到6月18日之间，共产主义政治协会领导层召开多次会议讨论杜克洛的文章。在会议上，福斯特警告大家，反对杜克洛文章的路线将是"一个主要的政治错误"[③]。在福斯特的努力下，协会的大多数领导人都表示接受杜克洛的批评意见。1945年6月18日—20日，共产主义政治协会全国委员会举行扩大会议。福斯特在会上作了《关于修正主义问题》的报告[④]，在报告中他指责白劳德同志的"臭名昭著的修正主义"直接来自于美国帝国主义的侵略计划，将白劳德修正主义类比为洛夫斯东的"美国例外论"，说两者都产生于美国帝国主义的幻想和上升时期。[⑤] 全委会决定于7月26日到28日在纽约市召开特别代表大会，具体讨论美国共产主义运动的组织问题。全委会同时还做出了撤销白劳德总书记的职务的决定，在此期间，党选举出福斯特、尤金·丹尼斯和约翰·威廉逊三人组成的书记处来代替白劳德的工作。[⑥]

---

① James R. Barrett, *William Z. Foster and the Tragedy of American Radicalism*, Urbana and Chicago: University of Illinois Press, 1999, p. 222.

② [美]威廉·福斯特等：《白劳德修正主义批判》，杨延生译，生活·读书·新知三联书店1962年版，第105页。

③ Maurice Isserman, *Which Side were You on? The American Communist Party During the Second World War*, Middletown, Connecticut: Wesleyan University Press, 1982, p. 222.

④ 具体内容详见[美]威廉·福斯特等《白劳德修正主义批判》，杨延生译，生活·读书·新知三联书店1962年版，第51—67页。

⑤ [美]威廉·福斯特等：《白劳德修正主义批判》，杨延生译，生活·读书·新知三联书店1962年版，第53页。

⑥ William Z. Foster, *History of The Communist Party of The United States*, New York: International Publishers, 1952, p. 435.

1945年7月26日—28日，共产主义政治协会召开特别大会，大会对党成为白劳德主义的牺牲品这个巨大错误作了深刻的批评。① 福斯特在大会上做了一份系统批判白劳德主义的报告②。在福斯特看来，白劳德解散美国共产党是白劳德右倾主义的极端表现。这等于是彻底放弃了马克思列宁主义的观点，也是在向社会民主党及资产阶级解散共产党的要求投降。于是，大会根据福斯特的报告，解散了共产主义政治协会，重建了美国共产党。党章也相应地作了修改，称美国共产党是工人阶级的党，再次确定了科学社会主义——马克思列宁主义的指导地位。③ 但是白劳德拒绝了大会的决议，在1945年的下半年创办了《销售业指南》（Distributors Guide）简报，继续宣传自己的观点和主张，并且对以福斯特为首的美国共产党进行言语攻击。于是，美共在1946年2月将白劳德开除出党。④

对于福斯特与白劳德之间的斗争，应该一分为二地分析。需要指出，福斯特对白劳德的批判不乏合理之处，尤其是在捍卫了美共和马列主义方面。但问题的关键是，福斯特在与白劳德进行斗争的时候，忽略了白劳德的观点也存在着不少的合理成分，尤其是对白劳德关于战后资本主义的发展前景、社会主义与资本主义和平共处等问题的正确预测与分析，没有给予足够的重视。这就使得福斯特在批判白劳德右倾的时候，难免有点矫枉过正，出现了很多"左"的错误和偏差。如美共另外一位著名领导人尤金·丹尼斯的妻子佩吉·丹尼斯（Peggy Dennis）在回忆这一段斗争的时候这样说道，福斯特"像过去一样有一种过分简单化的倾向"，"忽视了策略上要灵活的必要性，过低估计了非工人阶级成分的同盟者在战后所能起的作用"。最重要的是，福斯特在论战的时候"走向了另一个极端，否定了'德黑兰精神'可以作为人民斗争的一个策略"⑤。

---

① William Z. Foster, *History of The Communist Party of The United States*, New York: International Publishers, 1952, p. 435.

② 详见 [美] 威廉·福斯特等《白劳德修正主义批判》，杨延生译，生活·读书·新知三联书店1962年版，第97—118页。

③ William Z. Foster, *History of The Communist Party of The United States*, New York: International Publishers, 1952, p. 436.

④ Ibid., pp. 437 – 438.

⑤ [美] 佩吉·丹尼斯：《尤金·丹尼斯的一生》，劳远回等译，新华出版社1988年版，第197—198页。

五 与盖茨派的斗争

20世纪50年代，美共的工作频频出现失误，致使福斯特等美共党内的老左派开始重新审视美共以往的历史，但是在反思的过程中，老左派内部出现了较为严重的意见分歧。起初，美国共产党人对美共历史的反思，旨在全面审视美国共产主义运动以往十年的错误，并进行认真总结与分析。但是事态的发展已经远远超过了他们的预期和掌控。加之苏共二十大等一系列国际共运重大事件的冲击，美共老左派在反思方面的愿望愈是迫切，党内的意见分歧就愈是深化。这些意见分歧最终演变成了激烈的党内派别斗争。对此，正如佩吉·丹尼斯所言："不久之后，我们就被迫陷入一场长达四年之久的破坏性危机，其严重的程度超过了20年代美共党内的派别斗争，也超过了1944年的党内危机。"①

在反思的过程中，盖茨②派逐渐脱离了传统马克思列宁主义的轨道。而传统的马克思列宁主义理论则是福斯特一贯固守的理论原则。这是两者之间分歧的导火索，只不过是鉴于当时美国政府的政治高压政策和美共自身安全利益的考量，福斯特对这些"修正主义者"一直持着容忍的态度，但是到1956年两者之间的斗争正式打响了。③

1956年，美共的反思工作刚刚开始不久，福斯特与盖茨派之间的分歧已经变得公开化。1956年4月4日，盖茨在美共的一个公开会议上发表讲话，指出一系列福斯特所不能忍受的问题。比如，他积极支持公民的自由权利，甚至支持共产主义的敌人的自由权利。他强调美共将通过"和平手段"在美国建立社会主义政府，势必维护所有人的公民权利，"包括那些主张恢复资本主义人士"的公民权利。他甚至揭露美共支持美

---

① [美]佩吉·丹尼斯：《尤金·丹尼斯的一生》，劳远回等译，新华出版社1988年版，第290页。

② 约翰·盖茨（John Gates，1913—1992年），既是一位记者，也是一位共产主义者，是美国共产党的左派代表人物。他出生在纽约市，父母都是来自于波兰的犹太人。盖茨在大学毕业之前就接受了激进主义，之后参加过1936年—1939年的西班牙内战，从西班牙回来以后就成为美国青年共产主义联盟的主要负责人，并积极参加美共的主要活动，由于他在美共的反思运动中与福斯特有着严重的意见分歧，于1958年被美共开除出党。

③ James R. Barrett, *William Z. Foster and the Tragedy of American Radicalism*, Urbana and Chicago: University of Illinois Press, 1999, p.253.

国政府运用史密斯法审判明尼苏达州的托洛茨基主义者是"极其错误"的。但是盖茨在讲话中最为强调的是应该"在党内创造更多的民主"和纠正"致使美共自我孤立于群众运动之外的宗派主义错误"。他指出：我们脱离了群众运动、新兴的劳工运动、黑人运动，完全脱离了农民的反抗斗争。对此，他明确提出美共再也不能从国外共产党那里寻求答案。"我们必须独立自主，自己思考问题，不能让别人代替我们思考，也不能简单重复别人的结论。"同时，他指出共产党人必须研究非共产党人的著作和认真考虑工人阶级的实际需求。"我们马克思主义者还不是研究美国问题的最高权威。其他人比我们更明智、更博学以及更贴近事实。我们必须更加谦虚谨慎，尤其是在我们尚且弱小、屡屡受挫和愈发孤立的环境下更应该如此。"[1] 然而问题是，虽然盖茨提出了这些真实存在的错误并分析了原因，但对于美共该如何摆脱孤立状态以及应该制定怎样的计划，盖茨并没有给予明确的回答。尤其是在当时复杂的环境下，盖茨急于改变现状的焦躁心态使毫无准备的美国共产党员顿时乱成一团，这也使盖茨等反思派逐步走向极端。

同时，盖茨的讲话在很大程度上是对福斯特的领导与价值的公开否定，这对福斯特来说无疑是极大的羞辱。[2] 比如，在1956年美共中央四月全会上，盖茨指责福斯特的伟大著作经常被美共的其他领导人讴歌，但是很少有共产主义运动以外的人会去阅读。即便是在美共党内，这些小册子也只是简单地派发到党组织的基层党员手里面，然而并没被认真地去阅读和发售。盖茨在会上问道："为什么美国人不愿意去读福斯特的著作？"显然，盖茨在批个人崇拜和美共领导性错误的时候，剑指福斯特。在当时美共党内，福斯特就是权威，美共重大政策与策略的制定几乎都绕不开福斯特。因此，盖茨的讲话引起了福斯特的极大不悦。福斯特反驳道："为什么这么说？我的著作已经在世界各地都有发售……已经翻译成了俄文、中文以及其他许多语言。"但是福斯特的言论在盖茨看来，只能证明"福斯特已经完全脱离了美国的实际"，"他已经视自己为一个国际性的形象

---

[1] David Shannon, *The Decline of American Communism: A History of The Communist Party since 1945*, New York: Harcourt, Brace and Company, 1959, pp. 282 – 283.

[2] James R. Barrett, *William Z. Foster and the Tragedy of American Radicalism*, Urbana and Chicago: University of Illinois Press, 1999, p. 256.

第四章 福斯特与党内"修正主义"派别的斗争及影响

和人物……与美共的其他领导人相比,他已经成为典型的'美国人',并且他已经疏离了他自己的祖国和人民"。盖茨断定福斯特"生活在他自己所构建的世界中"。虽然这句话有着夸张的成分,但同时也说明了福斯特在美共衰落过程中所持的立场,以及他与其所认为的"修正主义"作最后的斗争。①

这个时候的福斯特由于身患重病不能正常地参与党内政治生活,但为了捍卫自己的立场,他在美共中央四月全会之后多次通过声明和文章来反对盖茨派的右倾主张。首先,针对盖茨派将斯大林的错误与苏联社会主义集权体制的弊病联系起来的做法,福斯特进行了严厉的批评。福斯特认为,斯大林的错误并不是社会主义的产物,斯大林更不能等同于苏联社会主义,因此在批判斯大林错误的时候,必须肯定苏联社会主义在斯大林领导下所取得的成绩,以抵制资产阶级所煽动的反苏情绪。② 其次,针对盖茨派关于美共应该抛弃掉马列主义的建议,福斯特认为,盖茨等人的立场严重"削弱了党的马克思列宁主义立场",不仅不能删除掉马列主义,反而更应该"坚定地忠于马克思列宁主义的教诲"。他认为,只有基于马列主义的基本原则也才能更好地阐释美共,"我们应该更好地将这具有普遍应用性的理论内容与我国工人阶级争取社会主义的斗争经验结合起来"③。再者,针对盖茨派关于解散美共,以便建立一个更广泛的社会主义政党的建议,④ 福斯特与其进行了不调和的斗争。在 1957 年 2 月美共召开的第十六次全国代表大会上,福斯特指出,倘若接受盖茨派关于解散美共的建议,实际上就是标志美共"作为一个战斗组织的死亡,并且会使它退化成一个社会主义的宣传机构"。因此,应该继续肯定共产党存在的必要性。⑤ 最终,在福斯特的斗争下,美共代表大会拒绝了盖茨派的建议,而选择了一个较为折中的方案。

---

① John Gates, *The Story of an American Communist*, Thomas Nelson and Sons, 1958, p. 166.
② *Worker Daily*, July 2, 1956.
③ William Z. Foster, "On the Party Situation", *Political Affairs*, October, 1956, pp. 15 – 45.
④ David Shannon, *The Decline of American Communism: A History of The Communist Party since 1945*, New York: Harcourt, Brace and Company, 1959, p. 317.
⑤ 《美国共产党第十六次全国代表大会和加拿大劳工进步党第六次全国代表大会重要文件汇编》,世界知识出版社 1958 年版,第 1—2 页。

本来，在美共十六大召开前夕，大多数党员都寄希望于大会的召开，以达成新的团结。因为自党内出现严重的分歧以来，党员遭遇到了严重的信仰危机，大批党员纷纷脱党。① 但美共十六大做出决议之后，福斯特与盖茨派对这个决议有着各自不同的理解与解释。这就意味着十六大的召开不但没有弥合党内分歧，反而使得这些分歧愈演愈烈。1957年3月14日，福斯特批评了《工人日报》，要求解除盖茨的主编职务，这在党内引起了不少党员的抗议。有党员认为，他们被党内的派别斗争消磨了最初的激情，甚至忘记了党的主要目的。福斯特继续以反对右倾为名的清除异己的活动，直接影响到了福斯特在4月落选中央政治局委员，只是以美共名誉主席的身份入选政治局。② 但福斯特及其追随者并没有因此放弃与盖茨派的斗争，并多次要求解除盖茨的职务。恰逢此时，由于《工人日报》的发行量日益减少，加之党的经费不足，美共中央几次考虑停刊，而盖茨等人坚决反对停刊，并以退党相要挟。1957年12月24日，美共决定《工人日报》将于1958年1月正式停刊。此后几天，盖茨等人表示自己要退党。③ 盖茨退党之后，福斯特在党内继续开展清除盖茨派的行动。

第二节　福斯特与党内"修正主义"派别斗争的起因

党内派别斗争是国际共运史上各国共产党内普遍存在的一个现象，似乎正应了革命导师恩格斯的那句话，即"无产阶级的发展，无论在什么地方总是在内部斗争中实现的"④。问题是，国际共运史上各国共产党内的派别斗争，并不属于真正意义上的派别斗争，更多的是思想认识上的不同。但那个时候的共产党人似乎陷入了一种极端的思维，即非黑即白的思维。他们在对待党内意见分歧的时候，极其容易上升到政治上的高度，即我们所称的"上纲上线"，动辄将持不同政见者归为派别活动，不仅动用

---

① ［美］佩吉·丹尼斯：《尤金·丹尼斯的一生》，劳远回等译，新华出版社1988年版，第302页。

② David Shannon, *The Decline of American Communism: A History of The Communist Party since 1945*, New York: Harcourt, Brace and Company, 1959, pp. 334–336.

③ Ibid., p. 336.

④ 《马克思恩格斯选集》第4卷，人民出版社1995年版，第653页。

组织手段将其在政治上打倒，而且从思想或肉体上加以消灭。应该说，美共党内的派别斗争虽然不及苏联共产党那般激烈，但在本质上并无不同之处。因此，探讨美共的党内派别斗争，并对其形成的原因进行阐释，既是一个有趣的事情，同时也极具重要的启示意义。

一 苏联政治对美共的影响

福斯特与美共党内"修正主义"派别的斗争无不与莫斯科的政治气候有关。首先，美共早期的党内派别斗争几乎都是苏共党内斗争引起的。换言之，美共早期的党内派别斗争是苏共党内斗争在美共党内的延伸。

第一，福斯特与佩帕尔派的斗争深受苏共党内斗争的影响。当时，美共依据列宁统一战线的思想，正在积极开展支持拉福莱特的第三党运动。然而，正在美共积极准备召开会议商量与拉福莱特运动怎样展开合作的时候，美共接到了共产国际的指示，即共产国际执行委员会第五次全会作出的决议，不赞同美共与拉福莱特运动的联合。共产国际之所以会有这样的指示，主要是由于苏共党内的派别斗争造成的。当时，联共（布）党内正发生着激烈的路线之争。1923年后半年，列宁病重不能工作，联共（布）党与共产国际的日常工作由季诺维也夫、斯大林和托洛茨基主持。前者与后者之间围绕着社会主义路线问题展开了一系列的争论，其中有一项争论是关于"上层统一"的问题。这个问题的争论始于1923年秋德国一度出现革命高涨形势前后。季诺维也夫和斯大林认为，既然德国有革命成功的可能，就应该支持德国共产党独立领导人民起义夺取政权。但托洛茨基认为："共产党不仅要同社会民主党合作，如有可能，还可以同右翼民族主义者联盟。"[①] 这场争论中，季诺维也夫与斯大林占了上风，为托洛茨基的此番言论扣上了"右倾机会主义"的帽子。但矫枉过正是国际共产主义运动中比较常见的现象，季诺维也夫与斯大林在批判托洛茨基的时候，其主导的"打入内部"政策、统一战线策略也慢慢变得激进与"左倾"，对此，季诺维也夫与斯大林在1923年8月讨论德国革命问题会

---

① 姜琦、张月明：《国际共产主义运动史的党际关系史（1848—1988）》，华东师范大学出版社1991年版，第216页。

议上的言论就是例证。① 列宁逝世以后,在季诺维也夫和斯大林的主导下,共产国际的统一战线一改以往较为缓和的立场,迅速左转。令人惊愕的是,福斯特等人于1923年在莫斯科的时候发现,他们为之努力的"第三党联盟"竟然成为苏共党内斗争的政治砝码。他们还发现共产国际成为托洛茨基攻击的目标。托洛茨基认为共产国际奉行了一种机会主义的政策,并且对统一战线也颇有微词,即他认为丑化美共与拉福莱特的联盟是共产国际的最大错误之一。② 可以说,苏共党内的斗争以及共产国际对美共的有关指示,引起了美共党内两派之间的斗争。美共成立之初,党内存在着两个政治派别即以鲁登堡、佩帕尔、洛夫斯东为代表的多数派和以福斯特、比尔特曼、坎农为代表的少数派。两派之间本身在是否对拉福莱特运动进行支持的问题上存在着较大的意见分歧,但苏共党内的斗争无疑加剧了两派之间的矛盾。

第二,福斯特与坎农派的斗争深受斯大林等与托洛茨基的宗派斗争的影响。福斯特曾同坎农并肩与帕佩尔等人展开激烈的斗争,形成了当时著名的福斯特—坎农派。但是由于在派性斗争方面缺乏经验和驾驭能力,福斯特最终将斗争的矛头转向了昔日的盟友坎农。③ 加之当时福斯特等美共领导人根据以往与共产国际打交道的经验,愈发将自己的前途与共产国际联系起来以及越来越善于揣测共产国际的心思。福斯特与坎农之间的斗争就是盲目跟从苏共和共产国际的结果,只不过是他们的站队不同罢了,即前者与斯大林站在了一起,而后者与托洛茨基站在了一起。从实质上讲,福斯特与坎农的纷争是苏共和共产国际内部斗争在美国的延伸。随着列宁的病重离世,苏共党内出现了权力真空现象,这引起了苏共党内对最高权力的激烈争夺。斯大林、季诺维也夫、托洛茨基等人之间的权力斗争与对社会主义建设、探索社会主义道路方式上的争论交织在一起,他们将各自的主张作为斗争的武器,最终在苏共十三大上,斯大林、季诺维也夫和加米涅夫合力击败了托洛茨基。但问题是,虽然斯大林等人与托洛茨基的斗

---

① 李宗禹:《国际共运史研究》第六辑,人民出版社1989年版,第226—230页。
② Theodore Draper, *American Communism and Soviet Russia*, New York: Vintage Books, 1960, pp. 108–109.
③ James R. Barrett, *William Z. Foster and the Tragedy of American Radicalism*, Urbana and Chicago: University of Illinois Press, 1999, p. 148.

争以前者的暂时性胜利而告一段落,但这并不意味着托洛茨基的影响就在共产国际内部彻底消失了,须知当时托洛茨基在共产国际内部仍有着极高的威望。在这样的情况下,季诺维也夫与斯大林等人开始利用既有的优势加紧了对托洛茨基的反攻,甚至不惜将苏共党内的争论搬到了共产国际,在共产国际内部掀起了反对托洛茨基主义的狂潮。"随着美共代表们不断地去共产国际朝圣,他们也卷进了这场主义之争的风暴中。"① 之前,福斯特与坎农只是将主要精力放在美国的具体问题上,对他们来说,托洛茨基主义与其说是意识形态上的异端邪说,倒不说是令人厌烦的外来滋扰。② 就福斯特来讲,他的主要工作集中在工会教育同盟,他所关注的是如何更好地从劳联内部突破的问题和如何在工会开展工作的问题,而对于苏联共产党和共产国际内的争论他并未给予很大的关注。即便是他来到共产国际,在亲身感受到共产国际对托洛茨基的批判之后,福斯特在反托洛茨基主义的问题上也只是口头上说说而已,并没有付出实际的行动。③ 加之福斯特与坎农等人也根本搞不清楚俄国党的内部争论到底是因为什么,同时也难以得到关于托洛茨基反对派的有关资料。正如坎农当时所讲:"俄国党内的这场重大斗争,起初仅限于极度复杂的俄国问题。我们美国人对俄国国内问题了解得很少,所以这些问题对我们来说是全新而陌生的。我们又得不到全面的信息,这让我们难上加难。我们得不到俄国左翼反对派的文件。他们的观点被压了下来,不让我们知道。我们得不到真相。"④ 之后,随着苏共党内斯大林与托洛茨基的斗争进入到了白热化的阶段,福斯特与共产国际打交道的过程中慢慢地意识到:谁有资格来担任各国共产党的领导人、要符合什么样的标准才能担任领导人,这些都要由莫斯科来决定,而当时这个资格和标准就是:谁最大声地反对托洛茨基和托洛茨基主义,谁就能当领导。⑤ 福斯特开始步洛夫斯东等人的后尘,开

---

① Theodore Draper, *American Communism and Soviet Russia*, New York: Vintage Books, 1960, p. 129.

② Ibid., p. 357.

③ Ibid..

④ James P. Cannon, *The History of American Trotskyism*, New York: Pathfinder Press, 1972, p. 40.

⑤ Ibid., p. 36.

始激烈的反对托洛茨基主义以换取共产国际方面的信任和支持。正如坎农所说:"一些聪明人(说得更明白点——奸诈的人)和在莫斯科消息最灵通的人,开始意识到,要想得到共产国际青睐,让共产国际给自己的派别撑腰的话,最好的办法就是积极放肆地反对托洛茨基主义。反'托洛茨基主义'运动是莫斯科对世界各国成员党的命令。""福斯特派虽然没有洛夫斯东派那么灵敏和狡猾,但也不甘落于人后,他们奋起直追。实际上他们在跟洛夫斯东竞争谁是最厉害的反托分子。他们就这个题目争相发表演讲。"① 至此,福斯特作为一名坚定的斯大林主义者,与美国的托洛茨基主义展开了激烈的斗争。

  第三,福斯特与杰伊·洛夫斯东之间的斗争同样是苏共党内派性斗争在美共党内的继续与发展。继鲁登堡逝世以后,洛夫斯东慢慢控制了党内的多数派,甚至在 1927 年春开启了美国共产主义运动的洛夫斯东时期。② 洛夫斯东掌握美共控制权的这段时间,恰逢斯大林与布哈林之间展开了激烈的斗争,这场斗争同样也延伸到了共产国际内部,波及共产国际所属的各个支部和各国共产党。在这场斗争中,福斯特选择了支持斯大林,而洛夫斯东选择了与布哈林站在一起。当然,除却派性和权力斗争的因素外,这里还牵涉到了"美国例外论"的问题,毕竟洛夫斯东在很大程度上与"美国例外论"有着紧密的联系。③ 当时,洛夫斯东对布哈林关于美国形势的分析深信不疑,即布哈林认为美国资本主义依然处在不断上升的发展阶段,美国工人阶级的实际工资要超出欧洲工人平均工资的四倍,因此美国工人阶级已"意识形态资产阶级化"④。洛夫斯东紧跟布哈林的有关分析,对资本主义和美国的历史传统作了新的评价,并且认为美国并不具备革命形势。必须承认,洛夫斯东敢于创新的勇气,以及他为探索出一条美国式的社会主义道路而作出了较大的努力。但问题的关键是,他的主观努

---

  ① James P. Cannon, *The History of American Trotskyism*, New York: Pathfinder Press, 1972, pp. 43 – 44.

  ② Theodore Draper, *American Communism and Soviet Russia*, New York: Vintage Books, 1960, p. 249.

  ③ James R. Barrett, *William Z. Foster and the Tragedy of American Radicalism*, Urbana and Chicago: University of Illinois Press, 1999, p. 155.

  ④ Theodore Draper, *American Communism and Soviet Russia*, New York: Vintage Books, 1960, p. 260.

力与苏共党内权力斗争、共产国际内部路线之争、美共党内派性斗争交织在了一起，他的所有尝试都极容易被谴责为"修正主义"和"右倾危险"。最终在共产国际的支持下，福斯特与洛夫斯东派进行了激烈的斗争。

其次，美共后期的党内派别斗争也与莫斯科的路线或政治事件有着莫大的关联。比如，白劳德主义的产生依赖于苏联主导或参与的三个重要性事件，即共产国际七大提出的反法西斯人民统一战线、共产国际的解散以及德黑兰会议的召开。在共产国际反法西斯统一战线的基础上，白劳德改变了对罗斯福政府的态度，将人民统一战线发展成为了民主统一战线，并且提出了将共产主义与美国民主传统相结合的设想。在共产国际解散这一事件的触动下，白劳德将美共改组为共产主义政治协会，甚至根据德黑兰会议中苏联的暂时性立场，白劳德对战后资本主义与社会主义及其前景作了"肆意"的判断。显然，白劳德主义产生的灵感主要来自于莫斯科当时的政治立场，只不过是在此基础上稍微有所自我发挥罢了。但是，在莫斯科政治气候风云变幻的背景下，白劳德为自己的"小聪明"付出了惨痛的代价，即招致莫斯科极其严厉的惩戒。福斯特之所以坚定地站出来与白劳德进行斗争，也是得到了莫斯科方面的授意与支持。需要指出，虽然福斯特与白劳德之间的矛盾已经尖锐化，但由于此前白劳德深受共产国际的赏识，小心谨慎的福斯特在与白劳德斗争的时候，似乎没有特定的立场，他在解散美共这件事情上表现得很动摇。他固有的老左派特性使他并不赞成白劳德解散美共，但是他迫于党内外的压力，一直隐忍不发而已。① 然而，在他完全了解莫斯科方面的真正意图之后，他与白劳德展开了不调和的斗争。再比如，福斯特与盖茨派的斗争主要是由苏共二十大、波匈事件引起的或激化的。当时，在苏共二十大上赫鲁晓夫对斯大林的批判以及苏联在波匈事件中所表现出的大党主义，在美共党内引起了强烈的反响。在如何看待斯大林的错误、美共与苏联的关系等重大问题上，形成了以福斯特为首的"有限反思派"与以盖茨为首的"激进反思派"。福斯特出于维护斯大林和莫斯科形象的需要，当然也是捍卫自己权威地位的需

---

① 如佩吉·丹尼斯后来所说："福斯特成了当时的英雄，然而他对某些事实故意长期不表态，而这些事实只有他本人才能澄清。后来一直等到他的表态已经不能起什么作用了，他才承认在杜洛克进行批评以前，美共党内就已经存在着重大的意见分歧。"（[美]佩吉·丹尼斯：《尤金·丹尼斯的一生》，劳远回等译，新华出版社1988年版，第201页。）

要，与以盖茨为首的"激进反思派"展开了激烈的斗争。

二 党内分歧与党权

党内分歧是党内派别斗争产生的直接根源。在党内政治生活中，在一些重大政治事件或原则问题上，党内成员由于看待问题的角度不同，时常会出现一些分歧或矛盾，引发党内斗争是极其正常的。首先，20世纪20年代，在如何开展农工党策略，即是否与拉福莱特运动展开合作的问题上，美共党内就出现了严重的意见分歧。倘若不与进步的小资产阶级运动联盟，自身力量极其弱小的美国共产党就难以争取到更多民众的认同与支持。倘若与之联盟，弱小的美共就有被淹没在强大的小资产阶级运动中的危险，丧失自己的独立性。围绕着这个问题，福斯特与佩帕尔展开了激烈的争论。其次，福斯特与坎农的斗争的直接导火索是在与他们对托洛茨基的不同态度。前者紧跟斯大林的有关分析与步伐，对托洛茨基采取了敌视的态度，成为坚定的斯大林主义者。而后者赴莫斯科参加了共产国际的第六次大会，期间接触到托洛茨基批判共产国际路线的文章，被其中的论据所吸引，最终选择站在了斯大林与共产国际的对立面，完全接受了托洛茨基主义。再者，福斯特与洛夫斯东、白劳德的斗争最直接的根源皆是由于他们对资本主义和社会主义及其发展前景的意见分歧。前者捍卫列宁关于资本主义特征是腐朽的、垂死的分析，得出了资本主义即将覆灭和社会主义即将胜利的乐观结论。而后者得出了资本主义尚处在上升阶段的结论。前者认为后者的结论过于悲观和不利于运动的展开，后者认为前者缺乏与时俱进的态度，缺乏对现实状况的精确分析。基于不同的结论，他们为美共制定了截然不同的政策与策略。

可以说，美共在不同阶段所面临的新问题引发了美共党内主要领导人的思考，要求他们做出更好的理论阐释和制定出符合美共实际需要的工作策略。但问题是，由于各个领导人的经历、经验、气质和视野各异，使得他们看问题的角度也不同，产生意见分歧是极其正常的事情。倘若不能求同存异，通过有效的途径达成一致，一旦与苏共的党内斗争、国内外重大事件以及党的权力归属等问题交织在一起，势必会引发激烈的党内派别斗争。

此外，美共党内的派别斗争，明面上是意识形态和路线之争，抑或是所谓的"左""右"之争，但实际上更多的是为了争夺权力而斗争。应该说，古今中外的党内派系斗争几乎都与党的领导权力有着莫大的关系，其逻辑是：谁的思想主张获得多数人的支持，谁就掌握权力；谁掌握了权力，谁就掌握住了话语权。福斯特与佩帕尔、坎农、洛夫斯东、白劳德以及盖茨的斗争，不仅有党内意见分歧、莫斯科的干预等影响因素，而且有党内权力争夺的因素。须知，美共与当时世界上的其他共产党一样，都是按照布尔什维克原则建立起来的政党，实行的是下级服从上级、全党服从中央的命令机制。在这样的机制中，美共各派想要将自己的思想主张上升到党的意志，就必须掌握党的领导权。比如，针对福斯特与佩帕尔之间的斗争，坎农曾指出福斯特在斗争中慢慢地学习到，在"党已经控制一切"的背景下，想要有效地贯彻自己的思想主张，就必须"控制党本身"。自此开始，福斯特将工作重心从工会教育同盟转向了党。① 再比如，福斯特在与白劳德进行斗争的初期，他曾出于维护自己权力地位的需要，竟公开支持白劳德的路线。这里有一个很好的例子，即当福斯特昔日的盟友萨姆·达西（Sam Darcy）因激烈反对白劳德的路线被美共中央开除时，福斯特不仅没有对之伸以援手，而且还亲自上阵主持美共会议，将达西开除。② 显然，权力能令人智昏，引起激烈的党内派别斗争。

第三节　福斯特与党内"修正主义"派别斗争的影响

应该指出，福斯特与党内"修正主义"派别的斗争有着一定的积极意义，即他为捍卫美共和马列主义作出了不可磨灭的贡献。但从历史的眼光看，福斯特与党内"修正主义"派别的斗争也造成了不良的后果与影响，不仅致使美共的力量和影响变小，而且也对美共的工作造成了不小的损失，尤为重要的是，美共独立探索美国式社会主义道路的初步尝试被激烈的党内斗争扭曲和扼杀了。

---

① ［美］詹姆斯·坎农：《美国共产主义运动的头十年》，张鼎五译，商务印书馆出版1963年版，第92页。
② Philip J. Jaffe, *The Rise and Fall of American Communism*, New York: Horizon Press, 1975, p. 62.

一 致使美共组织力量衰弱

党内派性斗争致使美共组织弱化、力量减小。美共党内派别斗争的直接结果就是将佩帕尔派、坎农派、洛夫斯东派、白劳德"修正主义"派、和盖茨派开除出党。比如，坎农及其忠实追随者姆·阿伯恩、马克斯·沙赫特曼于1928年10月27日被开除出党。在他们三人被开除出党以后，美共要求每位党员在一周之内表明他们反对坎农和托洛茨基主义的态度。这引起了部分党员的不满，尤其是党内认同与支持坎农的党员。当时，坎农在明尼阿波利斯的一些朋友并不是托洛茨基分子，更没有宣传托洛茨基主义，他们只是由于同情坎农的政治境遇而突然被定性为托洛茨基主义分子，一并被开除出党。[①] 当时被开除出党的"坎农分子"约有100名之多。这样，党内派系斗争的结果就是美共将自己党内的同志推到了对立面，为自己树立了新的敌人。这些被开除出党的人组成了一个反对派联盟，开始进行反共、反苏的活动。[②] 比如，福斯特派打败了洛夫斯东派以后，在党内掀起了大规模的对洛夫斯东分子的清洗活动。在这场反对洛夫斯东"右倾修正主义"的斗争中，美共至少开除了200名的"洛夫斯东分子"，[③] 其中不乏党的高级领导干部。除此之外，更多的党员通过退党的方式来表达自己的不满而纷纷加入到了洛夫斯东的队伍。[④] 退党的党员包括工会运动领袖查尔斯·齐默尔曼、前纽约地区组织书记伯特·米勒以及共青团领袖赫伯特·扎姆和威尔·海伯格等。还有一些党员因不愿公开谴责洛夫斯东而被开除出党，如美共在芝加哥地区的领导人威廉·克鲁泽

---

① Theodore Draper, *American Communism and Soviet Russia*, New York: Vintage Books, 1960, pp. 271–272.

② William Z. Foster, *History of The Communist Party of The United States*, New York: International Publishers, 1952, p. 276.

③ 福斯特在其《美国共产党史》一书中所列举的数字稍微显得保守，指出美共开除了大约200名洛夫斯东分子。(William Z. Foster, *History of The Communist Party of The United States*, New York: International Publishers, 1952, p. 274.) 有的学者列举的数字与福斯特列举的有所出入，如中国学者秦德占指出美共开除洛夫斯东及其追随者多达600余人。(秦德占:《变动中的当代欧美社会》，当代世界出版社2004年版，第178页。)

④ Theodore Draper, *American Communism and Soviet Russia*, New York: Vintage Books, 1960, p. 430.

等。这些被开除和脱党的大多数人成立了反共产党的组织和宣传团体，显然成为共产主义的敌人。因为这些人相对来讲还比较年轻，他们有机会拿出更多的时间和精力来反共产主义。① 再比如，白劳德被清除出党不仅使得一些追随白劳德的党员有组织的脱党，而且使得美共损失了 1.5 万名厌恶党内派别斗争的党员。② 同样，福斯特与盖茨派的斗争致使大量对党内派别斗争不满的党员纷纷退党。盖茨是 20 世纪 50 年代后期退党浪潮中第一位退党的政治局委员，他的退党引发了更大的退党浪潮。福斯特为了彻底清除盖茨派"右倾修正主义"在党内的影响，多次要求将政治局中的盖茨派分子清除出党。在这种情况下，大批党员被开除出党，甚至还有大量党员由于对党内的派别斗争感到了厌倦以及对党彻底失去了信任而纷纷退党。于是，在 20 世纪 50 年代末的最后几年里，美国共产党的力量与影响力在急剧下降，美国共产主义运动也遭到了空前的损失。据有关数据揭示，美共党员从 1956 年中期的 2 万人到 1957 年夏天已经急剧降到了大约 1 万人，到 1958 年 1 月就只剩下了不足 7000 人。③ 这样，就使得本来力量比较弱小的美共不仅丧失了大量的党员和为自己培植了更多的敌对势力，而且严重影响到了党的组织发展，大大削弱了党的战斗力和影响力。

二 对美共的工作造成了损失

党内派性斗争对美共的工作造成了严重的损失。首先，在党的工会工作方面，党内派性斗争的结果是美共后来遵从共产国际在工会工作上的"左"倾路线，抛弃了原先"打入内部"的正确斗争策略，重新回到了"双重工会主义"的错误轨道上。虽然，美共曾利用经济危机的爆发积极开展了组织工人斗争的工作，但由于秉持着激进的工会策略，美共难以有

---

① Theodore Draper, *American Communism and Soviet Russia*, New York: Vintage Books, 1960, p. 430.

② 按照福斯特的说法，当时美共党内有一万五千名党员由于厌恶白劳德机会主义而纷纷脱党。(参见 William Z. Foster, *History of The Communist Party of The United States*, New York: International Publishers, 1952, p. 437.)

③ David Shannon, *The Decline of American Communism: A History of The Communist Party since 1945*, New York: Harcourt, Brace and Company, 1959, p. 360.

效地在各个工厂中开展工会的工作。对此,福斯特后来也承认美共在工会工作上犯了许多宗派主义的错误,影响到了它的工作效率。他说:"第一个错误就是当它的许多敌人正在凶猛地进攻时,它有一种在一个要求过高的斗争性的基础上发展其他工会纲领的倾向,并且有将它所领导的组织搞得太一律的倾向。这一点使它自己很难与比较保守的工人取得联系,同时也缩小了与进步分子结成统一战线的范围,结果阻碍了组织的发展。""第二个严重弱点,是开始走向双重工会主义的趋向,这是美国左翼的传统的缺点。……忽略了在旧工会里的工作,而只把力量集中在新工会方面,而当它在旧工会内部可以起到更为实际的作用时,它却去建立新工会。"① 其次,在发展党员队伍的工作上面,党内派性斗争也造成了极其严重的后果和影响。矫枉过正是共产主义运动中的通病,美共也不例外。美共在进行反对"右倾主义"斗争的过程中,不自主地犯了"左"倾的错误,在党内开展了对坎农派、洛夫斯东派的整肃和清洗工作,几百名党员被开除出党。同时,美共党内的派性斗争致使大量的党员心怀不满而纷纷退党。比如,在洛夫斯东被开除出党之后的短短几个月时间里,美共党内有2000名党员因对党内权力斗争的不满而选择退党。② 这样直接导致了美共损失了百分之二十多的党员。这种情况显然不利于美共展开发展党员队伍的工作。再者,党内的派性斗争对美共组织黑人工作也造成了不良的影响。比如,在福斯特与洛夫斯东派斗争期间,美共党内围绕着黑人种族性质的问题展开了激烈的争吵。洛夫斯东将"布尔什维克化"与"美国化"等同起来,不赞成斯大林关于将美国黑人问题作为一个民族问题来对待,认为这样会将黑人与白人对立起来。在洛夫斯东派看来,黑人是美国的一个种族而非民族,因此应该根据美国的历史传统和具体政治环境来展开斗争。但福斯特派根据共产国际"民族自决"的新口号,认为美国的黑人不是一个种族而是作为一个民族存在,号召黑人开展革命以推翻资本主义制度,实现黑人民族独立等。党内派别斗争的最终结果以福斯特派胜利而告终,于是美共开始为了实现黑人"民族自决"而斗争。事实

---

① William Z. Foster, *American Trade unionism: Principles and Origanization Strategy and Tactics*, New York: International Publishers, 1947, pp. 199 – 120.

② Theodore Draper, *American Communism and Soviet Russia*, New York: Vintage Books, 1960, p. 430.

上,美国的黑人同白人一样都是美国人,他们从小都深受美国文化的熏陶。虽然他们也会为了享有与白人同样的权利而斗争,但他们却没有推翻现实资本主义制度的革命性要求。① 那么,在这样的情况下,共产党的黑人组织工作势必难以取得卓越的成效。福斯特与白劳德的斗争,虽然捍卫了美共和马列主义,但是矫枉过正,将美共带上了"左"倾的道路,拒绝与一切改良性质的进步组织、政治派别、社会团体合作,对美共统一战线工作造成了严重的负面影响。此外,福斯特与盖茨派的斗争不利于美共反思工作的开展。本来,美共党内的老左派试图通过反思美共历史上的种种错误,以更好地推进美国共产主义运动的发展。但在反思过程中的意见分歧逐渐演化成了福斯特反对盖茨派"右倾修正主义"的斗争。福斯特在与盖茨派斗争的过程中,又再次矫枉过正,将美共带上了"左"倾的道路,使得反思并未取得实际的成效,难以改变美共的衰落态势。

三 错失了探索美国特色社会主义道路的机会

党内派性斗争致使美共错失了探索美国特色社会主义道路的机会。美共党内的派性斗争在某种程度上与"美国例外论"有着紧密的联系。当时困扰着美共的有这么两个问题:为什么共产主义运动在美国如此衰弱和无效?什么时候它能够变得强大和取得成功?② 针对这些问题,洛夫斯东等人在共产国际关于资本主义处于上升阶段的基础上,开始重新审视美国的历史传统,将美国共产主义运动与美国的历史文化传统、"布尔什维克化"与"美国化"结合起来。③ 他在《工人日报》上发表两篇文章披露美国革命与现在共产党一样,都是少数人采取了暴力、"专政"的方式,也接受了"外国的"资金。在文章中,洛夫斯东旨在强调美国历史传统

---

① 实际上,对于20世纪30年代北部和南部的白种美国人来说,黑人问题是不存在。只有激进分子试图打破种族隔阂,他们是社会主义者、托洛茨基主义者和绝大多数的共产主义者。([美]霍德华·津恩:《美国人民史》,许先春、蒲国良、张爱平译,上海人民出版社2013年版,第326页。)

② Theodore Draper, *American Communism and Soviet Russia*, New York: Vintage Books, 1960, p. 269.

③ 详见 Theodore Draper, *American Communism and Soviet Russia*, New York: Vintage Books, 1960, pp. 272–275.

与共产主义运动"美国化"之间的关联。① 实际上,这是美国共产党人探索美国式社会主义道路的初步尝试,意在根据美国的政治条件和历史传统更好地推进共产主义运动。正是基于这样的认识,洛夫斯东派认为美国的资本主义与欧洲的情况是不同的,倘若不顾具体条件机械地把针对欧洲那些大的群众性政党的斗争策略照搬到美国,这将是错误的。② 再比如,白劳德当时提出"共产主义是20世纪的美国主义"的口号,试图将共产主义运动与美国本土传统相结合,甚至建议将共产主义运动置于美国激进主义的历史环境之中和根植于美国的民主传统之中。实际上,白劳德的主张不仅是美国共产党人探索美国特色社会主义道路的再次尝试,而且为共产党更好地融入美国主流政治社会提供了可参考的思路。按照现代人的眼光看来,洛夫斯东与白劳德的有关言论是无可厚非的。毕竟马列主义不是教条而是行动的指南,因此将马列主义与本国历史文化传统、客观条件相结合是极有必要的。但是在当时"越左越革命"的国际共运大背景下,洛夫斯东和白劳德这种力图促使共产主义运动美国化的意愿与尝试就极容易成为被莫斯科所不容的"美国例外论"。首先,在共产国际的支持下,福斯特等人与洛夫斯东派展开了激烈的斗争,指责洛夫斯东派对美国政治经济的分析,是对资产阶级理论"美国例外论"的迎合,高估了美国资本主义的能量而忽略了群众工作等。③ 同样是在共产国际的授意下,福斯特与白劳德"修正主义"展开了不调和的斗争,指责白劳德主义是洛夫斯东"美国例外论"的再现。④ 此外,福斯特在与盖茨派斗争的时候,将盖茨与洛夫斯东、白劳德归为一类,是对"传统马克思列宁主义的修正"⑤。如在1957年2月,福斯特写了《马克思列宁主义与"美国的繁荣"》一

---

① Theodore Draper, *American Communism and Soviet Russia*, New York: Vintage Books, 1960, p. 274.
② 姜琦、张月明:《国际共产主义运动史的党际关系史(1848—1988)》,华东师范大学出版社1991年版,第221页。
③ 详见 William Z. Foster, *History of The Communist Party of The United States*, New York: International Publishers, 1952, pp. 271 – 272.
④ [美]威廉·福斯特等:《白劳德修正主义批判》,杨延生译,生活·读书·新知三联书店1962年版,第53页。
⑤ James R. Barrett, *William Z. Foster and the Tragedy of American Radicalism*, Urbana and Chicago: University of Illinois Press, 1999, p. 266.

文,指责盖茨有一种反列宁主义的倾向,即"认为列宁主义对于美国是格格不入的,在这里是不适用的"①。在福斯特看来,盖茨派的主张同样是"美国例外论"的再现。当然,不能否认福斯特为捍卫美共和马列主义的历史功绩。但问题是,福斯特对美国客观实际的错误判断以及与各种"右倾机会主义"派别的激烈斗争,不仅对美共的工作造成了巨大的损失,而且扼杀了美共将共产主义运动"美国化"与"本土化"的种种尝试。

---

① 威廉·福斯特:《马克思列宁主义与"美国的繁荣"》,《世界经济文汇》1957年第5期。

第五章　福斯特对"美国例外论"的思考与批判

所谓美国例外论，主要包含三重含义：一是指美国重建的"神话"，强调美国是上帝选中的国家和"与生俱来"的优越地位；二是指美国社会状况的独特性，如美国的价值观念、政治结构、宗教信仰等独具特点。三是指对社会主义者和共产主义运动的批评，认为美国没有社会主义或美国不具备共产主义运动的客观条件。这里所指的"美国例外论"主要是指后两种含义。事实上，福斯特作为美国共产党的重要领袖，对"美国例外论"是持着批判的态度，认为美国固然有其独特的方面，但并不能将其作为"美国没有社会主义"的依据，更不能将其作为贬低美国共产主义运动的工具。在福斯特看来，"美国例外论"是一种悲观的论调，会打击人们尤其是美国共产党人为社会主义而奋斗的信心，进而不利于美国共产主义运动的有效开展。基于此，福斯特领导美共多次与党内的"美国例外论"进行斗争，并围绕"美国例外论"这一问题系统阐述了自己的思想主张。但福斯特在批判"美国例外论"的同时，走向了"左"的极端，未能正确处理马列主义与美国客观实际相结合的问题。

第一节　福斯特对"美国例外论"的基本思考

福斯特并不否认美国具有自身的特征，相反认为美国具备资本主义发展的有利条件和阻滞社会主义发展的消极因素。但是，福斯特一贯反对关于共产党和社会主义的悲观言论以及"马克思所发现的经济和政治规律并不适用于美国"①的消极论调。在福斯特看来,"美国例外论"的泛滥对美共和美国社会主义运动产生了严重的消极影响。因此,福斯特在逐一批驳"例外论者"各种错误论点的基础上,对美国的社会主义前景进行了乐观的估计与展望。此外,福斯特对党内各种形式的"美国例外论"进行了系统地批判,强调美国垄断资本主义并不例外于其他资本主义国家的一般规律,同样是世界资本主义体系的有机组成部分和具有资本主义内在固有的经济、政治矛盾。

一 福斯特对美国社会主义的认识与展望

(一)关于阻滞美国社会主义发展的因素

福斯特对美国社会主义的发展现状有着比较清醒的认识,他不仅认识到了美国资本主义的发展壮大和社会主义力量弱小的事实,而且也一度承认美国存在某些历史因素阻滞了工人阶级社会主义思想的发展。

首先,福斯特认为美国具备资本主义发展的有利条件,促使了美国资本主义比其他国家的资本主义强大,不断地压缩社会主义的生存空间。当时,福斯特根据列宁关于资本主义发展不平衡规律的分析,强调资本主义虽然基本上各处都是一样的,但世界各国的资本主义的发展形式各异,速度也不均衡。由于各个国家的发展条件不同,资本主义发展或加速或缓慢,或有力或衰弱,各有特点。因此,福斯特承认道:"美国给世界提供了非常有利的条件下发展起来的一种资本主义制度突出的例子。"福斯特认为,美国具备其他资本主义国家所不具备的有利条件,致使美国资本主义的实力比其他资本主义国家显得巨大。基于这样的认识,福斯特强调:"只有研究这些有利条件中一些较为重要的条件,人们才能够了解目前美国资本主义的实力比其他资本主义国家强大的情况,也只有这样,才能了解美国的具体特点。也只有这样,才能够阐明'例外论者'的理论来源"。在此基础上,福斯特进一步列举出美国资本主义所具备的有利条件中比较重要的六个方面,即在封建经济和政治残余的相对不存在,横跨大陆的版图、强大的自然资源、国家的统一性质、具有战略意义的位置,以

---

① [美] 威廉·福斯特:《马克思主义与美国"例外论"》,载《美国经济论文选》(1),世界知识出版社1957年版,第19页。

及比较没有受到两次世界大战的破坏和它借助两次世界大战而自肥等。福斯特认为，这些有利条件"全部促进了美国资本主义增长的速度，并加强了美国的实力"①。在福斯特看来，美国具备发展资本主义的有利条件和美国经济高速增长，不断地压缩了社会主义的生存空间，致使民众的社会主义观念发展缓慢。比如，福斯特特别指出美国工人虽然有着丰富和英勇的阶级斗争历史，但是总的来说，"他们尚未发展到为欧洲和别的地方的工人所共有的阶级觉悟和社会主义前景的程度"②。同时，也正是基于美国资本主义快速发展的现实，美国资产阶级对民众所作的舆论宣传，不利于民众社会主义观念的形成。比如，福斯特强调："在劳工里面和外面的美国资本主义的发言人都在叫喧不休，说美国没有社会主义的基础。他们认为我们的经济是特殊类型的，完全不是真正的资本主义，而且说它的发展是无止境地螺旋上升的。这就是'美国例外论'。这些反动派带着武断的、下最后结论的口吻宣称：美国民众不需要社会主义；工人们享受着世界上最高的工资标准；他们选举资本主义思想的人来领导他们的工会；他们没有群众性的劳工政党，他们没有阶级觉悟，他们没有革命的前景。"③ 等等。

其次，福斯特指出："美国工人阶级大部分人长期以来缺乏社会主义思想。"④ 福斯特认为，美国工人阶级的观念形态的发展，长期以来被美国资本主义发展中的许多情况的影响阻滞了。"这些因素有助于在工人中间培养小资产阶级的幻想，并且引导他们相信在资本主义制度框架内可以解决他们的经济和政治问题。这些具体的美国经济和政治特点是形形色色的'美国例外论'的沃土"。福斯特分别从六个方面论述了美国存在着的阻滞工人阶级发展的因素。第一，封建残余的缺少和由于1776年和1861年的资产阶级革命，美国的工人争取到了比欧洲大陆工人更多的权利，其中最为广泛的是选举权。民主权利的获得"有助于在美国工人中间培

---

① 详见［美］威廉·福斯特《马克思主义与美国"例外论"》，载《美国经济论文选》（1），世界知识出版社1957年版，第21—24页。

② William Z. Foster, *History of The Communist Party of The United States*, New York: International Publishers, 1952, p. 542.

③ Ibid., p. 541.

④ 详见 Ibid., pp. 542 – 544.

养普遍深入的关于美国资产阶级民主的幻想。"在福斯特看来，参照美国的情况来看，许多欧洲国家的工人的选举权利一直到第一次世界大战发生为止，都"严重地受到所谓阶级选举制度的限制"，因此，欧洲工人阶级的选举权是经过长时期的斗争获得的。与欧洲的情况不同，美国工人阶级一般说在这几十年里是不需要进行这种争取选举权的初步斗争的。第二，美国工人阶级的构成长期以来缺乏一致性，妨碍了美国"无产阶级觉悟和社会主义观念的发展"。众所周知，美国是一个移民国家，美国大量工人群众都是移民。由于他们来自于不同的民族、不同的国家以及成长经历不同，他们势必存在文化上的差异，这样便不利于他们形成共同的社会主义观念。对此，福斯特指出：他们分属40多个民族，彼此在语言、宗教、文化和历史背景上的差异很大。这些因素显然增加了他们从经济上、政治上组织起来和在观念形态上发展起来的困难。第三，美国土地的自由成了阶级斗争的一种安全调节器和阶级觉悟发展的阻碍。同时，在这种"自由的土地"的基础上，还产生了多种特殊形式的"美国例外论"，这无疑对美国的工人阶级起到了麻痹的作用，使得美国工人对现实状况心存希望。第四，美国工业和农业的飞速发展，阻碍了美国工人阶级觉悟的发展。在福斯特看来，在资本主义快速发展的美国，使得一些工人有能够置备财产，转为中产阶级和大资本家的可能。工人中间普遍存在着"可以建立自己小本经营的指望"，这就使得他们极易"用资本主义的观点来看待问题"。第五，劳动力的缺乏，是阻滞美国工人阶级"发展社会主义思想的最强有力的因素"。福斯特指出，美国劳动力的缺乏主要是美国资本主义快速发展引起的。美国资本主义的快速发展，使得工人，特别是熟练工人获得的工资率远远高于其他资本主义国家，妨碍了他们具有充分的阶级觉悟和革命思想。最后，福斯特清醒地认识到，美国出现了较大规模的工人贵族阶层即恩格斯所讲的"资产阶级化了"的工人，严重阻滞了工人阶级中间社会主义观念的发展。福斯特指出，雇主们以牺牲非技术型工人、黑人劳动者和殖民地人民为代价让这些工人贵族阶层获得高额的工资。随着帝国主义的发展，在工人贵族的基础上甚至产生了工人官僚阶层，这些人逐渐"控制工人的经济和政治活动。"在福斯特看来，这些人是严重阻滞工人阶级思想发展的有力武器。

(二) 对美国社会主义发展前景的展望

同"美国例外论"者一样,福斯特也认识到了美国所独有的特点,承认美国存在促进资本主义发展和阻滞工人思想意识觉醒的因素。不同的是,福斯特认为,"美国例外论"者的消极论点会对美国共产主义运动产生不良的影响,会动摇人们对社会主义必然胜利的信心。因此,为了积极回应"美国例外论者"对美国社会主义的种种质疑,福斯特对美国的社会主义前景作了详细的分析和乐观的展望。

首先,福斯特乐观地宣称,阻碍工人阶级觉悟和社会主义前景发展的因素正在消失。① 第一,福斯特指出,由于垄断资本和帝国主义的成长,美国已然不是国际上的民主领导,现在正在转向法西斯主义。资本主义的堕落,正在迅速地破灭工人的资产阶级幻想。第二,福斯特强调美国工人阶级的一致性正在迅速增加。福斯特指出,随着移民逐渐学习英语和融入美国的习俗当中,他们正在消除民族隔阂成为地道的美国人。美国的"黑人工人与白人工人之间也在发展着组织上和行动上的真正团结"。第三,福斯特指出,美国自由土地的消失使得工人阶级已经失去了成为农场主的指望。第四,福斯特乐观地宣称,由于托拉斯的成长,阻断了美国工人阶级置办小产业的传统希望。福斯特认为,与之前相比,美国工人阶级群众中的大多数已经没有"成为小商人或者工业家"的幻想了,虽然工人群众仍寄希望于自己的后代能够"上进",但是他们已经认同了自己的工人阶级身份。这在福斯特看来,"显然是朝着阶级觉悟跨了一大步"。第五,福斯特认为阻碍美国工人发展社会主义思想的主要障碍即高工资待遇正在不断被削弱。福斯特强调,虽然美国工人的工资仍比欧洲的工人高,但是目前这种高工资正在不断地削减,已经威胁到劳工贵族阶层的既有特殊地位。在福斯特看来,劳工贵族阶层是阻滞工人阶级思想发展的有力武器,当这些劳工贵族由于工资削减而损害到自己的特权地位时,他们就不会像以前那样帮着雇主来控制工人的经济和政治活动了。

其次,福斯特认为美国工人的贫困化,会促进工人的阶级意识和社会

---

① 详见 William Z. Foster, *History of The Communist Party of The United States*, New York: International Publishers, 1952, p. 544.

主义观念的形成。① 一方面，福斯特认为马克思所说的资本主义国家内工人相对贫困化的理论在美国同样适用，并在其著作中列举了大量的数据来说明"美国的工人今天所受的剥削要比50年前厉害，他们的收获却比50年以前少"。福斯特甚至强调：世界上没有任何国家的工人的"相对"贫困像美国这样突出。任何地方的工人都不像美国工人在所谓"高工资"下受到这样的剥削。这种"深重的"剥削和"相对的"贫困，不可避免地将会产生"阶级觉悟和资本主义制度最后崩溃种种情况的根苗"。另一方面，福斯特指出：资本主义条件下的相对贫困必然造成工人的"绝对"贫困。他分析称：工业的加快制度，正常家庭生活的破坏，工人的提前衰老，对经济危机和战争的恐惧，人民自由的丧失等等所产生的不安和苦难，使群众里的贫困情况更加普遍起来。在此基础上，福斯特进一步指出："随着资本主义的继续存在和总危机的加深，美国的前景是群众绝对贫困化和扩大化。"在福斯特看来，在美国工人贫困化的情况下，"他们总有悲哀地觉醒的一天"。

再者，福斯特乐观地估计美国工人将最终转向社会主义。② 福斯特指出，虽然美国目前由于正处于资本主义上升期而且提供了较高的生活水准，但由于自己内部矛盾和世界资本主义制度总危机的作用，它处在资本主义下降期的时候就再也不能提供这样的高工资标准。福斯特以英国为例分析称：当英国帝国主义正处于兴盛时期的时候，它能够以牺牲殖民地人民和国内非技术型工人的利益，来用较高的工资腐蚀劳工贵族。因为在高工资面前，英国的工人作为一个阶级来说，已经深深地迷恋这种"空洞的繁荣"，且对社会主义不感兴趣。但是当英国资本主义处于下坡期，生活标准降低了的英国工人阶级"现在是无可抗拒地趋向社会主义"了。在福斯特看来，美国的情况虽然与英国不尽相同，但是"也不可避免地朝着同一方向去走"。基于这样的分析，福斯特指出：美国工人阶级面临的形势是，在危机和贫困发展的过程中，他们也一定会了解到，能够保护和改善他们生活水准的唯一办法是走上最后到达社会主义的道路。福斯特

---

① 详见 William Z. Foster, *History of The Communist Party of The United States*, New York: International Publishers, 1952, pp. 545–547.

② Ibid., pp. 547–549.

甚至乐观地声称，虽然目前广大美国工人阶级里对社会主义的要求目前比较小，但是美国工人们会向恩格斯所说的那样，"会很快扔掉他们的资产阶级幻想和反动领袖，就像许多别的国家的工人已经做过的那样"。同时，在福斯特看来，美国共产党所领导的诸多阶级斗争和政治运动，"乃是阶级觉悟在美国工人队伍里发展的明确的标志"。

二 福斯特对"美国例外论"的系统批判

首先，福斯特指出，"美国例外论"者正在以好战的态度从经济上和政治上对民主制度和社会主义的一切表现采取攻势。① 在经济上，福斯特指出，"美国例外论"者认为美国资本主义的快速发展对于马克思列宁主义而言，有着一个重大的例外，认为那种损害其他国家的资本主义并且造成强大的社会主义运动兴起的瓦解力量似乎对美国资本主义不起作用。与其他资本主义国家相比，美国一点也没有受到危机的打击，正在经历着世界历史上的任何地方都未曾有过的富有与繁荣。对此，福斯特批驳道：一方面，"资产阶级经济学家兴高采烈地故意不去理会美国人民当中广大的贫困"；另一方面，美国资产阶级理论家们之所以得出这样的结论，是想让民众相信，"美国方式"是根本不同于并优越于世界上其他资本主义的"方式"，具有"自由企业"和大规模生产特点的美国资本主义将不会遭受到更多的危机的折磨。在福斯特看来，美国资产阶级所鼓吹的"美国例外论"无非是想证明"马克思所发现的经济和政治规律并不适用于美国"。政治上，福斯特认为，这些"美国例外论"者除了认为美国资本主义没有世界上其他资本主义所具有的腐朽特点以外，还强调美国经济实力强大到能够从政治上捍卫其他资本主义国家的利益。"美国例外论"者认为，倘若没有美国的经济和军事援助，许多国家的资本主义将要趋于失败，并且会让位于社会主义。对此，福斯特批驳道："他们认为有了以杜鲁门计划和马歇尔计划那样的美国援助，便可以使一切都恢复资本主义工作次序。这些'例外论者'相信，强有力的美国能够击退国际社会主义。"显然，在福斯特看来，"美国例外论"者的种种观点不仅是在经济

---

① 详见［美］威廉·福斯特《马克思主义与美国"例外论"》，载《美国经济论文选》(1)，世界知识出版社1957年版，第18—20页。

上否定马克思列宁主义关于人类社会发展一般规律和资本主义社会发展规律的分析，而且是在政治上对正在日益兴起的世界社会主义运动采取咄咄逼人的攻势。正是基于这样的认识，福斯特措辞严厉地指出："美国的资本家们根据这种堂皇的'例外论'，正以好战的姿态对民主制度和社会主义的一切表现采取攻势。他们到处消灭马克思列宁主义思想意识；他们力图从经济上和政治上扼杀欧洲新民主主义国家"，"他们正在拼命地设法将资本主义世界团结和武装起来以便最后向苏联这个世界社会主义的最坚强堡垒发动战争"，"他们是防止所谓共产主义威胁的声势逼人的扣红帽子的十字军"。按照福斯特的逻辑，"美国例外论"是对马克思列宁主义在"理论上和实践上所代表的一切的最大胆的挑战"。因此，福斯特对持"例外论"者采取了批判的态度。

其次，福斯特逐一批驳了"美国例外论"者的一些主要错误观念。①第一，关于大规模生产的认识。福斯特指出，"美国例外论"者认为使得美国资本主义根本不同于世界资本主义的一个主要方面就是作为美国工业特点的大规模生产方法，这种方法使得美国资本主义具有一种世界资本主义所没有的结构上的力量。对此，福斯特批驳道，大规模生产方法实际上并不是美国独有的，不能够作为"美国例外论"的论据。因为"其他国家能够而且也的确在使用大规模生产方法达到它们的原料供应和他们现有的市场广度所能达到的程度"。福斯特进一步指出，大规模生产不仅不是美国的"例外的东西"，而且也不能成为给予美国资本主义经济以任何结构上的力量。在福斯特看来，资本主义条件下的大规模生产，是在加强剥削以及加剧生产力和消费能力之间的脱节现象。因此，福斯特指出，从长远来看，大规模生产只会加深资本主义制度的基本矛盾即生产社会化与生产资料私人占有之间的矛盾，大规模生产"并不是消除周期性经济危机的办法，相反地，它必然使危机加深，更加频繁，延续的时间更长"。第二，对非帝国主义论断的批判。福斯特指出"例外论"者的一个重大错误观念就是认为美国资本主义是非帝国主义的或是反帝国主义的。"例外论"者认为美国与其他资本主义国家不同，是奉行"民主的国际主义政

---

① 详见［美］威廉·福斯特，《马克思主义与美国"例外论"》，载《美国经济论文选》(1)，世界知识出版社1957年版，第24—29页。

策",不仅能够对世界经济和政治发生独特的稳定性作用,而且能够成为维护世界和平的主要力量。对此,福斯特强调,美国不仅是一个帝国主义国家,而且是一个最强大的和富有侵略性的帝国主义国家,因为"美国具有列宁所阐明的帝国主义国家的一切性质"。第三,不赞同关于无产阶级具有非社会主义性质的论调。"美国例外论"者宣称美国广大的工人群众是非社会主义的或反社会主义的,工人们不仅不把社会主义当作奋斗的目标,而且也不提出将基本工业收归国有的口号。对此,福斯特认为"这是一个毫无道理的结论"。在福斯特看来,美国工人阶级之所以未能养成马克思的阶级觉悟和社会主义观念,是因为他们生活在较为富足的环境当中,"但是,像许多'例外论者'所宣称的,工人阶级,作为一个被剥削的阶级,在美国正在消失着,那就是无稽之谈",因为美国尚存在着剥削的现象。福斯特相信,随着美国经济形势的恶化,美国的工人阶级"肯定地期望以社会主义来解决他们日益严重的经济问题"。第四,对美国民主的批判。当时,"美国例外论"者鼓吹美国的民主具备了新的特质以证明美国资本主义不仅有加强世界经济制度的趋势,而且有加强世界民主之势。对此,福斯特指责道:"这当然是无稽之谈。美国政府是受垄断资本支配的,除了政府受制于群众民主压力的情况之外,它的趋势,和各处的垄断资本一样是走向法西斯的反动。"福斯特指出,由于考虑到自己的民主传统,美国在表面上呈现出不同于欧洲法西斯主义的形式,但是,"在实质上,它们是同样的社会流毒"。

第二节 福斯特与洛夫斯东关于"美国例外论"的争论

按照共产国际的传统结论,洛夫斯东与佩帕尔被定性为和布哈林分子这些反动势力实行了联合,提出了"美国例外论"的机会主义政纲。福斯特在其《美国共产党史》一书中肯定了共产国际的既有定论,认为洛夫斯东等人"反映了美国共产党内的叛变的暗流"[①]。那么,真实的情况又是怎么样的呢?福斯特与洛夫斯东围绕着"美国例外论"这一问题进

---

① William Z. Foster, *History of The Communist Party of The United States*, New York: International Publishers, 1952, p. 272.

行了怎样争论呢？对此，这里有必要对两者之间争论的主要内容做出详细的梳理与说明。

一 关于美国资本主义及其命运问题

资本主义作为社会主义批判和否定的对象，自然也是社会主义者和共产主义者经常讨论的主要内容。在美共党内，福斯特与洛夫斯东曾围绕着美国资本主义及其命运问题展开了激烈的争论。1923年初到1929年的大部分时间里，是美国工业扩展和资本主义繁荣的时期。这次的繁荣，时有起伏，中间也穿插了一次次地局部经济萧条现象。对当时的经济状况，福斯特与洛夫斯东等人有着各自的理解与分析。当时洛夫斯东根据布哈林关于资本主义处于上升阶段的判断，进一步指出美国资本主义跟其他国家的资本主义不同而且要比它们优越，因此它可以不受资本主义制度成长和衰退规律的限制。① 对此，在福斯特看来，他的这种言论在某种程度上与美国资产阶级理论家所宣扬的"新资本主义"理论相似。当时，哈佛大学政治经济学教授托马斯·恩·卡弗和哥伦比亚大学教授格威尔等资产阶级理论家宣称美国的资本主义同欧洲的资本主义是有区别的，它已经克服了内部的矛盾，已经"到了成年"，正在经历着民主化，并且已经进入了无止境地盘旋上升、不断发展和普遍繁荣的阶段。② 需要指出，福斯特也曾积极认同共产国际领导人布哈林关于资本主义处于稳定时期的分析，但他更善于把握共产国际路线的变化。根据共产国际六大关于国际形势和战斗性前景的最新分析，福斯特指责洛夫斯东是在用马克思主义的词句重述传统资产阶级理论的"美国例外论"。福斯特指出，洛夫斯东把美国资本主义的某些特征。美国资本主义同其他资本主义国家之间的细微差距作为自己分析的依据，而不是以美国与全世界资本主义的基本共同性为依据。③ 基于这样的不同认识，洛夫斯东与福斯特对美国经济发展趋势的问题上也产生了严重的意见分歧。洛夫斯东认为，尽管美国爆发经济危机在所难免，但是由于仍处于资本主义上升阶段，美国经济并不会面临"立即的、

---

① William Z. Foster, *History of The Communist Party of The United States*, New York: International Publishers, 1952, p. 271.

② Ibid., pp. 240–241.

③ Ibid., p. 271.

影响深远的危机"。同时他指出,即便是爆发危机,也极有可能是"短时间"的危机。他的结论是尽管危机"将对美国资本主义基础的、根本的力量造成非常严重的影响",但是"美国资本主义仍有相当多的能量和资源来应对危机,能够抵御住危机对经济的特定影响"①。与洛夫斯东不同,福斯特等少数派则根据共产国际六大关于资本主义危机日益加深的分析,得出了"美国资本主义已经发展到了顶点"的结论,②认为在资本主义总体系已经陷入不可救药的总危机的背景下,美国资本主义由于自身矛盾的存在,危机正在日益形成或临近。实际上,福斯特与洛夫斯东的争论,源自于共产国际领导人斯大林与布哈林之间的路线之争。前者认为资本主义已到腐朽的、垂死的阶段,而后者认为资本主义总体上处在不断上升和发展的时期;前者认为经济危机立即爆发且影响深远,后者认为经济危机很快到来但并不具有严重影响,前者认为资本主义由于其固有的内在矛盾而不可救药,后者认为不断发展着的资本主义尚有自我调节和缓解危机的能力。应该指出,洛夫斯东并未否认美国资本主义经济危机爆发的必然性,而是在指出这种必然性的基础上,对共产国际六大和福斯特那种关于美国资本主义已经发展到"顶点"的结论提出了不同的看法。历史经验表明,洛夫斯东的观点是符合历史发展趋势的,资本主义尤其是美国资本主义不仅没有由于经济危机的爆发而让位于社会主义,而且通过自我调节和自我变革加速了发展。

二 关于美国工人阶级的激进程度

由于在美国资本主义所处阶段和有无发展潜力的问题上存在着严重的意见分歧,福斯特与洛夫斯东围绕着美国工人阶级的激进程度展开了激烈的争论。在美国工人阶级激进性的问题上,福斯特认为,由于美国资本主义危机日益加深,美国无产阶级和资产阶级之间的矛盾和斗争也会随之加剧。因此,福斯特重点强调美国工人阶级已经在"物质上资产阶级化"以及大量的资金和资源由工会贵族官僚阶层所支配,而反对工人阶级在意

---

① Theodore Draper, *American Communism and Soviet Russia*, New York: Vintage Books, 1960, p. 283.

② Ibid., p. 307.

识形态上"资产阶级化"的提法。①但与福斯特不同，洛夫斯东强调工人阶级在意识形态上和物质上的资产阶级化。虽然洛夫斯东也承认美国工人的激进程度要高于 1924 年，但他认为工人的罢工水平、思想情绪、凝聚力和激进倾向都没有显著的提高。相反，柯立芝繁荣时期资产阶级统治相对稳定，在政治上并未出现危机的迹象，工人运动也变得衰弱而无力。对此，洛夫斯东作了这样的分析，即美国最近这几年尚未出现较大的阶级对立和阶级分化；尽管政党都是为了表达和维护特定的阶级利益，但美国的政党并未像欧洲政党那样呈现出尖锐的内部矛盾；美国政府是建立在资产阶级两党制基础之上的，全国难以形成建立起第三党运动以至于工人阶级不得不依附于两大资产阶级政党，等等。此外，"整个工会运动已经陷入了困境，工会已经处于被摧毁的危险之中"②，劳联领袖日益变得保守，这些所谓的社会主义者，现在和以后积极排斥工会中战斗的左翼分子和共产党人，资产阶级提高工资待遇缓和阶级斗争。③ 通过以上分析，洛夫斯东得出了这样的结论，即工人革命斗争的到来可以预见，但是美国的资本主义则肯定是正在向上发展，阶级斗争的尖锐化是没有指望的。④ 与此同时，洛夫斯东告诫美国共产党人，切莫"以主观想象代替客观现实"，不要提出不切合实际的斗争口号。⑤ 应该指出，洛夫斯东的分析是比较符合美国当时的客观事实的。整个 20 世纪 20 年代，美国的劳工运动都处在低潮时期。据有关数据表明：1920 年美国参加工会的人数为 5047800 人，但是到了 1929 年仅为 3442600 人，到 1930 年所有工人中参加工会的人数仅占 10.2%，与 1920 年的 19.4% 相比大大降低。⑥ 对此，福斯特后来于

---

① 详见 William Z. Foster, "Trade Union Insurance", *International Press Correspondence*, August 11, 1928, p.845. 转引自 Theodore Draper, *American Communism and Soviet Russia*, New York: Vintage Books, 1960, p.277.

② Bernard F. Johnnpoll, ed, *A Documentary History of the communist Party of the United States: Gestation and Birth* (1918–1928), Greenwood press, Vol. 1. p.493.

③ Ibid., pp.493–498.

④ William Z. Foster, *History of The Communist Party of The United States*, New York: International Publishers, 1952, p.271.

⑤ 转引自姜琦、张月明：《国际共产主义运动史的党际关系史 (1848—1988)》，华东师范大学出版社 1991 年版，第 221 页。

⑥ Bernstein, Irving, *The Lean Years: A History of the American Workers* (1920—1923), Boston: Houghton Mifflin Company, 1960, p.84.

1936年也承认道:"柯立芝时代是美国工人运动历史上最混乱和士气最低落的时期。阶级合作的毒素腐蚀了工人运动的心灵。""如世界产业工会、食品业联合工会等独立工会,也都充满柯立芝繁荣的幻想,而失去了原有的斗争精神,大量地失去会员,减弱了势力。"① 但是,当时的福斯特紧跟共产国际特别是斯大林关于阶级斗争日益加剧的分析,加之当时美国经济出现局部萧条的情况,导致国内阶级矛盾在一定程度上有所激化、工人失业、工资下降等,福斯特认为在不久的将来,美国极有可能"爆发一场带有革命性质"的斗争。他甚至认为,美共应当像欧洲其他共产党一样采取"阶级对抗阶级"的斗争策略等。②

三 关于美共的实际工作方面的问题

由于对美国形势的认识不同,福斯特与洛夫斯东在党的实际工作方面自然也产生了严重的意见分歧。比如,在党的工会工作问题上,两者之间就出现了较大的分歧。当时,洛夫斯东不赞成共产国际关于拒绝在改良主义工会里工作的新指示,反而强调美共在劳联里继续工作的重要性。洛夫斯东认为,重点放在建立新工会是可以的,但放弃在劳联里工作则是不现实的,毕竟美共已经在劳联里取得了一定的进展。需要指出,洛夫斯东的主张当时更为符合美国的具体实际。因为在美国这样高度发达的资本主义国家里组织工人、宣传群众是极其不容易的事情,美共单独开展工作必会遭到重重阻力且收效甚微,而依托劳联这样的旧工会更有利于争取更多的工人群众。对于这一点,福斯特也是承认的,他指出:"在一定程度上,美国劳联的保守主义的名义能保护工人们使之不致受到资方及政府的打击——尽管这些工人的政策是和任何一个独立工会的政策一样激进。"③ 事实上,福斯特曾经也是反对"双重工会主义"的,反对建立新的工会。但福斯特根据共产国际的有关指示,一改先前的立场,积极支持建立新的

---

① William Z. Foster, *American Trade unionism : Principles and Origanization Strategy and Tactics*, New York: International Publishers, 1947, pp. 184 – 185.
② 姜琦、张月明:《国际共产主义运动史的党际关系史 (1848—1988)》,华东师范大学出版社1991年版,第222页。
③ William Z. Foster, *American Trade unionism : Principles and Origanization Strategy and Tactics*, New York: International Publishers, 1947, p. 161.

工会。在福斯特看来,建立新工会是不得已而为之,即当时工业领域的多数工人都未组织起来,而劳联则明显难以承担起组织未组织起来的工人的任务。尤其是在汽车制造业、钢铁行业、食品加工业以及其他大宗产品等行业,劳联都未发挥有效的作用。因此,建立新的工会是势在必行的。[1] 正是基于这样的认识,加之出于党内权力斗争的需要,福斯特指责洛夫斯东"修正主义"在党的实际工作方面表现在把注意力集中在夺取党内领导权的斗争上而忽视了群众工作,低估了加入了新的工会团结同盟的那些产业工会的作用等,甚至将美共党内派别斗争日趋激烈化的责任归于洛夫斯东派。[2] 再比如,在美国共产党如何对待美国历史传统的问题上,两者之间产生了严重的分歧。洛夫斯东强调美国革命曾经是由少数人制造的,采取暴力和"专政"的形式以及接受了"外国"的资金。在洛夫斯东看来,这种斗争策略似乎是不合时宜的,应当将美国的历史传统与美国共产主义者的"美国化"联系起来,他甚至将杰斐逊视为共产党人最为喜欢的美国人。[3] 应该说,洛夫斯东的言论代表了美国共产党人对美国的历史与英雄所持的积极态度,也代表了美国共产党人将共产主义运动与美国历史传统相结合的良好愿望。尽管洛夫斯东并未像后来的白劳德那样"出格",他甚至曾多次警告避免出现"美国化的狂热",[4] 但他对共产主义运动美国化的初步探索有着一定的积极意义。然而,按照共产国际和福斯特的逻辑,共产主义运动与美国的历史传统在本质上是难以兼容的,共产主义运动强调集体原则和生产资料归全社会共同占有,而美国的历史传统则强调自由主义和财产私有制;因此,对于激进和"左"倾的福斯特来讲,要么是美共的彻底"布尔什维克"化,要么就是彻底改造美国的历史传统,而强调美国共产主义运动与美国历史传统的结合,无疑是对马列主义无产阶级革命和阶级斗争理论的抛弃。鉴于此,福斯特指责洛夫斯东

---

[1] James R. Barrett, *William Z. Foster and the Tragedy of American Radicalism*, Urbana and Chicago: University of Illinois Press, 1999, p. 160.

[2] William Z. Foster, *History of The Communist Party of The United States*, New York: International Publishers, 1952, pp. 272 – 273.

[3] Theodore Draper, *American Communism and Soviet Russia*, New York: Vintage Books, 1960, p. 274.

[4] Ibid..

"低估了向社会民主党作斗争的重要性,同时又放松了从思想上攻击当时工会上层官僚所倡导的阶级合作政策和繁荣幻想","洛夫斯东主义确实削弱了党的群众斗争"①。

第三节 福斯特与白劳德关于"美国例外论"的争论

人民统一战线时期,美国的国内外形势所发生的重大变化引发了一系列的问题,引起了美共主要领导人福斯特与白劳德的关注与思考。然而由于他们的经验、阅历以及考虑问题的视角不同,两者之间产生了严重的意见分歧。福斯特称"白劳德对美国资本主义的奇迹般的工作能力的相信程度远远超过15年前的洛夫斯东,甚至还超过最乐观的资本主义的'例外论者'"。鉴于此,福斯特将白劳德的观念视为同洛夫斯东一样的"美国例外论",同洛夫斯东一样"用粗暴地歪曲马克思和列宁的办法来给他的机会主义找根据"②。那么,福斯特与白劳德主要在哪些问题上存在着意见分歧以及他们各自的观点是什么呢? 这里,有必要对两者争论的主要内容作系统地梳理与说明。

一 如何看待共产主义运动"美国化"

人民阵线时期,白劳德将共产主义运动与美国的民主和革命传统结合起来,提出了"共产主义是20世纪的美国主义"的口号。何为"美国主义"? 按照白劳德的话说,美国主义的核心内容就是美国的民主和革命传统。③ 这个口号实际上是指,美共将继承和弘扬美国的民主和革命传统,并将之运用到当今美国的现实问题。④ 他说:"杰弗逊原则的充分和完全应用,民主思想按照今天的情况的一贯应用,这些自然会而且必然达到共产党的全部纲领,达到美国的社会主义改组,达到美国经济的集体所有和

---

① William Z. Foster, *History of The Communist Party of The United States*, New York: International Publishers, 1952, pp. 272 – 273.

② [美] 威廉·福斯特:《马克思主义与美国"例外论"》,载《美国经济论文选》(1),世界知识出版社1957年版,第35页。

③ Earl Browder, *What is communism?* New York: The Vanguard Press, 1936, p. 286.

④ Ibid., p. 19.

集体经营,为集体利益服务。"之后,白劳德多次强调美国共产党的工作结合美国历史传统的重要性,并将这个观念写入美共党章的序言里,即共产党只是"在按照今天变化了的情况来推进华盛顿、杰弗逊、潘恩、杰克逊和林肯的传统"①。

需要指出,虽然白劳德提出的这个口号所阐述的理论概念不是完全确切的,但将马列主义与美国具体实际相结合的总体思路是正确的,毕竟美共通过这种通俗的形式,向人们介绍了自己的信念,即社会主义是满足人民需要的最终办法。同时也有助于揭露和打击那些反对和攻击共产主义的人。② 对于白劳德关于将美国共产主义运动与美国历史传统相结合的努力,福斯特起初也是持赞同态度的,如他曾在1937年这样说道:"共产党正在迅速地使自己美国化,方法是争取大量土生土长的工人党员……党正确地提出它自己的革命纲领,以美国劳苦大众的革命传统及百年来民主斗争的继承者及现今的代表的身份提出这个纲领。党在这个问题上的立场可以总结为这一口号:'共产主义是20世纪的美国主义'。这种态度打开了统一战线的另一扇门。"③

但是,福斯特后来出于全面批判白劳德的需要,他对白劳德将共产主义运动"美国化"的努力持着否定的态度,他认为白劳德领导的美共堕入了"支持罗斯福而不作严肃的自我批评这种机会主义的实践中","把大资本家或多或少地当作民主势力的忠实战友来欢迎",等等。④ 1952年,福斯特在写美共历史的时候,甚至直接将白劳德的这一口号定性为"机会主义概念的口号",并指出白劳德的错误在于没有区别资产阶级民主和无产阶级民主。在福斯特看来,白劳德号召美共对美国民主和革命传统的继承,实质上是认为马克思列宁主义只是扩张的和不断延续的资产阶级民主。他甚至指出,尽管华盛顿、杰弗逊等历史人物都曾为民主自由而斗

---

① William Z. Foster, *History of The Communist Party of The United States*, New York: International Publishers, 1952, p. 338.

② [美]佩吉·丹尼斯:《尤金·丹尼斯的一生》,劳远回等译,新华出版社1988年版,第119—120页。

③ William Z. Foster, *From Bryan to Stalin*, New York: International Publishers, 1937, pp. 300-301.

④ [美]威廉·福斯特等:《白劳德修正主义批判》,杨延生译,生活·读书·新知三联书店1962年版,第103页。

争,但这种斗争也是有限度的,等等①。福斯特的认识也不无道理:首先,资产阶级的历史人物为民主自由的斗争和进行的种种改革都是在资本主义制度的框架内进行的,他们的种种努力也都是为了巩固资产阶级的统治;其次,白劳德的确忽略了资产阶级民主和无产阶级民主的区别,后来白劳德的政治主张与举措,恰恰也证明了这一点。对于福斯特来说,他也有将美国共产主义运动与美国具体实际相结合的美好愿望,比如1949年,针对美国有人攻讦美国共产主义有一种"非美倾向",他指出:"我本人,以及其他共产主义者,热爱美国人民和他们光辉的民主和革命传统。热爱他们所取得的科技和工业成就。同时,我也热爱这片美丽的土地,热爱我生活和工作过的所有地方。"②但福斯特本身的激进性以及由于长期脱离工人运动而产生的教条化倾向,使得他很难将共产主义与美国主义之间画上等号。

二 关于资本主义发展前景

白劳德认为,美国资本主义是世界上最先进的、最强大的,因为它把生产技术推进到了自己的已知最高点,而它所继承和保留的资本主义以前的社会、政治和经济形态也是最少的。虽然美国资本主义也有不成熟的部分,但它还保存着一种年轻的资本主义的某些特点。在白劳德看来,美国资本主义不成熟的部分主要表现在,它紧紧地抓住"自由企业"不放,就像是野蛮人对自己所崇拜的偶像一样。基于对美国资本主义特点的判断,白劳德认为美共不应作反对"自由企业"和私人创办企业的宣传。这是因为美共倘若对"自由企业"表现出稍有的不尊重态度,就会马上使得美国资本家集团快速的集结成一个坚固的防卫集团。他告诫道:"'自由企业'是资本主义的一个亲密爱称。既然我们马克思主义者(我们是具有信仰的社会主义者)认为,为了我国人民和全世界的利益,必须在一个长时间内实行合作,来使资本主义在美国运行,如果我们禁止讨论对它的爱称'自由企业'抱有尊敬的听取态度的必要性,那是相当愚

---

① William Z. Foster, *History of The Communist Party of The United States*, New York: International Publishers, 1952, pp. 337–338.

② William Z. Foster, *The twilight of world capitalism*, New York: International Publishers, 1949, p. 167.

蠢的。"① 显然，白劳德的分析与传统的马克思列宁主义理论严重不符，触动了苏联领导人以及福斯特这位老左派的敏感神经，致使自己被打成了"右倾机会主义"和"修正主义"。

在福斯特看来，白劳德关于资本主义发展前景的分析是对列宁的帝国主义是资本主义的最高阶段的理论的否认，是对资本主义制度总危机的否认。② 福斯特认白劳德的错误之一就在于对战争造成的世界资本主义危机的日益深刻化估计不足。与白劳德描述的相反，福斯特指出战后资本主义体系正在严重削弱，美国也不例外。在美国，特别是在被破坏的欧洲，复兴的问题不会像白劳德所说的那样会轻易得到解决。白劳德错误之二就在于他认为垄断资本在战后时期起到进步作用，而没有充分认识它的反动本质。针对白劳德过高估计资本主义的发展前景以及阻止美共反对"自由企业的举措"，福斯特指出，白劳德要求美共不必就"自由企业"的口号进行争辩，"从当时总统选举中问题不在于赞成还是反对私人所有制企业这种意义上来说，他是对的"。但是白劳德认为"'自由企业'问题不论从任何意义上说，都不是当前为争取在国会和总统选举中控制美国政策而斗争问题"那就不对了。福斯特强调，垄断资本家将"自由企业"作为自己的口号，其实质是在"企图把他们毫无根据的指责罗斯福政府在实行社会主义的话说得娓娓动听"。"在这个口号里面，包含着他们要重新获得对政府无限制的控制、削弱有组织的劳工力量和一般地使垄断组织放手行事的全部决心。"③ 在福斯特看来，白劳德对资本主义前景的分析以及在此基础上提出的主张，与伯恩斯坦、考茨基和布哈林等人无异，都接受了资产阶级经济学家的领导，发展了"有组织的资本主义的理论"④，同时也与洛夫斯东一样高估了美国资本主义的发展潜力，是"美国例外论"的再现。⑤

---

① [美]威廉·福斯特等：《白劳德修正主义批判》，杨延生译，生活·读书·新知三联书店1962年版，第231—233页。

② 同上书，第99页。

③ 同上书，第21页。

④ William Z. Foster, *History of The Communist Party of The United States*, New York: International Publishers, 1952, p. 338.

⑤ [美]威廉·福斯特等：《白劳德修正主义批判》，杨延生译，生活·读书·新知三联书店1962年版，第53页。

三 关于美共的改组问题

解散美共，是白劳德"美国例外论"的极端表现。白劳德认为，实践已经证明，试图打破美国两党制束缚的努力是徒劳的，因为"美国政治生活中复杂的和永远在变化的潮流都被纳入这种传统的形式之中"①。白劳德强调美共不能挑战美国两党制的传统，而应该主动融入两党制框架内工作。同时，在白劳德看来，共产主义者的实际政治目的，在"一个长期内，在所有一切主要之点上"将和美国大多数的非共产主义者的目的趋于一致。因此，"一个共产主义者的独立政党的存在不适合实际的目的了，反而会成为达到更大团结的阻碍"。鉴于此，白劳德主张解散美共，将其"组织形式和工作方法上作某些重大的改变"②。需要指出，白劳德解散美国共产党，是深受斯大林解散共产国际的启发。在西方民主国家和共产党人眼里，共产国际是共产党反对资本主义的大本营和总基地。但随着法西斯主义在世界范围内的肆虐，共产党人的任务已经由反对资本主义向反对法西斯主义转变。为了赚取西方民主国家的好感，促进世界反法西斯统一战线的建立，同时也是出于维护苏联安全利益的考量，斯大林做出了一个大胆的决定，即解散共产国际。在斯大林解散共产国际的启发下，白劳德提议解散美共以显示对德黑兰会议精神的支持态度。从表面上看，白劳德的做法似乎并无不妥之处，即便是有错也是斯大林犯错在先。但不同的是，斯大林作为一名政治家和策略家，他解散共产国际的举动更具有投机的成分，是基于现实需要而作的改变，而白劳德则似乎是真的有点迷恋德黑兰的会议精神，以至于他擅做主张地解散美共从而滑向了"修正主义"。难怪乎原共产国际领导人季米特洛夫这般批评白劳德，他说："我被你发展的新理论、政治和策略观点弄得有些糊涂了。在适应业已变化了的国际形势方面你是不是走的太超前了，以至于到了否定阶级斗争的理论和实践以及否定工人阶级拥有自己独立政党的必要性？请你重新考虑并汇报你的想法。"③ 但遗憾的是，

---

① ［美］威廉·福斯特等：《白劳德修正主义批判》，杨延生译，生活·读书·新知三联书店1962年版，第283页。
② 同上书，第281—282页。
③ Harvey Klehr, John Earl Haynes & Kyrill Anderson, *Soviet World of American Communism*, New Haven, Connecticut: Yale University Press, 1998, pp. 105–106.

白劳德或许是受斯大林的影响太深，拒绝了季米特洛夫的批评和建议，彻底走上了解散美共的"右倾"道路。

起初，在解散美共的问题上，福斯特持着模棱两可的态度。首先，福斯特在1944年1月20日给美国共产党全国委员会的信中，指出了白劳德的种种错误，却对解散美共这一重大事件只字未提。其次，在误以为莫斯科方面支持白劳德的情况下，他采取了支持白劳德路线的态度，并将矛头对向了自己昔日的盟友达西。随着莫斯科方面对解散美共一事态度的明朗，福斯特开始将解散美共作为白劳德修正主义的主要罪状之一。福斯特认为，白劳德"为了急于适应帝国主义者的需要，他不但放弃了共产党和它的社会主义目标，而且也放弃了马克思列宁主义的一切原则"①。首先，福斯特指出了白劳德解散美共的危害，即"当白劳德解散美国共产党，成立共产主义政治协会时，他是在削弱工人所具有的用来反抗本国和外国大托拉斯反动活动的最强大动力"②。其次，福斯特指出白劳德解散美共是对马列主义的修正和对共产党作用的贬低。他说："白劳德路线是对马克思主义关于工人阶级具有进步性的和革命的主动性这种思想的否认，从而也是对共产党的先锋队作用的否认。""白劳德看到的是，在今天的世界中，劳工和民主力量，包括共产党在内，只是起着次要的、非决定性的作用。"③ 虽然，福斯特这时拿解散美共这件事来批判白劳德似乎有投机的嫌疑，但他的这一举动在客观上有助于改变美共被解散的厄运，也正是在福斯特的领导下，美共清除白劳德主义在党内的影响，重建了美共。

四 关于美国的社会主义问题

白劳德作为美共党内的资深领导人，他早期以及领导美共期间都一直提倡美国特色的社会主义，甚至还写了《什么是共产主义》（What is communism？）、《共产主义在美国》（Communism in the United States）

---

① ［美］威廉·福斯特：《马克思主义与美国"例外论"》，载《美国经济论文选》（1），世界知识出版社1957年版，第35页。

② ［美］威廉·福斯特等：《白劳德修正主义批判》，杨延生译，生活·读书·新知三联书店1962年版，第58页。

③ 同上书，第98—99页。

等书，但是在德黑兰会议以后，他认为美国战后重建计划倘若建立在社会主义的基础上，不利于实现团结全国大多数的目标，也不符合德黑兰会议的精神。在他看来，美国民众缺乏向实现社会主义作深度改变的主观准备，在这种情况下，将战后重建的目标定位于社会主义，显然不利于实现全国的团结，反而会引起新的分裂，并进一步分裂和削弱民主阵线联盟。因此，白劳德指出，德黑兰会议的精神为美共指明了接下来数个月内的努力方向，即共产党人"必须放弃在战后重建时期发动社会主义革命的目标，以消除美国统治阶级的恐惧"[①]。他甚至提出："许多互相冲突的观点和利益必须学会如何在妥协的基础上靠拢起来，以便维持全国的团结。这就是我们的民主的运用方式。"[②] 他告诫美国共产党人："社会主义的信徒们，为了在广大的民主阵营内作为团结的支持者而积极发生作用，就必须清楚表明：他们决不以危机或削弱这种全国团结的方式和方法去提出社会主义问题。他们必须在一切实际问题上使他们的社会主义信仰服从于大多数人的共同计划。"[③] 这也就意味着，白劳德要求美共在社会主义信仰和德黑兰会议精神之间选择后者，也就是服从资本主义框架内的战后重建计划。这不仅体现出白劳德对战后资本主义和社会主义前景的认识，也涉及他对美国社会主义问题的态度。

福斯特认为白劳德对社会主义采取了一种消极的态度，因而他强调美共必须阐明自己的积极立场。他认为，诚如白劳德所说的那样，社会主义不会成为战后初期美国的政治问题，但它"却将要成为一个对群众是有巨大的和日益增长的兴趣、对群众发生巨大的和日益增长的影响的问题"。之所以这样的原因，除了欧洲国家在战后可能采取社会主义之外，还有两个方面的原因：首先，苏联在这次战争中表现出的震惊的社会主义威力和成就，会起到榜样的作用，会引起世界各国人民对社会主义的兴趣。其次，战后资本主义遭受重创，世界各国人民有向苏联社会

[①] Maurice Isserman, *Which Side were You on? The American Communist Party During the Second World War*, Middletown, Connecticut: Wesleyan University Press, 1982, p.186.

[②] [美] 威廉·福斯特等：《白劳德修正主义批判》，杨延生译，生活·读书·新知三联书店1962年版，第254页。

[③] 同上书，第230页。

主义学习的趋向,旨在解决他们自己的问题。在这样的世界形势下,向着社会主义前进这一整个问题将被提出来进行重新讨论。基于这样的认识,福斯特强调了重提社会主义这一问题的重要意义,他说:"作为社会主义政党的共产党,对社会主义显然不能只是抱着消极的态度。我们必须教育工人们,使他们了解我们这个时代的社会主义发展的意义,以及这种发展和美国的关系。当我们指出社会主义不是我国现在的问题时,我们还必须表明:它却是我国困难的唯一的最后的解决办法。"①显然,在社会主义问题不是美国现实问题这一点上,福斯特与白劳德的观点是一致的,但不同的是,福斯特担心白劳德关于美共对社会主义问题的消极态度会打击普通党员与民众对最终实现美国社会主义的信心,因此,他更多地强调美共对美国的社会主义前景应保持乐观与积极的态度。

五 关于战后资本主义与社会主义的关系

根据德黑兰会议的精神,白劳德认为战后资本主义与社会主义的关系应该是和平共处的。他说:"作为德黑兰和平的前提,必须摒弃那些旧时的仇视与偏见。英国和美国统治集团不得不决定与苏联一道反对希特勒主义,并不是因为苏联社会主义制度在苏联红军的刺激下开始向西欧扩张,而是因为西方资本主义统治集团已经意识到苏联及其政策必须在世界上存在,倘若敌视它将会对他们自己以及世界上的其他人带来致命性的伤害。在这个基础上,双方就能够在一些特殊问题上通过探讨、协商以及协定的方式来达成一致,而不是通过单方面地马上或最终诉诸武力的方式来解决。"总之,他认为,"资本主义和社会主义已经开始寻找途径以求得在同一世界上和平共存"②。在白劳德看来,德黑兰会议的实际作用不仅仅表现在对单方面军事行动的否定,而且正在重塑战后的世界格局。他甚至强调,德黑兰协定"保护了战后财产私有的基本原则和资本主义的基础。因此它不仅缓解了英国和美国统治集团的恐惧,释放了人民民主革命的力

---

① [美]威廉·福斯特等:《白劳德修正主义批判》,杨延生译,生活·读书·新知三联书店1962年版,第23—24页。

② Bernard K. Johnpoll, *A Documentary History of the Communist Party of the United States: The Great Partriotic War* (1941–1945), Volume, 7. London: Greenwood, 1994, pp. 293–294.

量,扫除了一切形式的专制主义,同时也缓解了苏联的焦虑,即降低了旧时反苏力量出现的可能性。在这个框架内,德黑兰决议维护每个国家独立决定本国事务的终极权利,它要求政府和社会组织不受任何外来压力。"① 这里,白劳德勾勒出了一个战后的世界新格局,即资本主义与社会主义两种制度实现和平共处,每个热爱和平、自由与民主的国家都能够在世界大家庭中共存共生。基于这样的认识,白劳德强调为了实现德黑兰会议的决定,就必须实现美国国内的团结,任何不利于实现国内团结的主张和举措都应当被禁止。他说:"为了实现德黑兰会议的观点,我们战后的计划就是全国团结。美国的国内团结不能建立在先前的计划上,因为实现团结就必须保持阶级、团体和政治派别之间的妥协与合作。"② 据此,他甚至要求美共转变以往对资本主义制度、垄断资本以及自由企业和资本家的敌视态度。

但是,福斯特认为白劳德依据德黑兰精神得出资本主义与社会主义和平共处的结论是错误的。因为白劳德没有认识到美国垄断资本的反动性,即"美国财政资本正是最不愿和美国大多数人民合作的"[3]。并且"德黑兰会议并没有消灭美国帝国主义。战后一届的罗斯福政府将同现在一样,仍然是一个帝国主义的政府,只不过是一个略为受点自由主义控制的政府罢了。然而,如果垄断资本所选定的政党——共和党在选举中获胜,美国将是一个远远更富侵略性的帝国主义"。在福斯特看来,白劳德关于战后资本主义和社会主义学会和平共处的论点,"真是走得太远了"[4]。同时,在福斯特看来,美国的战后前景与白劳德所看到的截然不同,并不是进入一个阶级和平合作和社会进步的长时期,垄断资本也并没有实行进步的合作。他说:"战后世界建设问题的重大(我国亦将感觉到),及其所包含的阶级利益的尖锐矛盾,不容许有这样一种和谐的进步。"[5] 据此,福斯

---

① Bernard K. Johnpoll, *A Documentary History of the Communist Party of the United States: The Great Partriotic War (1941–1945)*, Volume. 7. London: Greenwood, 1994, p. 294.

② Ibid., p. 298.

③ [美]威廉·福斯特等:《白劳德修正主义批判》,杨延生译,生活·读书·新知三联书店1962年版,第10页。

④ 同上书,第12页。

⑤ 同上书,第17页。

特批驳白劳德的路线是对"马克思主义阶级斗争原理的否认"①，在工人中间散播幻想，是对工人阶级的麻痹。

第四节 重评福斯特对"美国例外论"的批判

自"美国例外论"产生以来，国内外理论界对"美国例外论"的争论就从未停止过。众多学者对这个问题的探讨，所涉学科之广，使该问题成为一个包罗万象的话题。在外交领域，"美国例外论"主要是指美国重建的"神话"，强调美国是上帝选中的国家和有着"与生俱来"的优越地位，这种论调成为美国霸权主义外交政策的思想基础。② 在文化领域，"美国例外论"主要是指美国的价值观念、政治结构、宗教信仰等独特性和优越性，这种论调成为美国文化在全球扩张的思想基础。③ 但是在意识形态领域，"美国例外论"主要是指"美国社会主义例外论"，即美国没有社会主义以及没有发展社会主义的前景。④ 在美国理论界，"社会主义例外论"实际上是一个事关"左右之争的问题"。右翼和左翼往往诉诸历史以论证自己主张的合法性。如果美国在社会主义方面是例外的，那么右翼就以此为依据来反驳和攻击左翼的主张。反之，倘若美国在社会主义方面不是例外的，那么左翼就可以论证在美国推行社会主义的合理性，以此来回驳右翼的批评和攻击。⑤ 在中国理论界，"美国例外论"几乎被认为是一种偏见或谬论。⑥ 中国学者在谈及福斯特的历史功绩时，几乎都会将

---

① ［美］威廉·福斯特等：《白劳德修正主义批判》，杨延生译，生活·读书·新知三联书店1962年版，第98页。
② 代表性观点如：钱文荣的《美国例外论是美国霸权主义对外政策的思想基础》，《和平与发展》2013年第6期；王立新的《美国例外论与美国外交政策》，《南开学报》2006年第1期；周琪的《美国例外论与美国外交传统》，《中国社会科学》2000年第6期。
③ 代表性观点如王晓德的《美国例外论与美国文化全球扩张的根源》，《世界经济与政治》2006年第7期。
④ 代表性观点如S. M. Lipset, "American Exceptionalism Reaffirmed", quote in J. Heffer & J. Rovet ed., "Why Is There No Socialism in the United States", Paris: Ecole des Hautes Etudes en Sciences Sociales, 1988, p. 5.
⑤ 高建明、蒋锐：《"美国社会主义例外论"研究——从桑巴特到李普赛特》，《当代世界社会主义问题》2015年第2期。
⑥ 黄安年：《二十世纪美国史》，河北人民出版社1989年版，第11页。

福斯特批判和反对"美国例外论"视为其最重要的功绩之一。① 在社会主义者和共产党人的眼中,"美国例外论"主要是指高估资本主义的发展潜力和低估社会主义在美国的发展前景。因此,在福斯特等共产党人看来,"美国例外论"者强调美国不具备发展社会主义的客观条件,意在贬低美国的共产主义运动,动摇和打击美国人们为社会主义奋斗的信心。正是基于这样的认识,福斯特与美共的其他领导人围绕着"美国例外论"的问题展开了激烈的辩论与斗争。当时,美共党内的洛夫斯东、白劳德等人认为,美国的资本主义不同于世界上其他资本主义国家,因此,在美国推行社会主义运动的方针、策略定然不同于其他国家,有必要依据美国具体实际制定特殊性的策略与政策。但是这种观点被莫斯科所不容,他们最终被撤职和开除出党。可以说,"美国例外论"对莫斯科和当时大多数的共产党人来讲,是"右倾修正主义",是一种异端邪说。

在当时的历史背景下,"美国例外论"在很大程度上是资产阶级理论家们企图否认关于资本主义的规律适用于美国从而否认其社会主义变革的必然性的理论。这种理论夸大了一些非本质的因素,如一些次要的历史和社会条件、地理环境等,企图"证明"美国资本主义不同于一般意义上的资本主义,它不会发生经济危机并且可以自动或通过改良主义措施来解决资本主义所固有的矛盾而永久存在。这种理论的目的在于"涣散劳动群众的意志,维护美国垄断组织的残酷剥削制度"②。就此而言,"美国例外论"实际上是夸大了种种不利于美国社会主义发展的因素,来论证"美国没有社会主义"。这种悲观性的论调在美共党内曾产生了较大的负面影响,引起了党内成员的思想动摇与混乱。在福斯特看来,"美国例外论"所否定的是资本主义最终被社会主义所替代的历史必然性。对于这

---

① 比如,中国理论界出版的一些社会主义和国际共运名人传记、文献、词典以及中外名人录等著作中对福斯特进行介绍的时候。他们基本上都延续了建国初期理论界对福斯特的传统评价,高度赞扬福斯特批判"美国例外论"和反对党内"修正主义"的历史功绩。代表性作品如:王进国,车有道主编的《国际共运人物研究》,河南大学出版社1989年版,第361—263页;时鉴编著的《国际共运史风云人物录》,中国文史出版社2004年版,第626—627页等。实际上,中国学者几乎都持着这样的观点,他们在福斯特批判与反对"美国例外论"、党内"右倾修正主义"的问题上,几乎都持着肯定与赞赏的态度。

② 《国际共产主义运动史文献及资料选编(第五集)》,东北师范大学政治系科学社会主义教研室编1980年版,第172—173页。

种企图否定马克思主义关于人类社会发展规律和资本主义社会发展规律的言行，福斯特作为坚定的马克思主义者和共产主义战士，理应对其进行分析与批判。

然而，批判"美国例外论"并不等于不研究美国的具体实际。福斯特对"美国例外论"的历次批判，在明面上是事关"反资反修"的问题，实际上牵涉到了马克思列宁主义与各国实际相结合的问题。可以说，怎样将马克思列宁主义与客观实际相结合的问题是各国共产党始终面临的恒性课题。无论是科学社会主义的创始人马克思、恩格斯，还是世界上第一个社会主义国家的创建者列宁，无论是中国共产党的创始人毛泽东，还是中国改革开放的总设计师邓小平，无不反对教条地对待马克思主义和强调将理论与实践相结合的重要性。但总体而言，美共历史上未能很好地解决如何从本国的客观实际出发，秉持着科学、严谨和实事求是的态度来分析、辨别、吸纳以及灵活运用别国共产党（特别是苏联共产党）的历史经验，更没有灵活地运用马克思列宁主义和用发展着的马克思列宁主义来解决美国的实际问题，反而机械地照搬照抄苏联共产党的一般经验和"普遍规律"。这一点集中表现在福斯特在反对"美国例外论"的问题上所采取的极其敏感和强硬的态度。通过梳理福斯特关于"美国例外论"的认识与批判，不难发现福斯特夸大了美国发展社会主义的有利条件和前景，忽视了美国政治斗争的形势。尤为重要的是，福斯特未能灵活地运用马克思主义的方法来阐释美国的特点或例外之处，更没有很好地将马克思列宁主义与美国的具体实际相结合。

事实上，美国作为世界上最为发达的资本主义国家，在发展过程中的确存在诸多特点，也存在许多不同于其他资本主义国家的例外之处。比如，美国没有封建经济和政治的残余，美国未像欧洲那样经过长时期的反封建斗争，更未像欧洲工人那般通过艰苦斗争来获取选举权，因而他们难以像欧洲工人那样在斗争中逐渐意识到自己的历史作用和确立自己的历史地位。与欧洲相比，美国没有像欧洲那样存在异常强大的封建势力和反动势力，因此美国能够通过比较彻底的资产阶级革命快速地走向资本主义发展道路，美国工人获取民权也未像欧洲工人那般艰难。因此，与欧洲工人相比，美国工人对资产阶级民主抱有较大的幻想。关于这一点，福斯特也是予以明确承认的。再比如，欧洲各国共产党的创立与发展几乎都受到马克思、恩格斯的直接或间接指导，而美国共产党并没有如此便利的条件。与此同时，与其他资本主义国家相比，科学社会主义理论没有美国人参与创立或进行理论阐释，它在美国的首要传播载体是一批德国移民中的先进知识分子。因此，美国共产党内并不像欧洲资本主义国家的共产党那样具有较多的马克思主义理论家。再比如，由于美国资本主义快速发展和经济快速增长，与欧洲相比，美国工人阶级的工资待遇较为丰厚，他们在意识形态上已经"资产阶级化"，他们不像欧洲工人那般具有斗争精神。此外，与欧洲各资本主义国家相比，美国是一个移民国家，语言、种族和宗教信仰的差异性致使美国工人阶级出现异质性或多样性。这种多样性，不仅不利于按照阶级路线吸引工人的社会主义工人政党，而且会严重损害到工人阶级的阶级凝聚力。① 这些美国的自身特点与例外之处，决定了美国共产党照搬照抄别国共产党经验的路子是根本行不通的。因此，这就要求美国共产党人只能从美国的具体实际和客观形势出发，用发展的马克思主义来发现问题和解决问题，独立探索具有美国特色的社会主义道路。

历史经验表明，福斯特与"美国例外论"的斗争虽然有着一定的积极意义，但就整体而言并不利于美共的组织发展和工作的顺利展开，更不利于美国共产主义运动实现美国本土化。客观地讲，洛夫斯东和白劳德的一些观点以现代人的眼光来看是比较有见地的，也是符合美国客观事实的。但在当时"越左越革命"的国际共运大背景下，这些符合客观事实的观点难免显得"大胆"和"出格"，"背离"了传统的马列主义，因此这些观点未经过正常的党内民主讨论而招致无情地扼杀，持"美国例外论"的党员也被美共中央开除出党。这样显然不利于美共党员积极能动性的有效发挥，更不利于美共探索具有美国特色的社会主义道路。

历数福斯特与"美国例外论"的几次斗争，关于国际国内形势的争论可以作为最为典型的例子。1928年，共产国际六大指出资本主义经济危机日益加深和阶级斗争日益加剧，并且指示各国共产党领导本国民众积极开展反对资本主义的斗争。对此，洛夫斯东提出了不同的观点，即美国资本主义仍处于上升时期，阶级斗争并未尖锐化。洛夫斯东的观点招致福斯特乃至共产国际的严厉批判，并被斥责为"美国例外论"。那么，现实

---

① 袁铎，《非意识形态化思潮研究》，中国社会科学出版社2008年版，第114页。

的状况又是什么呢？美国虽然在1929年爆发史无前例的经济大危机，民众的斗争情绪也空前高涨，但并未形成革命之势。在生活状况极端恶化的情况下，民众乃至工人阶级也并未站在共产党的旗帜下，积极开展推翻资本主义的斗争。战后，福斯特与白劳德再次围绕着国际国内形势问题展开了争论。白劳德认为，根据德黑兰精神，社会主义与资本主义在战后应该是和平共处的，美国国内资本主义发展势头仍然强盛，无产阶级与资产阶级之间展开合作，因此，美共应该改变工作方针和斗争策略。但是福斯特盲目跟从莫斯科关于战后形势的分析与判断，指出战后国际形势不容乐观和战争威胁依然存在，战后美国国内阶级斗争形势依然严峻，美共应该采取积极的态度开展反对资本主义的斗争，同时福斯特对美国的社会主义前景进行了乐观地估计。然而历史经验证明，美国资本主义在发展过程中虽然屡有波折（经济危机的周期性爆发），但总体上仍处在不断上升的时期，且美国国内至今也没有形成福斯特所宣称的那样尖锐的阶级斗争和声势浩大的暴力革命。但是，当时福斯特固有的激进性和"左倾"使他认为异于马克思主义传统结论的观点定然会犯"美国例外论"的错误。

显而易见，福斯特固守马克思列宁主义的传统理论，未能从美国的具体条件和客观形势出发，未能很好地将马克思主义与美国实际相结合。但机会是不等人的，良好的斗争条件和机遇往往由于人们的犹豫不决或错误决定而转瞬即逝。福斯特对"美国例外论"的反对，不仅致使美共错失了探索本国特色社会主义道路的有利时机，而且致使美共在工作中频频出现失误。同时，福斯特机械地将反对"美国例外论"作为斗争的武器，进而把美共党内一切独立思考的努力、尝试都视为对马克思列宁主义的修正，视为对共产党和共产主义运动的诋毁或污蔑，显然陷入了"凡是论"的误区，即凡是与马克思列宁主义传统结论不符的观念都是"美国例外论"，凡是与马克思列宁主义传统结论不符的观念无论正确与否，都是对马克思列宁主义的"背叛"和"修正"，理应被斥为离经叛道的歪理邪说。这样，显然不利于人们创造性地运用马克思主义，用发展的眼光去研究新问题和解决新问题，显然不利于美共独立探索符合美国客观形势的社会主义道路。诚然，为了捍卫自己心中所认定的传统共产主义理论，为了使美共党员保持住强烈的革命激情和对社会主义必定胜利的信心，福斯特付出了积极的努力和作出了不可磨灭的贡献。但与此同时，这种强烈的主观情感，不仅严重地影响了福斯特的独立思考，而且致使福斯特在反对"美国例外论"的时候表现出了较为偏激的情绪，扼杀了美共党员独立思考与探索的能力。

第六章 福斯特对美国共产主义运动的反思

实践过程中的屡屡受挫和美国共产主义运动的停滞不前，使得美国共产党人开始全面反思以往的工作和斗争策略。在这个过程中，福斯特也对美国共产主义运动的历史作了较为系统的回顾，修正了一些自己感觉不合时宜的观点。但是由于苏共二十大与波匈事件等国际共运重大事件的强烈冲击，美共党内的反思在一开始就存在着分歧和争论。并没有做深刻的反思，为了捍卫共产党和社会主义的声誉以及为了维护自己在美共党内的权威，加之他对革命所独有的情感以及对社会主义全面胜利的热烈期盼，此时的福斯特，反而表现出强烈的激进性和"左"的特点。

第一节 反思的历史背景

福斯特对美国共产主义运动的反思是20世纪50年代美共党内老左派对美共历史进行反思的一部分，有着特定的历史背景。一方面，当时美国国内发生了严重的反共狂潮，福斯特等老左派基于对战后战争威胁与国内反动统治危险程度所作的严重估计，采取一系列的防范措施，对美共的工作与组织发展产生了严重的负面影响。另一方面，苏共二十大的召开和波匈事件的爆发，对美共党内的老左派形成了强烈的冲击，使得他们开始思考美共与苏联共产党的关系，思考马列主义在美国的应用问题。国内国际形势的变化使得共党内的老左派开始反思和试图调整美共的策略。

一 美共实践的频频受挫与反思的开启

首先，基于对当时国际国内形势的分析，福斯特积极主张美共组织规模收缩和转入地下工作。福斯特对国际、国内形势的分析与认识为20世纪50年代美共斗争策略的转变奠定了基础。当时，福斯特认为美国进入了残酷的反动时期，于是提出应当让被判刑的干部全部转入地下活动。虽然福斯特后来声称自己从未支持过美共转入地下工作，但是福斯特对当时形势的分析与判断无疑起到了误导的作用。早在1951年初，美共监察委员会书记乔治·瓦特（George Watt）困扰于在政府高压政治下美共组织应当怎样工作这一棘手的问题。当他带着这个问题向正在旧金山休养的美共主席福斯特请教时，福斯特表达了三个基本观点：第一，美苏之间势必存在着战争的危险；第二，美共最终被宣布非法也是在所难免的；第三，他认为法西斯主义也是不可避免的，并且指出美国进入了长时间的类似于法西斯的时期。1951年6月，福斯特在美共政治局秘密会议上强调，每一个被判罪的共产党人应躲避追捕和美共应当在非法的状态下继续工作。此外，福斯特乐观地认为，美共在经历暴风雨之后会变得更加强大。福斯特将美国共产党的处境与意大利共产党、日本共产党的历史经验做了比较，并指出后者在经历长期的疯狂镇压之后变得比以前更强大。当时福斯特认为"法西斯主义蔓延的进程"在不断加剧，美共应积极准备开展长期的地下活动。[①] 他的这一提议最终获得政治局讨论通过。

虽然这种反动的政治环境对美共造成了巨大的损害，但是美共自身对危机的反应也严重影响到了美共的组织发展。福斯特和当时多数美共领导人将美国最高法院的判决和他们所面临的政治压迫视为美共进入"午夜前5分钟"的信号和处于法西斯主义战争的边缘。他们断定，由于处于非法的状态下，美共必须缩小自己的组织规模，变为只由少数几个"骨干组织"和革命坚定分子构成，才能在接下来的几年中存活下来。美共宣称将重新登记美共党员，并清除一些不太符合标准或者将来不能符合标准的党员。此外，福斯特等一些领导人继续坚持公开活动以维持美共在明面上的组织运作，但实际上美共已决定采取转入地下工作的举措。首先，那些越狱的或者"在逃"的领导人秘密组成新的领导机构；其次，一些坚定的美共分子更名改姓或远渡海外以躲避政府新一轮的抓捕行动；最后，一些党员乔装改扮游走于各大城市之间，以维持美共组织、党员之间

---

① James R. Barrett, *William Z. Foster and the Tragedy of American Radicalism*, Urbana and Chicago: University of Illinois Press, 1999, pp. 238–239.

的联系。美共的这种策略消耗了大量的组织力量、财力以及物力。① 后来事实也证明，领导骨干全部转入地下的举措难以发挥大的成效。这些党员骨干背井离乡、更名改姓、远离亲人与朋友，使党组织陷入了十分涣散的状态，不利于建立联系和展开工作。

其次，为了应对国内的反共狂潮，福斯特等美共老左派对美共党员进行严格的组织审查。当时，由于党内少量叛徒的出卖，也是为了防止外部密探渗入到党内，福斯特等老左派开始着手加强对美共党员的组织审查工作。按照当时美国联邦调查局长埃德加·胡佛的话来讲就是所谓的"忠诚调查"。美共重新审查党的各级组织以调查每一位党员的忠诚度。为此，美共中央政治局还专门成立了三人小组负责审查党员的工作，这个小组的建立明显反映了美共笼罩在了怀疑的氛围之中。② 但是组织审查这项工作极其复杂，美共在进行党内审查工作的时候出现了"左"倾和误差，结果伤害了许多党内的无辜同志，造成美国共产主义运动的衰落。

再者，美共在意识形态领域，开展了批判运动以反对资产阶级的欺骗性文化，并将之作为一种捍卫党组织安全的举措。③ 美共运用自己的刊物来揭露和打击资本家所谓的欺骗性宣传，尤其是重点批判了凯恩斯主义。这种做法的目的在于教育党员和工人群众认清凯恩斯主义不能阻止"周期性的资本主义经济崩溃"，因为它没有改变产生这些危机的"产业私有制"④。但是，美共将批判的对象扩大化了，在揭露资产阶级文化弊端的同时，全盘否定了资产阶级文化。比如，福斯特声称："再没有别的大国像美国这些在资产阶级文化生活上——科学、音乐、文学、艺术、体育、电影、广播、电视——表现出如此显著的腐朽。"他甚至不惜

---

① James R. Barrett, *William Z. Foster and the Tragedy of American Radicalism*, Urbana and Chicago: University of Illinois Press, 1999, p. 240.

② David Shannon, *The Decline of American Communism: A History of The Communist Party since 1945*, New York: Harcourt, Brace and Company, 1959, p. 228.

③ James R. Barrett, *William Z. Foster and the Tragedy of American Radicalism*, Urbana and Chicago: University of Illinois Press, 1999, p. 243. See also David Shannon, *The Decline of American Communism: A History of The Communist Party since 1945*, New York: Harcourt, Brace and Company, 1959, p. 241.

④ William Z. Foster, *History of The Communist Party of The United States*, New York: International Publishers, 1952, p. 481.

对弗洛伊德主义、萨特存在主义以及海明威的作品都作了无情的批判。①这里，福斯特有将马克思列宁主义的学说"一棒子打死"的教条化倾向。

最后，为了捍卫党的团结和争取更多黑人的支持，美共老左派在党内开展反对白人沙文主义的斗争。福斯特一贯支持美共对党内白人沙文主义的清除运动，他声称这是"美共整个政治生活中最为重要的事情之一"②。在福斯特看来，"要建立黑人与白人民主进步力量不可缺少的联盟，必须经常和白人的沙文主义，即资产阶级的'白人优越论'思想意识做斗争。这种政治毒瘤的目的在于有利于对黑人劳动人民进行过度剥削，从而削弱工人阶级及其政治同盟者反对资本主义的整个斗争"③。这个运动开始于非裔共产党人佩蒂斯·佩里（Pettis Perry）于1949年10月在美共党刊《政治事务》上发表的一篇文章，文中他着重描述了党内存在种族主义的危险以及阐释美共应当如何将其清除。④ 但问题在于，美共不仅开始开展大规模的反对种族主义的斗争，而且致力于清除党内类似于带有种族偏见的观点、行为或文字。⑤ 这里有一个极其典型的例子，即1949年的一个晚上，一名正在忙于打字的白人女党员要另一名闲着的黑人女党员帮忙端一杯咖啡，后者予以拒绝并指责前者的行为是"白人沙文主义"。⑥ 显然，这场斗争已经偏离了既定的轨道，在党内造成了人人自危的局面。最终，1953年7月，福斯特不得不亲自出面来制止这种过"左"的斗争行为。⑦

---

① William Z. Foster, *History of The Communist Party of The United States*, New York: International Publishers, 1952, p. 533.

② James R. Barrett, *William Z. Foster and the Tragedy of American Radicalism*", Urbana and Chicago: University of Illinois Press, 1999, p. 243.

③ William Z. Foster, *The Negro People In American History*, New York: International Publishers, 1954, p. 543.

④ Pettis Perry, "Next Stage in the Struggle against White Chauvinism", *Political Affairs*, October, 1949, pp. 33 – 46.

⑤ James R. Barrett, *William Z. Foster and the Tragedy of American Radicalism*, Urbana and Chicago: University of Illinois Press, 1999, p. 243.

⑥ 这样的例子还有很多，详见 David Shannon, *The Decline of American Communism: A History of The Communist Party since 1945*, New York: Harcourt, Brace and Company, 1959, pp. 245 – 246.

⑦ William Z. Foster, "Left Sectarianism in the Fight for Negro Rights and Against White Chauvinism", *Political Affairs*, July 1953. pp. 17 – 32. quotation from David Shannon, *The Decline of American Communism: A History of The Communist Party since 1945*, New York: Harcourt, Brace and Company, 1959, pp. 246 – 247.

美共在工作中的频频失误和党组织发展的停滞不前，是美共党内老左派进行反思的直接动因。美共老左派的一些领导人由于身陷囹圄或转入了地下而远离了党的中心，于是得以有机会作为旁观者的身份提出新问题或新观点，并开始重新审视党以往工作中的种种错误。① 比如，当时美共的左派领导人尤金·丹尼斯②在监狱中与妻子交流的时候就已经开始对美共在反共狂潮中转入地下的策略表示了质疑。他说："我不明白。原来的意图不是这样的。我们原来计划，为了将来必须保护少数精选的干部，但绝不是要整个组织处在非法的状态，使决策的控制权转入地下；这简直是令人无法相信的事情。目前的法律和宪法程序还存在，必须加以利用。极少数需要保护起来以备将来使用的人，暂时可以不任职，也不同党接触。我搞不明白究竟发生了什么事情。"同时，尤金·丹尼斯的妻子佩吉·丹尼斯也表达了类似的观点："我们党在这方面有一个代价很大的错误，那就是党的领导人对一场确确实实存在的威胁反应过度。错误在于福斯特所发动的运动采取了宗派主义政策。从 1947 年以来所搞的这种运动是为了清除他所说的白劳德主义残余。走得那么远，以致共产党同劳工运动和人民组织内部的中——左民主、自由流派的联系被破坏了。"③ 而作为美共的主要领袖和首要决策者，福斯特一方面是为了改变美共的颓势和改善党的领导，另一方面是为了应对党内激进反思派对美共错误的有关批评，他在一定程度上也对美共的历史与工作进行了有限的反思。

二 国际共运重大事件与反思的推进

美共党内老左派的反思工作深受当时国际共运重大事件的影响。苏共

---

① James R. Barrett, *William Z. Foster and the Tragedy of American Radicalism*, Urbana and Chicago: University of Illinois Press, 1999, p. 253.

② 尤金·丹尼斯（Eugene Dennis, August 10, 1905 – January 31, 1961），他的原名叫法兰西斯·泽维尔·沃尔德伦（Francis Xavier Waldron），出生在华盛顿州的西雅图，于 1926 年加入了美国共产党，1929 年为了逃避刑事指控前往苏联，在 1935 年再次回到美国的时候用了丹尼斯这个笔名。他长期担任美共的秘书长，直到 1959 年当上了美共的主席，并担任主席这个职位直到他于 1961 年逝世。

③ ［美］佩吉·丹尼斯：《尤金·丹尼斯的一生》，劳远回等译，新华出版社 1988 年版，第 261—262 页。

二十大和波匈事件的爆发,对美共党内老左派造成了强烈的震撼,致使他们在重大问题上进行了深刻的反思。

首先,苏共二十大的召开在美共党内激起了强烈的反响。1956年2月24日,赫鲁晓夫在苏共二十大召开期间作了一份内部报告。赫鲁晓夫在报告里批驳斯大林时期的"个人崇拜"和宣称再次恢复列宁时期的"集体领导"原则。很明显,这个报告表现出共产党人看问题的视角开始发生了重大的改变。① 当时,由于事发突然,美共没有及时获悉报告的全部内容。美共中央机关报《工人日报》起初只是摘登赫鲁晓夫批评斯大林的两页内容,《工人日报》的编辑们也并未对赫鲁晓夫的有关批评给予重视,而是强调赫鲁晓夫关于"多种道路通向社会主义"和拒绝对外输出革命的讲话,因为后者更有助于美共当前的反思工作。② 但是到了3月初,美共的一些高层领导人获悉了报告的有关内容,并对苏共二十大表达了忧虑。但是反思派们对此表示欢迎。如3月4日,当时美共资深的共产主义历史学家詹姆斯·艾伦(James S. Alen)在《工人日报》上撰文高度赞扬"苏联采取积极的、勇敢的以及思想解放的方式来探讨所有问题"。此外,苏共二十大的召开使得美共党员开始深刻反思党的历史错误。比如,3月13日,《工人日报》的执行编辑艾伦·马克斯(Alan Max)撰文进一步指出美共以往工作中的错误:"我们曾极其热心地声称斯大林的思想一贯正确,反对公民对苏联电影、书籍进行严肃讨论与批评的自由权利等。"因此,他在文章中要求读者们致信《工人日报》来表达自己关于苏共二十大的所有想法。③ 短时间内,美共党员纷纷致信《工人日报》,在信中要么是高度评价赫鲁晓夫关于"个人崇拜是背离马克思列宁主义精神"的种种指责,要么是尖锐批评美共党内形成了以对福斯特为首的个人崇拜,甚至表达了自己对共产主义运动的种种怀疑。在这种情况下,即使福斯特这样顽固的"传统派",也不得不承认斯大林曾犯了很多"错误"。但他警告美共党员既不能不遗余力地捍卫斯大林,更不能像某些人

---

① Edward P. Jobanningsmeier, *Forging American communism: The Life of William Z. Foster*, New Jersry: Princeton University Press, 1994, p. 336.

② David Shannon, *The Decline of American Communism: A History of The Communist Party since 1945*, New York: Harcourt, Brace and Company, 1959, p. 273.

③ *Daily Woker*, March 13, 1956.

那样将斯大林在政治上粉碎。① 正是苏共二十大的召开，引起了美共党内主要领导人在反思工作上形成了严重的意见分歧。

其次，1956年6月至11月波匈事件的爆发引起了美共党内老左派的激烈争论。1956年6月28日，波兰首先发生了波兹南事件，政府调动军队镇压暴乱在全世界引起了强烈的反响。10月，在哥穆尔卡等组建的新政府确立新的政治路线，才缓解了波兰危机。在波兰危机稍有缓解的同时，匈牙利危机爆发，社会矛盾激化，甚至发生了人民发动暴乱的流血事件。苏军先后两次出兵首都布达佩斯等地才最终平息暴动。这个事件的爆发，同样在美共党内引起了强烈的反响。在此期间，美共密切关注着事件的发展态势，并围绕苏联的军事行动展开了激烈的讨论。1956年11月5日《工人日报》发表了《美国共产党全国委员会关于波兰和匈牙利事件的声明》，声称："波兰和匈牙利的事件决不能解释为反动的亲法西斯的阴谋或X计划的活动的结果，这样一种解释是完全不符合确定无误的事实的。接受这样一种解释就是拒绝从我们以往的错误中吸取教训，而正如我们的决议草案所说，我们以往的错误是'不加批评地接受其他国家马克思主义者的估计'，特别是苏联的马克思主义者的估计。"并且指责苏联出兵匈牙利既"违反了民族自决这个列宁主义观点的实质"，也"不符合于匈牙利人民的愿望"。② 同日，《工人日报》还专门发表社论称："苏联军队在匈牙利的行动并没有促进反而阻碍了社会主义发展，因为社会主义不能用武力强加于一个国家的；它没有帮助反而损害了社会主义国家之间的关系"，等等。③ 针对这种情况，福斯特撰文分析了"匈牙利的可悲局面"一方面是由"拉科西的政权的官僚主义错误和暴政"引起的；另一方面，"斯大林晚年所特有的过分和暴虐行为，他的个人崇拜和大俄沙文主义，特别加剧了这种情况"。福斯特指出："这些严厉的不正当的措施是违背社会主义原则的"。④ 但与激进反思派不同的是，福斯特指出苏联共产党受到的批评过于严重，并为苏联的行为进行了有限度的辩护。

---

① David Shannon, *The Decline of American Communism: A History of The Communist Party since 1945*, New York: Harcourt, Brace and Company, 1959, pp. 274–275.
② 《关于匈牙利事件》，世界知识出版社1957年版，第210—211页。
③ 同上书，第216页。
④ 同上书，第329页。

1956年11月21日，福斯特在《工人日报》上发文声称匈牙利事件主要是由"从奥地利大批涌进匈牙利的法西斯分子的破坏活动"引起的，在匈牙利政府无力平叛的情况下，苏联出兵匈牙利是为了打击法西斯分子。他强调指出，虽然"斯大林晚年所特有的过分和暴虐行为，他的个人崇拜和大俄沙文主义"，特别加剧了事态的严重性。但是，"无可否认，红军的干涉防止了法西斯主义的恶性危险在东欧的蔓延，也防止了一次严重的战争威胁更加严重"①。

显然，国际共运重大事件的冲击，引起了美共党内老左派的强烈反响，不仅推动了他们对美共工作和所面临重大问题的深刻反思，而且推动了党内意见分歧的深化。

第二节　福斯特对美国共产主义运动的反思

作为美共党内"著名的理论家和历史学家"，"争取自由、民主和社会主义的战士，国际共产主义运动和工人运动的代表性人物"，② 福斯特自然会根据国际国内形势的变化在一系列的重大问题上阐述自己的立场，在美共党内反思浪潮到来的时候，他也有审视美共以往活动、纠正错误的良好愿望。福斯特对美国共产主义运动进行反思的主要内容表现在以下四个方面。

一　关于美共工作的失误

虽然福斯特没有深刻论述造成美共工作失误的原因和特别指出自己应负的主要责任，但是他承认了美共"在实践上犯过许多错误"。③ 早在1952年，福斯特在其《美国共产党史》一书中反思了美共所犯的错误，反映出美共老左派对美共历史进行反思的心情和试图将美国共产主义运动

---

　　① 详见《关于匈牙利事件》，世界知识出版社1957年版，第327—333页。See also James R. Barrett, *William Z. Foster and the Tragedy of American Radicalism*, Urbana and Chicago：University of Illinois Press, 1999, pp. 260 - 261.

　　② *Daily Woker*, September 24, 1956.

　　③ William Z. Foster, *History of The Communist Party of The United States*, New York：International Publishers, 1952, p. 560.

与美国主流生活相融合的期望。福斯特在书中指出"左"倾宗派主义的负面影响作为"党的传统弱点"亟须加以改变,并着重强调美共历史上所犯的两次最大的错误就是犯了严重的宗派主义错误。在福斯特看来,这两次重大的错误策略都阻断了美共与美国劳工运动之间的联系。[1] 首先,美共与工人和农民广泛支持菲兹帕特里克以及其他劳工的进步运动相分离。福斯特认为,美共虽然看到菲兹帕特里克的动摇态度,但是还坚持建立工农党,"这种做法究竟是不聪明的"。在福斯特看来,美共所犯的错误是没有清醒地认识到建立新工农党还缺乏坚实的基础。这样的错误不仅致使建立联合工农党的计划破产,而且使得共产党人同他们中间的盟友大部分隔绝。[2] 其次,20世纪40年代后期,美共在外交问题上与美国产联中的左翼联盟相分离,以及与进步党运动相分离。[3] 除此之外,福斯特甚至承认美共在经济危机期间高喊革命口号和空谈社会主义的错误。在福斯特看来,美共尚未成熟到能够发展一个列宁主义路线来应付经济危机局面的时候,空谈革命和建立苏维埃式的工农政府,显然是犯了"左倾宗派主义的错误"。同时,福斯特指出,美共未能利用好经济危机的有利时机广泛地发展党员,错误认为在阶级矛盾尖锐化的特殊时期不能吸收党员,仍是通过以往发展党员的特殊运动来吸收党员。[4] 显然,福斯特不仅承认和深刻反思了美共错误政策对党和工人运动的负面影响,而且也间接表达了改变美共现状、寻求出路的良好愿望。

之后随着美共党内反思浪潮的到来,福斯特更是承认美共在冷战时期犯了严重的"左"倾宗派主义性质的错误。福斯特认为,美共在冷战时期所犯的"左"倾宗派主义错误一方面是由党处在极端困难的情况下所致;另一方面由冷战时期党的领导上存在着若干错误所深化。在此基础上,福斯特指出美共所犯的主要错误有三项:(1)过分迷恋于建立进步

---

[1] James R. Barrett, *William Z. Foster and the Tragedy of American Radicalism*, Urbana and Chicago: University of Illinois Press, 1999, p. 264.

[2] William Z. Foster, *History of The Communist Party of The United States*, New York: International Publishers, 1952, pp. 220–221.

[3] James R. Barrett, *William Z. Foster and the Tragedy of American Radicalism*, Urbana and Chicago: University of Illinois Press, 1999, p. 264.

[4] William Z. Foster, *History of The Communist Party of The United States*, New York: International Publishers, 1952, p. 292.

党。福斯特指出，共产党在1948年的总统竞选中积极支持建立进步性质的第三党并提出争取华莱士的和平主张，是无可厚非的，但问题是美共"在没有必需的工人支持下就开始进行是错误的"。这种错误的行动致使"左派力量在工人大会中变得孤立"。（2）没有通过议会或比较和平的道路实现社会主义的口号。福斯特指出，虽然美共党内曾提出过在美国通过议会斗争或"相对地和平地进入到社会主义道路的提议"，但是美共并没有支持和采纳这一建议。福斯特承认道："这一严重的'左倾'政治错误使党在群众和法庭前的地位大为恶化。"（3）在反共狂潮面前，美共采取了"过多的安全规定"。当时美共为了应对美国政府的逮捕与打压，采取了组织收缩和组织审查等防范措施，但是这些措施，一方面隔离了美共与群众的联系，另一方面清理所谓的不合格党员，致使党员数量减少。对此，福斯特坦承道："这一错误的行动进一步使党员减少并减弱与群众的接触。"通过以上的分析，福斯特进一步强调美共所犯的"左"倾宗派主义错误造成了严重的负面影响，即"严重地削减了党员人数以及削弱同群众的联系"①。

二 关于美国走向社会主义的道路问题

社会主义的道路问题，抑或是无产阶级在本国实现社会主义的方式和途径问题，始终是共产党人不断思考与探索的现实课题，同样也是共产党人制定党的斗争策略与政策的重要依据。在美共党内反思萌动之时，福斯特曾围绕着通过武装斗争的暴力革命方式还是通过和平的以民主的方式实现社会主义，进行了一系列的反思。

首先，福斯特强调了美国通过和平方式走向社会主义道路的可能性。福斯特曾于1952年指出："共产党在日常斗争和走向社会主义两方面都计划用民主的方法，并且为民主的方法而努力。"② 这也就是说，福斯特根据美国资本主义社会的具体特征和总结美国共产党领导无产阶级革命的经验教训，修正了自己关于美国无产阶级革命斗争的策略原则。须知，福斯

---

① ［美］威廉·福斯特：《党的危机及其出路》，潘纪一译，《世界经济文汇》1958年第11期。

② William Z. Foster, *History of The Communist Party of The United States*, New York: International Publishers, 1952, p.551.

特曾高度重视暴力革命在变革资本主义制度方式中的重要作用。在他看来，资本主义与社会主义分属两种不同性质的社会形态，从资本主义到社会主义的转变，需要有经济和政治上的革命。经济上，国民经济的根本改组即从谋取私人利润的工业所有制为基础的经济转变成供社会使用的集体所有制经济。政治上，工人阶级代替资产阶级掌权，即从一小撮垄断资本家的专制统治变成广大工人阶级和他们的同盟者的民主政权，这种政权导向阶级社会的废除。在福斯特看来，资本主义向社会主义的转变是一个革命。① 因此，福斯特早期曾特别强调通过无产阶级暴力革命的方式在美国实现社会主义。比如，福斯特强调共产党的行动基础是阶级斗争，即进行日常的斗争和实现革命的最终目标。在福斯特看来，资本家和工人是阶级上的敌人、利益上的敌人，两者之间由于是剥削者与被剥削者的关系，两者理应也是政治上的敌人，两者之间的深层次问题是权力的归属问题。② 再比如，福斯特强调，美国工人将不再适应现存的资本主义政府，转而积极采用革命斗争的途径废除资本主义和建立起苏维埃式的社会主义国家。作为维护资产阶级统治的资本主义政府将会在革命斗争中被打碎，由按照工人群众意愿建立起来的苏维埃式的社会主义政府所取代。③ 虽然福斯特仍强调美共不完全放弃通过暴力行动的方式，但是他在反思美共历史错误的过程中，检讨了美共排斥通过和平方式实现美国社会主义的错误，并着重强调美国通过和平方式走向社会主义道路的可能性。例如，他于1957年12月在《政治评论》上发表文章，检讨了美共在冷战时期犯了三个较为严重的错误，其中之一就是美共未能接受和采用议会斗争与和平方式实现社会主义的有关建议，致使美共在被指控阴谋以暴力推翻美国政府的时候显得特别被动。④

其次，福斯特曾借用马克思主义理论家的观点来论证美国通过和平方

---

① William Z. Foster, *History of The Communist Party of The United States*, New York: International Publishers, 1952, pp. 549 – 550.

② William Z. Foster, *Toward Soviet America*, New York: International Publishers, 1932, p. 252.

③ Ibid., p. 271.

④ [美]威廉·福斯特:《党的危机及其出路》，潘纪一译，《世界经济文汇》1958年第11期。

式走向社会主义的可能性。他指出:"马克思主义理论家虽然提醒过工人当心资本家的暴力,他们却总是指出在民主因素强大的国家里和平建立社会主义的可能性。"如,他以马克思的话为例,马克思曾说过:"英国和美国的工人阶级如果争取到议院、国会的多数,他们就可以合法取消那些阻碍他们发展的法律和制度。"比如,他指出列宁也曾提出俄国革命和平发展前景的轮廓。再比如,他称斯大林在其文章中也曾指出,在世界社会主义强大发展的时候,"和平发展的道路对某些资本主义国家是很有可能的"。在此基础上,福斯特强调:"美共的出发点是美国存在这种可能性。"[①]

此外,福斯特指出美国共产党采取在美国可能和平转变到社会主义这样的方针来自于四个方面的考虑。[②] 第一,工人阶级争取当前的斗争就是民主主义的实质,这种斗争实质上在基本上加强了美国的民主力量,到最后建立社会主义的时候,就在质量上将民主提升到了新的高度;第二,共产党领导工人阶级尽可能采取最和平和最民主的方式来争取当前的和最终的目标,这就使得手段和目标融洽一致;第三,福斯特认为,工人阶级及其同盟者,构成人民的大多数,他们潜在的力量可以牵制与约束资本家用来阻挠人民意志和社会主义的建立所可能采取的任何暴力行动,他们使得这种暴力失去效用。第四,民主和社会主义阵营的力量有了快速地发展。按照福斯特的逻辑,民主和社会主义力量的快速发展,本身就对资产阶级产生了强大的震撼与牵制,使得美国无产阶级采取和平转变的方式实现社会主义有了可能性。

某种程度上,也正是基于美国可能通过和平方式实现社会主义的考量,福斯特于1959年撰写了"在两党制度下进行工作"一文。福斯特在该文章中虽没有明确指出通过和平方式实现社会主义,但在文章中也并未使用"暴力""革命""阶级斗争"等较为激进的字眼。在该文中,福斯特不仅承认了资产阶级两党制传统在美国根深蒂固的事实,而且表达了美共必须在两党制制度下工作的重要性。福斯特强调进步力量应该在美国两个资产阶级政党领导的"工会和群众组织中进行工作","左

[①] William Z. Foster, *History of The Communist Party of The United States*, New York: International Publishers, 1952, pp. 551-552.

[②] Ibid., p. 552.

翼力量必须在这两个老政党中宣传它们的进步纲领和路线。"① 这也就意味着，福斯特承认了美共利用两党制和通过和平方式实现社会主义的可能性。

三 关于社会主义与资本主义的和平共处问题

在社会主义与资本主义关系的问题上，福斯特修正了自己之前关于社会主义与资本主义互不相容的主张，转而承认社会主义与资本主义和平共处的可能性。之前，福斯特曾积极批判资本主义和高度赞扬社会主义，并且认为社会主义作为资本主义的替代物，两者之间断无和平共处的可能。比如，福斯特在《资本主义的末日》一书中指出美国的垄断资本正在企图发动另一个"反苏的毁灭性战争"，甚至试图用"武力摧毁中欧和东欧的新民主主义国家"。这些高喊和平的资本主义者正在积极备战，"对发展中的世界社会主义实行实际的战争"②。在福斯特看来，资本主义与社会主义和平共处的国内外形势将会随着战争逐渐消失。美国与苏联之间会展开国际性的对抗，杜鲁门政府会再次推行遏制政策以应对来自于苏联等社会主义国家的威胁。③ 然而，此时的福斯特在反思美共历史错误的时候，也在某种程度上修正了自己之前不合时宜的观点，提出了社会主义与资本主义和平共处的可能性。福斯特指出，当前世界最为迫切的政治问题，就是社会主义及人民民主国家与资本主义国家和平共处的现实问题，而这个问题，从外在表现上"就是美国与苏联之间的和平"④。

福斯特认为社会主义与资本主义构成了某种程度上的均势，使两者存在和平共处的可能。⑤ 首先，帝国主义国家反苏战争政策的屡次失败即资本主义欲摧毁社会主义而不能。福斯特认为，社会主义作为批判和替代资

---

① ［美］威廉·福斯特：《在两党制度下进行工作》，《国际问题译丛》1959 年第 5 期。

② William Z. Foster, *The twilight of world capitalism*, New York: International Publishers, 1949, p. 28.

③ James R. Barrett, *William Z. Foster and the Tragedy of American Radicalism*, Urbana and Chicago: University of Illinois Press, 1999, pp. 228 – 229.

④ ［美］威廉·福斯特：《美国与苏联的和平共处问题》，《国际问题译丛》1954 年第 12 期。

⑤ 同上。

本主义的产物,势必会招致资产阶级的嫉恨与扼杀。因此,"在他们国内,大资本家们的基本态度就是力图用残忍的反革命手段来镇压工人阶级和它的同盟军日益高涨的社会主义运动;而在国际上,他们的方针是在试图用大规模的军事战争来推翻这些走向社会主义的国家"。但是随着国际形势的变化,福斯特认为社会主义与资本主义和平共处的客观条件正在成熟,愈发的"具有实际的可能性",即资本家反苏"冷战"的失败。福斯特回顾了帝国主义企图推翻苏联等社会主义国家的历史,指出帝国主义的反苏战争都是以失败而告终,借以说明资本主义难以消灭社会主义。其次,社会主义和民主力量的增强挫败了帝国主义的战争计划即资本主义受到了社会主义的牵制。福斯特认为,社会主义和民主力量的发展对资本主义和帝国主义战争形成了有力的牵制,使得两者之间的和平共处有了现实可能。他指出,一方面,"社会主义的建立并不需要国际战争。马克思主义者从社会主义运动开始以来一向是争取和平的最坚定的战士"。另一方面,"民主力量方面有强大的力量足以制止帝国主义的世界战争制造者,而同时从资本主义到社会主义的不可避免的革命转变要在各国发生"。福斯特进一步指出,不管是资本主义国家还是社会主义民主国家的民众在经济和政治上的利益是完全一致的,这种利益的一致性构成了两者和平共处的现实基础。

  需要指出,福斯特关于社会主义与资本主义和平共处的论点深受苏联共产党的影响。自苏共二十大开始,苏联将和平共处视为当前最为迫切的政治问题,将其作为"帮助国际革命工人运动达到其基本的阶级目标的最好的方法"。福斯特在论述社会主义与资本主义和平共处的问题时,多次借用苏联共产党的立场与会议观点来佐证自己对这个问题的看法。如,福斯特紧跟苏联方面的结论,在其《世界社会主义的历史性进展》这本小册子中指出:"资本主义是根深蒂固的,必然会为保持它在过去几个世纪中所建立起来的许多有利地位而作殊死的斗争。但是世界正进入一个和平共处的新时代,在这个时代中,全面的原子和火箭战争即使不是完全不可能,也几乎是不可能的,而社会的发展也是无法阻挡和制止的。"[①]

---

  ① William Z. Foster, *The historic advance of world socialism.*, New York: International Publishers, 1960, p.48.

四 关于马列主义与美国实际的结合问题

将马列主义理论的一般原则与不同国家的具体国情紧密地结合起来的问题，对共产党而言是紧迫且亘古不变的课题，同时对于共产党推动本国共产主义或社会主义运动不断发展和制定斗争策略始终是一个巨大的挑战。可以说，从共产党成立的那刻起，如何解决理论与实践的结合问题，总是能够引起马克思主义理论家和共产党人的思考与争论。倘若说"怎么办"的问题在马克思主义理论家们和各国党内尚存在着争议的话，那么，大家当时至少在这么一件事上达成了共识，即无不强调马列主义要与本国实际相结合的重要性。

对于福斯特来讲，他之前虽然也多次强调马列主义要与本国实际相结合的重要性，但是他更多是强调是马列主义在美国的适用性，甚至试图解释和改造美国的具体特点来迎合马列主义的理论。比如，福斯特在《马克思主义与美国"例外论"》这本小册子里，强调马列主义的有关论断和《共产党宣言》对美国社会的适用性，逐一批驳了"美国例外论"者的所有论点。在这里，福斯特逐一解释和改造美国社会所具有的特点，以证明马列主义适用于美国的论点。[1] 可以说，福斯特未能充分认识到马列主义与本国具体实际相结合的重要性。对此，美国学者约翰宁斯梅尔指出，福斯特对马克思主义的正统的和教条的理解是一种"倒退的、孤立的和无助的逻辑"[2]。

由于没有深刻分析美国具体国情和国内形势，美共在工作上频频出现失误。在这种情况下，福斯特的态度有所软化，转而强调美国建立社会主义并没有确切的时间、形式和方法。他说："对这个问题所提供的任何考虑的根据都只能是一种估计，这就是参照世界的经验和美国的政治条件，来估计共产主义一般原则在美国逐渐实施的情况。"在此基础上，他进一步指出："走社会主义的时间表和路线的蓝图是不存在的。"[3] 在这里，福

---

[1] 详见［美］威廉·福斯特《马克思主义与美国"例外论"》，载《美国经济论文选》(1)，世界知识出版社1957年版，第18—39页。

[2] Edward P. Jobanningsmeier, *Forging American communism: The Life of William Z. Foster*, New Jersry: Princeton University Press, 1994, pp. 8 – 9.

[3] William Z. Foster, *History of The Communist Party of The United States*, New York: International Publishers, 1952, p. 553.

斯特开始重视共产主义原则与美国具体实际相结合的问题。

此外，福斯特在美共党内的反思浪潮之中迫于压力也更加强调要根据美国实际灵活运用马列主义。当时美共党内的丹尼斯、盖茨等老左派提出了美共未能将马列主义与美国实际相结合的弊病和美共愈发有将马列主义教条化的倾向，他们甚至要求按照美国的具体实际重新"解释"马列主义。他们的这些观点虽然不被福斯特所接受，但在某种程度上也激发了福斯特对这个问题的思考。福斯特在对丹尼斯和盖茨等人观点进行批驳的同时，也开始强调马列主义与美国实际相结合的问题。他说："很明显，我们应该拥护马克思列宁主义，不是把它作为教条，而是把它当做行动的指南。我们应该灵活地发展它并把它运用到美国的具体情况上来，经常警惕着一切形式的空谈主义。"① 因此，他赞同美共进行一系列建设性的"改变"，其中一条就是"使马克思列宁主义摆脱一切形式的教条主义和空谈主义，密切结合美国情况加以发展和运用"②。

第三节 福斯特与激进反思派的主要分歧

在反思过程中，福斯特与丹尼斯、盖茨等老左派分别围绕着党的重大原则问题阐述了自己的立场，无不表达了纠正错误、寻求出路的良好愿望。但是，由于个人因素、看问题的角度和认识水平各异，加之复杂的国内、国际形势的影响，福斯特与激进反思派之间的分歧也愈发的深化。福斯特与反思派之间的分歧主要表现在以下四个具体问题上。

一 如何看待斯大林的错误

关于斯大林错误的原因，福斯特不赞同激进反思派将斯大林犯错误的原因归结为是苏共实行"高度的集中制和严格的纪律"，强调造成斯大林错误的原因主要有四个方面：第一是传统因素，即苏联缺乏民主的传统，是斯大林错误形成的重要因素。③ 第二是政治因素，即苏联招致资本主义

---

① 《美国共产党第十六次全国代表大会和加拿大劳工进步党第六次全国代表大会重要文件汇编》，世界知识出版社1958年版，第4页。
② 同上书，第5页。
③ 《批判斯大林问题文集》，人民出版社1956年版，第140—141页。

国家的包围。① 在福斯特看来，在当时外敌围困苏联的环境下，需要实行所谓的"高度集中和严格的纪律"②。因此，斯大林的错误与当时的环境有着紧密的联系，即苏联高度工业化、外来力量的敌视、法西斯战争以及冷战等"都极容易导致斯大林命令式的领导方法"③。第三是意识形态性质，即斯大林在理论上取得了巨大的威望，助长了他的个人崇拜和错误。第四是个性因素，即"斯大林本人的个性也是一个非常重要的因素"。福斯特认为，斯大林的错误并不在于集中制和严格的纪律，而在于其自身的个性。他以列宁为例，即"像列宁这样一个稳健的领袖一定能够度过苏联在过去一代中的非常紧张的时期以及这个时期的高度纪律和运动，而不会造成有害的官僚主义"。但是斯大林不同，他具有列宁曾指出的"粗暴和官僚主义倾向"④。

至于斯大林错误的性质，福斯特反对激进反思派将其归结为社会主义体制上或马列主义本身的弊病，强调斯大林的错误完全是个人因素，而不是马列主义本身存在着什么样的缺陷。⑤ 因此，福斯特强调："要特别说明对斯大林的崇拜在社会主义条件下绝不是不可避免的。"与此同时，福斯特告诫道，在讨论斯大林问题的时候必须"有效地推动苏联社会主义的巨大发展。以及全世界社会主义事业的普遍迅速前进，一边抵制老板们所煽动的反苏情绪"⑥。在福斯特看来，目前共产党人面对着资产阶级借用斯大林的错误来污蔑整个共产主义运动的危险，因此在承认斯大林错误的同时并不能全盘否定斯大林，更不能将其在政治上粉碎。他告诫道，共产党人不能忽略斯大林领导下苏联所取得的积极成果，更不能掉进资产阶级的陷阱。⑦

---

① 《批判斯大林问题文集》，人民出版社1956年版，第141—142页。

② James R. Barrett, *William Z. Foster and the Tragedy of American Radicalism*, Urbana and Chicago: University of Illinois Press, 1999, p. 257.

③ David Shannon, *The Decline of American Communism: A History of The Communist Party since 1945*, New York: Harcourt, Brace and Company, 1959, p. 275.

④ 《批判斯大林问题文集》，人民出版社1956年版，第143页。

⑤ James R. Barrett, *William Z. Foster and the Tragedy of American Radicalism*, Urbana and Chicago: University of Illinois Press, 1999, p. 257.

⑥ 《批判斯大林问题文集》，人民出版社1956年版，第144页。

⑦ David Shannon, *The Decline of American Communism: A History of The Communist Party since 1945*, New York: Harcourt, Brace and Company, 1959, p. 275.

正是基于这样的考量，他不同意激进反思派将斯大林的错误性质归结为体制方面的缺陷。他认为从体制上分析斯大林的错误极易导致党的分裂，对共产主义运动会造成"致命性的伤害"①。这是福斯特与激进反思派在评价斯大林错误问题上的主要意见分歧。

至于斯大林犯错误的事实及影响，与盖茨等激进反思派的尖锐批评不同，福斯特则有意回避这一问题。如福斯特在赫鲁晓夫的秘密报告披露很久之后，并不指出在斯大林领导下的"缺陷和过激行为"，而是强调斯大林所具有的令人尊敬的"伟大品质"和苏联在斯大林领导下所取得的成就。因此，与激进反思派全面批驳斯大林不同，福斯特仍然坚持自己先前对斯大林的看法，即认为斯大林是"最为坚定的世界无产阶级战士和卓越组织者"以及"最伟大的马克思主义者和我们时代最有能力的政治领导人。"虽然福斯特强调全面否定斯大林对共产主义运动所造成的危害，但是他没有正确对待斯大林所犯的错误对世界共产主义运动所造成的不利影响。相反，福斯特警告共产党员不要妄下结论和激烈批判斯大林，以免助长右翼的攻击和资产阶级的政治压制。因此，他说："这种批判性的争论其初衷是好的，但是它必须建立在完全负责任和完全意识到迫切需要国内国际阶级联合的基础上，……考虑欠周的批评会导致严重损伤。"② 基于这样的考虑，福斯特很少提及斯大林所犯的错误，更多的是强调在斯大林领导下苏联社会主义所取得的伟大成就。正如他所指出，关于斯大林问题的讨论，"如果不把积极的方面——社会主义的许多巨大胜利"和消极方面即斯大林的过火行为一起考虑进去，"即使说不是真正有害，也是价值有限的"。③

二 如何看待美共与苏联的关系

在对美共过往历史进行反思的过程中，激进反思派深感美共应该保持独立自主的立场，严厉指责美共依附于苏联共产党的事实与错误，并进一步提出各个国家的社会主义政党应该平等互助。如1956年4月4日，盖

---

① James R. Barrett, *William Z. Foster and the Tragedy of American Radicalism*, Urbana and Chicago: University of Illinois Press, 1999, p. 257.

② Ibid., p. 257 – 258.

③ 《批判斯大林问题文集》，人民出版社1956年版，第191页。

茨在一次公开会议上明确提出美共再也不能从国外共产党那里寻求答案。
"我们必须独立自主,自己思考问题,不能让别人代替我们思考,也不能
简单重复别人的结论。"① 基于这样的认识,盖茨后来强调美共的重大变
革任务之一就是"要改变以往紧跟苏联的做法"。在盖茨看来,虽然苏联
取得了不菲的成绩并值得我们尊敬和保卫,但是苏共在兄弟党的关系上
"不平等和单方面"的立场,却"严重歪曲了国际主义团结的原则"。因
此,盖茨强烈反对美共不加分析地紧跟苏联的立场,因为苏联并非一贯正
确。②丹尼斯基本上赞同盖茨的观点,只不过是措辞稍微委婉些。丹尼斯
提出了美共同"包括社会主义国家的马克思主义政党在内的其他马克思
主义政党建立新的更加健全的关系"问题。他强调:"必须在共同的马克
思主义思想范围内求得思想上的充分独立,必须把我们所抱有的同一切马
克思主义政党实行亲密的兄弟团结的不可动摇的感情同对于平等、进行创
造的责任以及我们自己对本国的共产主义运动的独立了解结合起来。"③
显然,盖茨和丹尼斯等激进反思派,直接触及到了美国共产主义运动中的
核心问题,即美共长期依附于苏联共产党、丧失独立自主性的弊病。

　　针对激进反思派提出的问题,福斯特并未直接表示反对。他一方面作
了某种程度上的积极回应,强调了独立自主的重要性。比如,他这样说
道:"对兄弟共产党和社会主义国家进行同志式的批评","加强党在政治
上的主动性"。④ 另一方面,他积极强调不能削弱国际主义以表明自己在
这个问题上的不同态度。首先,福斯特指出目前党内危机的一个显著方面
就是"党的无产阶级国际主义正在严重削弱"。福斯特认为,目前党内对
斯大林时代错误的"矫枉过正",甚至拿斯大林时期的错误借机对党施加
压力。这种观点主要表现在"低估战争危险及美帝国主义的侵略、几乎
完全忽视世界资本主义的总危机,在某种程度上接受了'美国例外论'

---

① David Shannon, *The Decline of American Communism: A History of The Communist Party since 1945*, New York: Harcourt, Brace and Company, 1959, p. 282.

② 肖庆平:《陵谷之变——战后美国共产主义运动历史述评》,博士论文,中国人民大学,1988年,第163—164页。

③ 《美国共产党第十六次全国代表大会和加拿大劳工进步党第六次全国代表大会重要文件汇编》,世界知识出版社1958年版,第16页。

④ 同上书,第5页。

的资产阶级学说、攻击苏联、促进铁托的方针、藐视外国同志对我们党的政策的意见等倾向方面"。按照福斯特的逻辑，这种丑化苏联、割裂美共与苏联关系的思想是不正确的，已经"损害了我们的报纸和党，使我们离开了美国工人和世界共产主义力量而陷于孤立"。其次，福斯特指出美共一些人对波兰和匈牙利事件的批评"十分过火"，犯了严重的错误。福斯特批评道："我们在这件事上常常把一国的政治独立问题放在世界和平及社会主义这两个更重要的问题之上。"基于这样的分析，福斯特提出美共第十六次代表大会的主要任务就是"重新加强我们党的无产阶级国际主义"。他认为，虽然美共以美国具体条件、各阶级利益和民族利益作为自己政策的根据是极有必要的，但是，"这同党必须大力进行国际斗争来维护一切国家的和平共处以及世界社会主义等首要的利益是不矛盾的"。因此，美共必须加强国际主义，"必须毫无拘束地同其他所有的共产党进行合作"①。

三 如何看待美共工作的错误

丹尼斯首先谈及了美共以往10年的"左"倾事实、错误原因、错误性质以及克服错误的方法等。他积极肯定了美共以往在和平反战运动、反对法西斯威胁以及组织劳工等方面的成绩，但与此同时他也指出："在以往几年中遭受了严重的组织破坏以及它在许多领域中的政治影响也严重越弱。"并且，他特别强调了美共"基础薄弱和愈发孤立"的事实。② 这种结果是由于美共在工作中犯了很多错误所致。错误之一就是在处理与产联的关系时，没有正确分析和判断战争和法西斯的威胁以及当时美国国内的经济形势，使得党变得更加削弱和孤立。错误之二就是在1948年大选中盲目地支持第三党的斗争策略。当第三党在美国政治中的前景黯淡时，党对此没有清醒的认识，反而一如既往地强力推行第三党的斗争策略③。他认为，美国共产党之所以如此孤立，是因为最近十年来，一种"根深蒂

---

① 《美国共产党第十六次全国代表大会和加拿大劳工进步党第六次全国代表大会重要文件汇编》，世界知识出版社1958年版，第8—9页。
② Eugene Dennis, *The Communists Take a New Look*, New York: New century Publishers, 1956, p. 20.
③ Ibid., pp. 28–32.

固的'左'倾宗派主义在党内占据了统治地位"。"倘若不认识到这一点,我们就会很难理解我党在这一时期为何会变得孤立。"① 在击败白劳德右倾主义之后实行大转弯时,以及在处于地下的岁月里,宗派主义更是发展到了顶峰。他说宗派主义之所以产生,在很大程度上是由于美共"机械地、教条主义地"把"别国党的经验当做我们自己的经验"。因此,他呼吁人们应根据"本国的经验、情况和传统来解释马克思主义",并指出这种"创造性"的解释只能由我们自己来作。② 实际上,丹尼斯的意见反映了大多数党员的心声,也道出了美国共产主义运动的症结所在:那就是美共没有独立自主性,盲目地跟着苏联共产党走,同时犯了教条主义、宗派主义等错误。同时为了克服这些错误,丹尼斯还指出要加强党的集体领导和党内民主。他说:"在最近几年里,由于党的领导机构消失和党整个工作在难以忍受的复杂条件下,集体领导和党内民主已严重受阻和扭曲。"因此为了寻求克服错误的出路和方法,我们必须去"协商、聆听和共同敲定所有主要的政策以及就策略性的问题要向广大党员和普通群众咨询"③。与丹尼斯相比,约翰·盖茨的言辞似乎显得更为"敏感"。1956年4月4日,盖茨在美共的一个公开会议上发表讲话,指出一系列福斯特所不能忍受的问题。比如,他揭露美共支持美国政府运用史密斯法审判明尼苏达州的托洛茨基主义者是"极其错误"的。再比如,他强调应该"在党内创造更多的民主"和纠正"致使美共自我孤立于群众运动之外的宗派主义错误"。他指出:"我们脱离了群众运动、新兴的劳工运动,黑人运动以及完全脱离于农民的反抗斗争。"④

在党犯错误的事实上,福斯特与激进反思派的观点一致,甚至大方承认了党的确犯有很多的错误。但是在美共犯错误的程度和原因上,福斯特表达了不同的观点。首先,福斯特不赞同激进反思派"极端夸大"错误事

---

① Eugene Dennis, *The Communists Take a New Look*, New York: New century Publishers, 1956, p. 35.

② [美]佩吉·丹尼斯:《尤金·丹尼斯的一生》,劳远回等译,新华出版社1988年版,第288页。

③ Eugene Dennis, *The Communists Take a New Look*, New York: New century Publishers, 1956, pp. 36–37.

④ David Shannon, *The Decline of American Communism: A History of The Communist Party since 1945*, New York: Harcourt, Brace and Company, 1959, pp. 282–283.

实。福斯特指出,反复强调错误和热衷于更激烈的批评,"引发和滋长了悲观主义和取消主义的危机,对党造成了很大的损害"①。"他们似乎认为党坦诚更多的'错误',才能更好地屹立于民众之中,这种观点是荒谬的……绝大多数的批评都不是建设性的,只是在毁坏党本身。"② 在福斯特看来,丹尼斯和盖茨等人对党的批评,是在"过分夸大"党的错误而严重降低了党的威信。因此,福斯特批评道,这些人的观点犯有右倾危险。③ 这种观点将"自我批评变成嘲笑愚弄,用作全面地在理论上进攻党的基础"④。其次,在犯错误的原因上,福斯特不赞同激进反思派将错误原因归结于党本身而忽略主客观不利形势的影响。因此,福斯特强调要将美共在策略上的失误和党在原则上的正确区分开来。他指出:"在冷战时期内,粗略地说是从1947年到现在,美国共产党在党员人数和群众影响上损失很大。这些损失并不是由于列宁主义活动原则的功效减弱之故。可以发现党的危机是基于其他客观和主观的因素。"他列举了造成美共犯错误的四个因素:繁荣的错觉即资本主义处于上升情况的影响;斯大林"个人崇拜"的泄露;政府的迫害;党在领导上犯了若干"左倾"的错误等。在这种认识的驱动下,虽然福斯特列举了美共犯有三个严重的错倾错误即错误的第三党策略、未考虑和平实现社会主义的建议、过严的组织防范措施,但是他并未对这三个错误逐个进行详细的论述,也并未作一句自我批评。⑤ 总之,福斯特虽然承认美共犯有"左"倾宗派主义性质的错误,但反对丹尼斯和盖茨等人将错误归结为党本身和党的领导。他认为:"无论是党本身还是其领导都证明不是'左'倾宗派主义,更谈不上有意执行了这种路线。"⑥

---

① David Shannon, *The Decline of American Communism: A History of The Communist Party since 1945*, New York: Harcourt, Brace and Company, 1959, p.306.

② James R. Barrett, *William Z. Foster and the Tragedy of American Radicalism*, Urbana and Chicago: University of Illinois Press, 1999, p.259.

③ David Shannon, *The Decline of American Communism: A History of The Communist Party since 1945*, New York: Harcourt, Brace and Company, 1959, p.307.

④ [美]威廉·福斯特:《党的危机及其出路》,潘纪一译,《世界经济文汇》1958年第11期。

⑤ 同上。

⑥ 肖庆平:《陵谷之变——战后美国共产主义运动历史述评》,中国人民大学1988年博士论文,第159页。

四 如何看待马克思列宁主义

激进反思派更为强调理论与实践相结合的重要性,要求根据不断变化的新形势对马列主义原则进行新的阐释。丹尼斯认为,坚持马列主义固然重要,"但是,仅仅背诵或者宣传马克思主义原则是不够的。""必须科学地掌握马克思列宁主义的基本原则,结合美国的具体情况和美国工人阶级的需要创造性地应用它们"。他进一步指出:"我们需要更加深入地研究马克思列宁主义以及美国的传统和现实情况。我们需要把它们综合起来并且丰富它们。同时要考虑世界上发生的重大的有利的变化以及在我们自己国内发展着的新的趋势。"① 丹尼斯在这里强调的是将马列主义与客观实际相结合。与丹尼斯的委婉表达相比,盖茨的言论则显得更为"出格"。一方面,盖茨指出任何科学都应是灵活的而不是僵死之物,理应根据现实或实践决定其观点中"哪些需要废弃、修改或补充新的原则"。他指出,美共以往将马列主义当成了一成不变的教条,其结果是只会有助于"造成不科学的个人崇拜观念"②。另一方面,盖茨意欲将马克思主义与列宁主义割裂开来,其中心思想是马克思主义是具有普遍性的,而列宁主义从根本上来说时俄国革命的产物,因此具有有限的适用性。③ 据此,盖茨声称要改变对待马克思列宁主义的态度,拒绝运用这个理论来指导党,甚至拒绝使用"马克思列宁主义"这个名词。④

但对福斯特而言,激进反思派按照自己的方式肆意地进行理论阐释,只会严重削弱党的马列主义基础。福斯特指出,马列主义理论的很多方面是具有"普遍效用"的,部分党的领导人试图从党章中修正或删除它们,将无疑是一种"意识形态上的倒退"⑤。他这样说道:"倘若目前我们党只

---

① 《美国共产党第十六次全国代表大会和加拿大劳工进步党第六次全国代表大会重要文件汇编》,世界知识出版社版1958年版,第20页。

② 肖庆平:《陵谷之变——战后美国共产主义运动历史述评》,中国人民大学1988年博士论文,第162页。

③ 《美国共产党第十六次全国代表大会和加拿大劳工进步党第六次全国代表大会重要文件汇编》,世界知识出版社1958年版,第3页。

④ [苏]契尔卡索夫:《美国共产党反对现代修正主义的斗争》,梓江译,上海人民出版社1958年版,第2—3页。

⑤ James R. Barrett, *William Z. Foster and the Tragedy of American Radicalism*, Urbana and Chicago: University of Illinois Press, 1999, p.259.

是讨论是否应该将'马克思—列宁主义'写入序言,这并不是一个极其重要的策略性问题,但是将其从党章中删除,只会被认为是意识形态上的退却。"① 福斯特的观点旨在捍卫美共是马列主义先锋队,"无产阶级和广大民众先锋队"的政治立场。在福斯特看来,激进反思派对马列主义理论所作的新"阐释","将否定马克思列宁主义是科学社会主义原则的一部分"。基于此,虽然福斯特在各种场合多次强调马列主义是一个"发展着"的理论,但是他断定"右派"的主张"破坏了马克思列宁主义的国际性,将其缩小为苏联社会主义哲学的象征,在采纳之前对其进行'国家性的阐释'"。美共"是'马克思主义'政党的立场不能含糊,否则将失去真正的理论基础"。他说道:"共产党必须建立在马克思列宁主义的基础上,尤其是建立在充满活力的列宁主义基础之上,清除斯大林官僚时期的旧俗以及结合美国的实际情况。"针对盖茨意欲抛弃列宁主义的行为,福斯特指出:"列宁主义是帝国主义阶段的马克思主义。""排斥列宁主义就不是马克思主义。"② 福斯特进一步指出,美共应该恪守马列主义原则,否则,"我们党就有在政治上破产的危险"③。因此,福斯特强调,"重新支持党的马克思列宁主义的理论基础","对共产党的生活和成长来说,具有根本的重要意义。"④

第四节 福斯特与激进反思派产生分歧的原因探析

在美共全面反思大潮的推动下,福斯特自己也开始对美国共产主义运动中的重大原则问题进行了反思,提出了一些有价值的思想主张。但与激进反思派相比,福斯特的反思显得并不积极,同时对问题的认识也不是那么的深刻。在反思的过程中,福斯特甚至与激进反思派产生了较大的分歧

---

① David Shannon, *The Decline of American Communism: A History of The Communist Party since 1945*, New York: Harcourt, Brace and Company, 1959, p. 306.

② Edward P. Jobanningsmeier, *Forging American communism: The Life of William Z. Foster*, New Jersy: Princeton University Press, 1994, p. 342.

③ 《美国共产党第十六次全国代表大会和加拿大劳工进步党第六次全国代表大会重要文件汇编》,世界知识出版社1958年版,第4页。

④ 同上书,第3页。

与争论。究其原因，主要在于两个方面：首先，福斯特作为坚定的共产主义战士，出于维护共产党和社会主义信仰的需要，他并不十分赞成旨在反应尖锐问题的反思活动；其次，为了维护自己在美共党内的权威，他不赞成尖锐批评斯大林和美共所犯的错误。

一 维护共产党和社会主义信仰的需要

福斯特由于维护共产党和社会主义信仰的需要，反对深入探讨斯大林和美共错误的问题，以免陷入资产阶级的宣传"陷阱"。50年代中期在苏联东欧所激起的重大政治事件，包括苏共二十大批判斯大林、波兹南事件、匈牙利事件等为美国政府推行反苏反共的政策提供了便利条件，尤其是苏共二十大上赫鲁晓夫的秘密报告，更是为美国政府实施激变战略提供了可乘之机。1956年5月，美国中央情报局在华沙获得了赫鲁晓夫秘密报告的副本，时任中央情报局局长的艾伦·杜勒斯将此举称作他从事情报工作一生中最大的成就之一。这个副本并由美国国务院在6月4日的《纽约时报》上发表。① 赫鲁晓夫秘密报告的发表，在美国激起了强烈的反响，关于抨击斯大林错误的言论迅速增多，对共产党的负面评价也随之盛行。正如美国情报部门所断定：非斯大林化在苏联民众和外国共产党内造成了迷惘和思想混乱。② 鉴于此，美国政府运用各种媒介，尽可能散布有损共产党声誉的资料或评论，对共产党和世界共产主义运动进行猛烈地攻击。在这种情况下，福斯特担忧，资产阶级凭借非斯大林化，对共产党及其社会主义事业进行诋毁与污蔑。比如，他这样说道："这个国家和其他地方的资产阶级对于在斯大林事件方面必须进行的不幸的揭露幸灾乐祸。世界各地的反对力量正设法把国际共产主义运动说成一团错误、暴行和政治愚行。他们甚至愚蠢地希望这个运动陷于腐化和崩溃。因此，我们决不能中人家的计，对我们自己的运动采取否定的态度。"③ 也正是基于这样的认识，福斯特在反思美国共产主义运动的时候，表现出了很大的保守性，不愿意更深入地谈及该

---

① 时殷弘：《美国与苏共二十大》，载于《美国历史问题新探》，中国社会科学出版社1996年版，第206—207页。
② 同上书，第207页。
③ 《批判斯大林问题文集》，人民出版社1956年版，第192页。

问题。

　　需要指出，赫鲁晓夫秘密报告的全文在美国公开发表之后，不仅引起了美国社会的震惊，而且对美共党内具有社会主义信仰的党员造成了强烈的冲击。3月16日，《纽约时报》等报刊登了赫鲁晓夫秘密报告的摘要片段。这犹如火山地震一般搅动着美国共产党人的思绪。据佩吉·丹尼斯描述："读者来信如潮水般涌向《工人日报》报社。写信的人们为'浪费了15年或20年生命'悲叹，声称我们党现在'已经身败名裂了'，应当在羞辱中销声匿迹。"① 这也就意味着，美国共产党人心中的神圣殿堂轰然倒塌，顿时面临着严重的信仰危机。福斯特等老左派领导人通过声明和文章来阐述自己的看法与观点，不仅强烈谴责了资产阶级反动势力企图利用赫鲁晓夫的报告来损害社会主义的声誉，而且告诫美共党员切莫将斯大林的错误与共产党以及与社会主义事业相提并论，强调共产党员应该坚定社会主义或共产主义的信仰。如他在谈及斯大林问题时，曾这样告诫美共党员道："我们决不能忘掉基本历史：伟大的国际共产主义运动在千阻万难（其中对斯大林的崇拜只是一个最近的困难）面前，成功地领导人类走向新的和更高的社会主义秩序。"②

　　此外，正是出于维护共产党和社会主义信仰的需要，福斯特作为传统马列主义的主要捍卫者，不仅没有深入地反思美共历史中的错误，而且与他称之为"鲁莽批评主义的狂欢"做了不调和的斗争。他断言："这个时间段无疑成为人们攻击美共以往活动及其奋斗目标的开放期，在世界共产主义运动的历史上，很少有共产党会如此被动地置于如此谩骂、诋毁的海洋中。"③ 这种情况是福斯特不愿看到和难以承受的。在他看来，这种反思性的讨论是在对美共进行毁灭性的打击，会成为共产主义运动继续发展的阻碍。他担忧，这种公开的辩论，是白劳德右倾主义在党内的再现，以及是向修正主义的全面转变。④

---

① [美]佩吉·丹尼斯：《尤金·丹尼斯的一生》，劳远回等译，新华出版社1988年版，第292页。

② 《批判斯大林问题文集》，人民出版社1956年版，第192页。

③ James R. Barrett, *William Z. Foster and the Tragedy of American Radicalism*, Urbana and Chicago: University of Illinois Press, 1999, p. 257.

④ Ibid..

二 维护个人权威的需要

这个时期的福斯特，对反思活动表现得并不积极，反而对这种激进性的反思表示些许担忧。首先，他担心美共党内的反对个人崇拜是在反对他个人的权威。1956年，在美共积极反思历史错误的同时，恰逢福斯特迎来了75岁的寿辰。美共中央机关报《工人日报》的各大版面充斥着来自于各国共产党的祝词，其中不乏高度赞美之词。美共党刊《政治事务》也专门出了"贺福斯特诞辰75周年"特刊，高度赞扬福斯特的光辉政治生涯。尤金·丹尼斯在福斯特的寿辰之际称福斯特为"美共卓越的领导人，美国无产阶级的卫士"以及表达了美共对这位勇士的热爱之情。[①] 此时的福斯特也极其乐观地声称："我们处在资本主义腐朽和社会主义兴起的时期。"福斯特告诉党员群众："所有道路都通向共产主义。使得我极其满意的是自己毕生的努力都是致力于社会的进步以及伟大的社会主义事业正在世界范围内凯歌行进。"[②]

但是，正当美共高度赞扬福斯特丰功伟绩的时候，赫鲁晓夫在苏共二十大上做了秘密报告，批驳"个人崇拜"是对"马克思列宁主义原则的漠视"。这个报告在世界共产主义阵营里引起了广泛的影响，引得世界各国共产党纷纷效仿，在党内开展批判"个人崇拜"的运动。当时，美共也积极批判"个人崇拜"。当时美共党内的个人崇拜主要就是对福斯特的崇拜。比如，当时一位名叫林·拉德纳（Ring Lardner）的美共党员就曾尖锐地指出美共党内形成了对福斯特的个人崇拜。他说："我想知道福斯特在其寿辰上被尊称为美国卓越的无产阶级领导人是否经过慎重地考虑，我对此表示相当痛心。"令人意外的是，1956年3月的《政治事务》将福斯特寿辰的实际概况和批驳个人崇拜的两类文章放在了一起。林·拉德纳的言论引起了美共党员的兴趣与广泛讨论。当时《工人日报》也刊登了林·拉德纳的文章并指出："我对他的观点表示非常高兴，与此同时激起

---

① James R. Barrett, *William Z. Foster and the Tragedy of American Radicalism*, Urbana and Chicago: University of Illinois Press, 1999, p. 253.

② William Z. Foster, "Birthday Speech, March 9, 1956," fond 615, opis I, delo 65, listok 7, Foster Papers. 转引自 James R. Barrett, *William Z. Foster and the Tragedy of American Radicalism*, Urbana and Chicago: University of Illinois Press, 1999, p. 253.

了读者对此事的广泛讨论。"① 在这样的大背景下,福斯特也被迫于1956年3月16日首次发表文章评析斯大林的错误问题。他认为斯大林确实存在着重大的错误,但指出斯大林在国家工业化、卫国战争和反冷战的斗争中所发挥的重要领导作用。并且,他强调美国共产党人不应忽略斯大林领导的"积极"作用和"要加倍警惕掉进否定和摧毁整个社会主义的资产阶级陷阱"。同时他认为"重新评价斯大林"是苏联共产党的事情,而不是美国共产党人的问题。福斯特指出:"他们将会很好地掌控和处理这个问题,为全世界的工人提供极有价值的经验教训。"② 这时,福斯特的态度是谨慎的,在很大程度上也是正确的,尤其是在斯大林的评价问题上,认为不能简单地把苏联共产党的所有错误全部归于斯大林一个人身上。当然,这也是出于捍卫自己在党内权威的考量。

福斯特作为当时美共的最高领袖,他的地位和威望在一定程度上可以左右美共的政策、活动。可以说,美共的全面反思派要求对党以往的活动进行重新考察,要求加强党内批评与自我批评,在很大程度上,其所考察与批评的那些造成了巨大损失的错误,大部分都是福斯特的政策和影响所造成的。③ 因此,福斯特对这次全面反思活动表现得并不积极,即便是他自己作了一些反思,也是极其有限的。同时,随着反思活动的不断深入,福斯特就表现出了巨大的担忧。比如针对丹尼斯《共产党人的重新审视》报告,福斯特指出,这种分析低估了党在以往10年的成就,"严重降低了党的威信","破坏了党的士气",甚至将目前的反思运动说成是"修正主义"和"反党"的。④ 福斯特及其支持者认为,党之所以处于孤立的状态,是由于我们遭到了镇压,而对于这种遭遇,我们是无能为力的。⑤ 这里,福斯特将美共工作失误的主要原因归结为客观因素所致,显然没有深刻认识与反省主观决策上的错误对美共组织发展的影响。

---

① David Shannon, *The Decline of American Communism*: *A History of The Communist Party since 1945*, New York: Harcourt, Brace and Company, 1959, pp. 274 – 275.
② *Daily Woker*, March 16, 1956. 转引自 David Shannon, *The Decline of American Communism*: *A History of The Communist Party since 1945*, New York: Harcourt, Brace and Company, 1959, p. 275.
③ [美]佩吉·丹尼斯:《尤金·丹尼斯的一生》,劳远回等译,新华出版社1988年版,第295页。
④ 同上书,第289页。
⑤ 同上书,第287页。

第五节 各派代表人物的个人特点及局限性

人们通过反思来改造自我与客观世界,但往往受到主、客观条件的制约,使得人们难以达到预期的目标。就客观条件而言,美共老左派对历史的反思符合当时历史发展的需要。首先,反思符合战后国际共运历史发展的需要。长期以来,各国共产党几乎都依赖于苏联共产党,毫无独立自主性。从 20 世纪 50 年代开始,共产党执政国家开始进行社会主义改革,旨在促进经济和社会的发展以及缓和国内矛盾。在改革浪潮中,一些资本主义国家的共产党也开始反思本国的共产主义运动,旨在改变现实、寻求发展。美共老左派对美国共产主义运动的反思顺应了当时国际共运历史发展的潮流,提出了许多有价值的思想主张,有着积极的历史意义。其次,反思符合战后美国激进主义历史发展的需要。战后美国国内的形势发生了前所未有的变化:资本主义福利国家兴起;资本主义民主缓和了国内矛盾;工人阶级的斗争性质从激进转向了改良;科技革命的兴起推动了资本主义经济的发展;等等。对此,美共老左派倘若固守传统的工作方针和斗争策略,势必不利于美国共产主义运动的顺利发展,只有对历史进行深刻反思,才能改变现状、谋求出路。就此而言,应当对美共老左派的反思行为予以充分肯定。在客观条件成熟的情况下,反思的成功,还需要有把握时代脉搏、顺应历史潮流的杰出领袖。能够引领变革的杰出领袖既要能够对以往历史错误进行深刻反思,更要能够提出切实可行的改进方法,这样才能做到革故鼎新;与此同时,杰出领袖既要有足够的个人威望,也要在以往工作中没有或较少有重大错误,这样才不会显得被动和受制于人。

就激进反思派而言,他们有深刻批评美共历史的勇气,并积极推动了全党对美共历史的深刻反思,但是他们最重要的不足就是只"破"不"立",他们指出了美共历史中的种种错误,但并未提出切实可行的改进方案。就尤金·丹尼斯来讲,他始终处在一个尴尬的位置,作为激进反思派的一员,他反对福斯特等有限反思派固守传统、不思变革,但作为一名传统的老左派,他又担心盖茨等激进反思派行为过激,对美国共产主义运动造成不良的影响。他虽然有反思美共历史的强烈意识,但又不得不考虑大局而逐渐采取了与福斯特相近的立场。虽然他能够深刻地反思美共的历史，但是他没有足够的威望与能力将反思的成果上升到党的意志；他提出了一些尖锐的问题，但又找不到切实有效的解决办法。以约翰·盖茨为例，他加入美共的时间较晚，受共产国际和苏联的影响较小，他既有革命主义的斗争精神，又对美国现实有着较多的了解。总之，盖茨作为激进反思派的领袖人物，他的优点在于年轻有冲劲，对美共的历史错误不承担主要责任，因而他具有深刻反思美共历史的勇气与魄力。即便是在今天看来，他提出的很多观点仍不乏合理之处。但他最大的问题在于，敢于"除旧"却没能力"布新"。他对历史的反思毫不考虑美共的秘密原则和当时所处的环境，甚至采取了超过了历史需要的行动对美共进行全面反思。他的过激行为不仅造成了美共党内的思想混乱，而且为美国政府的反共行为提供了可乘之机。当局面不受自己掌控时，他完全丧失了斗志和共产主义的信仰，选择退党以逃避现实。

那么，作为有限反思派领袖人物的福斯特，是否具备反思的必备条件呢？首先，福斯特在美共党内具有较高的个人威望，能够将个人观点上升到党的意志。但他难以突破自我，无法深刻反思美共的历史。诚然，福斯特是美国工人运动的杰出领导者，是美国共产党的创建人和卓越的领导人之一，他为自己的信仰付出了毕生的努力，对美国共产主义运动曾做出了不可磨灭的贡献。但福斯特同时身处当时国际共产主义运动"左"倾的大背景下，他的思想与行为不可避免地带有时代的烙印。事实上，福斯特在美共的历史上一向是"左倾"与激进的代表性人物，在美共党内斗争中始终都持着传统"左"倾的政治立场，宁左勿右。他全力参与了20年代美共与洛夫斯东"美国例外论"的斗争，领导了40年代美共反对白劳德"修正主义"的斗争。此外，福斯特曾先后出席共产国际第三次、第五次、第六次和第七次代表大会。1924年，他被选为共产国际执行局委员，1928年当选为主席团候补委员，1935年当选为共产国际执行委员会主席团委员。在这个过程中，他还积极参与了共产国际反对托洛茨基、布哈林的斗争。在历次斗争中，福斯特始终表现出了较为严重的"左"倾。在反思过程中，福斯特自身的激进性与"左"倾特点，再次成为福斯特的思想包袱，使他难以突破自我而成为反思与革新美共的杰出领袖。

其次，福斯特因循守旧，在反思过程中表现出了强烈的滞后性。福斯特作为坚定的共产主义战士，始终坚守着自己心中崇高的共产主义信仰，同盟的积极努力下,美共在20世纪20年代取得了一系列的成就。自他加入共产党之后的很长时间里,福斯特仍然能够清醒地认识美国劳工运动的具体实际,并提出一系列有价值的思想主张。比如,他清醒地认识到美国的工人运动落后于欧洲的事实,主张依托劳联等旧工会开展组织工人的工作,以减少行动中的阻力。再比如,他密切注意着美国各行业内阶级斗争的发展态势,积极主张采取抵制性的政策,并取得了一定的实效。"从这个意义上来讲,美国的新左翼历史学家们将美国共产主义视为早期激进运动的合法继承者以及由特定行业或社区的经验形成的本土经济和政治斗争的产物,具有一定的说服性。"[1]

应该说,早期的福斯特作为一名进步人士和激进主义者,目睹了资本主义社会所存在的诸多不公平现象,积极探求改变现状的方案与途径。他在探求改善现状之道的过程中,经过反复地比较与鉴别,最终转向了共产主义。共产主义同所有激进主义一样,为了消除由社会不公所引起的压迫和剥削现象,积极改变现存社会的组织与运行方式。相较而言,共产主义更为激进,改变社会现实的方式也更为彻底。福斯特加入共产党之后,建立一个生产力高度发达,物质生活极大丰富,自由、平等的共产主义新世界成为其孜孜以求的目标。然而,共产主义社会具体应该是怎样的及其实现途径是什么,福斯特等美国共产党人心中并未有一个确切的概念。实践表明,为了实现自己心中最为神圣的共产主义理想与信仰,各国共产党人无不进行了艰苦的思考与斗争。福斯特就是20世纪共产主义或社会主义在美国传播与实践的背景下,共产党人积极践行传统的共产主义理论、艰苦探索改变社会现状之道的真实写照。

然而,残酷的现实已经证明,福斯特和美国共产党的政治理念在美国的实践并未取得理想的效果。像大多数资本主义国家内的共产党一样,美共虽然在组织上仍然存续着,但已经被排除在主流政治之外,难以实现其政治理念和发挥其政治效用。即便是欧洲的一些共产党历经改造能够重新焕发生机,也不可避免地陷入混乱和衰退,它们或将自己改造成为温和的社会民主选举的机器,或刻意淡化马克思列宁主义和共产主义的理论色彩。在这种情况下,

---

[1] James R. Barrett, *William Z. Foster and the Tragedy of American Radicalism*, Urbana and Chicago: University of Illinois Press, 1999, p.274.

结束语　多维视阈下的福斯特及美国共产主义运动

一　激进主义视阈下的福斯特及共产主义

所谓激进主义，目前尚未存在统一的理论体系，一般是指对现存社会的组织和运作方式怀有强烈的不满情绪，希望现实社会中的问题有所改变。激进主义作为一种社会思潮，通常与社会动荡、变革、改良、革命、战争或冲突等一系列问题联系在一起，它的核心概念是：问题、不平等、改变。激进主义的基础概念是问题，问题的产生大都是社会不公所致，因此激进主义格外强调统治和压迫。由于社会上的不平等导致民众生活比以往更加艰难，因而民众亟须改变现状以寻求问题的解决。这种改变往往与社会经济结构和政治层面的改变紧密地联系在一起。同样，福斯特的共产主义思想源自于社会不平等所引起的被压迫、被剥削现象，力图改造现存社会制度以寻求问题的根本解决，属于激进主义的范畴。

纵览福斯特的政治思想与实践，改造美国社会现实、建立一个自由、平等、公平、正义的共产主义新世界是其不变的追求。这种理想根源于他对阶级剥削和社会不公的极端仇视，对自由、公平等美好生活的无限憧憬。福斯特来自于贫困的工人家庭背景，使其对工人阶级有着天生的好感与同情。艰苦的工人生活经历使福斯特深刻感受到了现实社会中的种种不公。在历次阶级斗争中，福斯特慢慢地在组织和领导工人群众方面表现出了非凡的才能，并且毫无保留地投身于消灭阶级压迫与剥削的政治追求中。正是由于福斯特有着丰富的工会工作经验以及与工人群众有着紧密的接触，与美国共产党领导层中的大部分党员相比，他提出的政治策略更能够契合于美国工人运动的实际状况。因此，在福斯特及其领导的工会教育尖锐批评个人崇拜和美共错误的时候，福斯特既是为了维护共产党和社会主义的声誉，也是为了维护苏联共产主义理论与斯大林的声誉，更是为了维护自己在美共党内的权威，福斯特不同意对美共进行深入、全面地反思，甚至与他所认为的"右倾修正主义"做了不调和的斗争，这显然无助于美共修正错误和改进工作。

美共老左派的个人特点及其局限性就内在地决定了他们难以准确、有效地反思以往工作中的错误，难以成功地实现对美共的历史性变革，更无法阻止美国共产主义运动的衰退态势。

始终对社会主义革命保持着高度的热情。可以说，福斯特是自己那一代共产党人殷切期盼社会主义即将胜利、资本主义快速覆灭的典型代表。福斯特早期无不是在介绍工人罢工运动和宣传阶级斗争。30 年代初，福斯特就高呼在美国"建立一个苏维埃式的工农政权"，40 年代末他又高谈资本主义已经穷途末路。同当时国际共运的大多数著述一样，福斯特的著作中也有很多地方缺乏必要的论证和深入的分析，机械化地照搬照抄苏联方面有关著述的结论，动辄上纲上线，无不表现出了强烈的教条主义和"左"倾主义。他高度颂扬社会主义的伟大成就，强烈批判资本主义的腐朽性和垂死性。到晚年的时候，福斯特更是对美国的具体实际和现实中亟待回答的问题缺少深入地分析，只是将主要精力放在宣传马列主义普适性和社会主义必将代替资本主义的历史发展大势上。在反思的过程中，福斯特认识到了独立自主的重要性，但又过分强调坚持国际主义的原则，未能正确处理美共与苏联的关系；他认识到了马列主义与美国实际相结合的重要性，但又为了捍卫传统的共产主义理论而罔顾美国的客观实际。显然，福斯特对传统结论的固守，不但使他难以担当起革新美共的历史大任，反而使他在历史紧要关头表现出了强烈的保守性和滞后性。

此外，福斯特作为美共历史错误的主要责任人，反思历史也等于是在批评自己，因而他缺乏反思美共历史的勇气。首先，福斯特同当时大多数的共产主义者一样，都竭力拥护苏联共产党和社会主义，将其作为本国共产党行动的楷模和未来斗争努力的方向，并从中获得支持和精神上的鼓舞。在当时的历史背景下，那些心怀崇高理想的共产党人有着这样的情感与行动是不难理解的。但问题是，这种强烈的革命情感不仅严重限制了人们的独立思考，而且演变成无条件服从和接受苏联一切观点与行动的偏执情绪，甚至形成了对斯大林及个别苏联领导人的个人崇拜，这样对美国的共产主义运动产生了严重的负面影响。其次，战后十年，福斯特在党内身居高位，具有别人难以比拟的威望与影响，他能够将个人的思想主张上升到党的意志，为美共的方针、政策与工作策略奠定基调。当时，在美共党内甚至形成了对福斯特的个人崇拜。个人崇拜现象的存在，压制了普通党员的独立思考能力，不利于美共的民主决策和科学决策。福斯特对斯大林存在个人崇拜，自己在美共党内又是被崇拜的对象，因此，作为美共历史错误的主要担责者，他难以在历史紧要关头保持高度的清醒。当人们开始难怪资产阶级政治理论家们乐观地提出了"历史终结论",即,这种结束并不仅是社会主义政治的结束,而是社会主义历史本身的终结。对他们而言,"明显取胜的自由企业资本主义以及多元化民主已经解决了体制内固有的意识形态冲突,并为反驳共产主义和其他激进政治提供了论据"[1]。

虽然资产阶级理论家们道出了共产主义暂时失败的历史事实,但并不意味着福斯特的共产主义思想就毫无价值和存在的必要。这是因为,世界上仍存在着不平等的现象,即便是美国这样生产力高度发达的资本主义国家内仍然存在着贫困和无家可归的现象;世界上有几百万人口仍脆弱地挣扎在饥荒与战争之中;有组织的激进主义和各种形式的斗争时而有上升之势;等等。就此而言,马克思、恩格斯等科学社会主义理论导师们所驳斥的社会不公和阶级剥削现象并未完全消除。虽然苏联共产主义与美国共产主义所推崇的旧式斗争策略已经过时,甚至很少有人会为其衰亡唱挽歌,但是源自于不平等和压迫现象的共产主义思想以及其他形式的美国激进主义仍然存在着。只要社会不公、压迫与剥削的现象继续存在着,共产主义作为一种激进主义思潮就仍有它存在的必要和价值。其价值在于,对资本主义施加外在压力,迫使资本主义做出让步和调整,促进造福于民众的社会主义因素的不断增长。正是因为如此,美国的历史学家詹姆斯·巴雷特这样指出:"虽然美国共产党改造美国社会和建立共产主义世界的努力失败了(大部分美国工人拒绝接受美共所宣扬的革命模式进行社会变革),然而,美国仍需要美共组织及其策略的存在,对美国这些穷人和被不公正对待的人们进行激进的宣传。"[2] 就此而言,福斯特等美国共产党人的共产主义思想作为对美国社会不公正和阶级剥削现象的真切反映,并未过时。

二 国际共运视阈下的福斯特及共产主义

应该说,福斯特并不缺乏为梦想拼搏的决心,也不缺乏坚守梦想的毅

---

[1] Francis Fukuyama, "The End of History?", *National Interst* 16 (Summer 1989), pp. 3–18. 转引自 James R. Barrett, *William Z. Foster and the Tragedy of American Radicalism*, Urbana and Chicago: University of Illinois Press, 1999, p. 273.

[2] James R. Barrett, *William Z. Foster and the Tragedy of American Radicalism*, Urbana and Chicago: University of Illinois Press, 1999, p. 274.

力,但"如何解释这样一位具有非凡才能的工人阶级激进主义者最终以在政治上的默默无闻而终其一生呢?"① 与福斯特一样,美国共产党人为了心中的共产主义理想进行了艰苦的斗争,但又如何解释美国共产主义运动处在停滞不前的状态呢?这些问题不仅引起了美国共产主义历史学家的关注,而且也引发了资产阶级理论家们的浓厚兴趣,同时也是国际共运研究工作者难以忽视的问题。

众所周知,福斯特属于国际共运中的重要人物,美国共产主义运动属于国际共产主义运动的一部分。因此,为了更好地探讨美国共产主义运动衰落的原因,就绕不开探讨影响美国共产主义运动的国际性因素,即苏联和共产国际。正如詹姆斯·巴雷特所言:"倘若不考虑共产党作为一个政党组织及其在政策制定上深受苏联影响的特殊特征,想要全面理解福斯特政治观点的转变是不可能的。"② 事实上,美国共产主义既是对美国社会不平等和压迫现象的真切反应,同时也是在共产国际和苏联的指导下推行的。影响共产主义运动的本土和国际两个因素始终存在着紧张的关系。福斯特的政治思想与实践恰好证明了本土因素与国际因素之间的这种紧张关系。一方面,他早期持续专注于工业组织的详细状况,强调了国内甚至本地环境对于美共日常工作的重要性。与美共党内那些更具有理论想法的同志们相比,福斯特反复强调美共要注重美国工会运动的现实。另一方面,福斯特作为美共领导者的身份使其不可能忽视苏联政策和政治活动对于美共与美国劳工运动命运的影响。

美国的"旧史学派"更多地强调了共产国际政策的制定对于福斯特和美共的影响,而较少考量福斯特的个人因素和美国的国内因素,但"新史学派"却又忽视了从国际共产主义的角度来考察福斯特与美共。正如美国学者杰夫·艾利(Geoff Eley)所言:"这种对社会历史的推论有时削弱了国际共产主义联合的重要性,甚至造成了这种极端的情况(主要指在研究美国共产党的著作中),即共产主义与共产主义历史的相脱离。"③ 诚然,

---

① James R. Barrett, *William Z. Foster and the Tragedy of American Radicalism*, Urbana and Chicago: University of Illinois Press, 1999, p. 274.
② Ibid..
③ Geoff Eley, "International Communism in the Heyday of Stalin", *New left Review* I/157, May – June 1986, p. 92.

结束语　多维视阈下的福斯特及美国共产主义运动

美国共产党所奉行的民主集中制原则和国际共产主义运动中苏联共产党所占据的主导地位，无不意味着苏联的政策在组织实践和理论运用上对美国共产党有着直接的影响。在美国理论界，学者们对美国共产主义运动的不同解读甚至在很大程度上导致他们之间直接性的敌意对抗，他们不仅在共产党历史方面的看法不一致，而且对美共的政治活动也有不同的看法。[①]正如哈维·克莱尔（Harwey Klehr）及其合作者所指出的那样，这个问题所包含的内容已经"超越了我们对美国基本价值观的晦涩的学术阐释以及超越了我们对自己政治文化的狭隘理解"[②]。显然，仅从美国激进主义的范畴来理解福斯特及美国共产主义运动是远远不够的，还必须从国际共运的角度来理解福斯特的政治行为和美国共产主义运动。

福斯特践行共产主义的初衷一方面是由于当时美国社会缺乏明确的可供替代的激进方案，另一方面是由于马列主义和苏联社会主义模式的所固有的强大吸引力。福斯特及其领导的工会教育同盟会员深受苏联社会主义的影响而心怀共产主义的远大理想。他们无不憧憬在美国建立一个没有阶级压迫与剥削，充满公平与正义的共产主义社会。福斯特在工团主义时期所主张的革命精英主义被证明与列宁的先锋队观念有着明显的兼容性。对于福斯特这样一个重视纪律和崇尚斗争的人来讲，共产党代表着最富有战斗力的少数精英分子。正如詹姆斯·巴雷特这样说福斯特："在苏联共产主义的官方作品那里，他发现了一个有章可循的模式和一门科学的语言，两者与他内心深处所坚持的政治观念形成了共鸣。"[③]

福斯特在其四十岁时加入美共，凭借其丰富的劳工组织经验与罢工经验，对重塑美国工人运动踌躇满志。他持续致力于组织劳工运动，为正确的劳工政策而积极斗争。然而，福斯特所在的美共党内爆发了激烈的派系斗争，在党内自上而下集中制的情况下，福斯特很快发现自己能否有效宣传自己的政治理念取决于美共党内斗争的结果以及共产国际内部斗争的结

[①] 在《纽约图书评论》中有这样一封学术交流的信件，介绍了美国共产主义运动研究中有关争论的要旨。（*New York Review of Books*, August 15, 1985.）

[②] Harwey Klehr, Haynes & Anderson, *Soviet World of American Communism*, New Haven &London: Yale University Press, 1996, p. 3.

[③] James R. Barrett, *William Z. Foster and the Tragedy of American Radicalism*, Urbana and Chicago: University of Illinois Press, 1999, P. 276.

果。整个20世纪20年代,由共产国际阐释和由美共践行的共产主义理论与福斯特在工会中、劳工党运动中以及其他地方的政治实践形成了激烈的冲突。当他的观念与苏联的结论发生冲突时,他选择了服从于共产党的纪律和民主集中制原则。他改造旧社会、建立新世界的革命豪情完全湮没了他早年思考问题时所具有的创造性。福斯特从20年代开始,就曾设想了一个在美国社会从未出现过的社会主义愿景,更是在30年代初呼吁在美国建立一个苏维埃式的工农政权。当然,共产主义作为一种崇高的理想和信仰本身并没有什么不妥之处,但问题是由于苏联社会主义模式建立初期所发挥的积极效用,福斯特等美国共产党人将苏维埃制度作为共产主义的模型与理想载体。虽然福斯特在加入美共之后的最初几年里并不完全赞同苏联的所有决定,但是他很快转变了自己的态度,转而听从于苏联。比如,针对当时佩帕尔关于建立农工党的主张,福斯特一开始也心存疑虑,认为建立农工党是犯了工团主义错误的冒险行为,但他逐渐认同了这一观点。[①] 并且当佩帕尔根据共产国际的精神准备与费茨帕特里克决裂的时候,福斯特的立场更接近于佩帕尔。[②] 再比如,福斯特在与洛夫斯东的派系斗争中,他根据共产国际的有关决定背离了他反对建立双重工会的政治初衷,转而积极支持建立新的革命性的工会。在人民阵线时期和战争年代,福斯特由于身体健康状况严重恶化,不能及时对共产国际反法西斯人民统一战线作出积极的反应,慢慢脱离了美共的核心领导层,甚至与那些曾经成就他政治观点与个人地位的美国工人运动相脱离。在这种情况下,福斯特在很大程度上与人民阵线所代表的社会意识形态相分离,转而反对美共党内改革派的观点和美共扩大社会基础的民主方案。随后在苏联的支持下,福斯特坚决反对白劳德,防止美共滑向社会民主党的立场,以保持马克思列宁主义火焰的经久不息。随着时间流逝,根据不同的问题,福斯特不断地转变自己的政治立场,愈来愈以苏联方面的政治策略马首是瞻。凭借苏联方面的支持,福斯特在"二战"结束后通过批判白劳德主义,在美共党内重新获得了昔日的威望,但此时的美共已开始走下坡路。

---

① James R. Barrett, *William Z. Foster and the Tragedy of American Radicalism*, Urbana and Chicago: University of Illinois Press, 1999, p. 119.

② Theodore Draper, *American Communism and Soviet Russia*, New York: Vintage Books, 1960, p. 73.

可以说，福斯特的政治历程富有代表性，即福斯特走上共产主义道路的决定就深受苏联的影响，他最终于1961年病逝于苏联而结束了自己的政治生涯。作为坚定的共产主义者，这种对信仰的坚守和对目标的笃定是完全可以理解的。但这种偏执的情感严重影响了福斯特的独立思考。无疑，福斯特紧跟苏联的步伐或深受苏联社会主义的影响有碍他真切地分析和判断美国的客观实际与政治形势，进而有碍于美共政策和斗争策略的正确制定。

三　历史唯物主义视阈下的福斯特及共产主义

福斯特作为美共的重要领袖，对美国共产主义运动的衰落负有一定的责任。这不仅是因为福斯特没有处理好美共与苏联关系的缘故，还是因为"福斯特对马克思列宁主义的教条式解读（这种解读既是美国反共政治氛围的产物，也是福斯特对于苏联政治策略认识的产物），对于美共组织的衰落也有着极其重大的负面影响"[1]。福斯特在捍卫马克思列宁主义基本原则的时候，未能处理好马列主义与美国具体实际相结合的问题，一味地宣扬马列主义的普适性而罔顾美国的经济、政治、社会以及民众的心态等具体实际。客观而言，福斯特在国际共运史上和美国共运史上，是一个宁左勿右的人。他不仅全力支持了共产国际反对托洛茨基和布哈林"右倾修正主义"的斗争，而且对美国党内洛夫斯东、白劳德等人的"美国例外论"进行了严厉的批判。在历次斗争中，福斯特慢慢地将马克思列宁主义教条化，反对任何异于马克思列宁主义传统结论的观点。当然应该指出的是，福斯特之所以会如此，很大程度上在于他深受当时传统经验以及国际共运一般结论的影响。在当时国际共运越左越革命的历史背景下，福斯特在马列主义原则、"美国例外论"、党内派别斗争、党的工作策略、国际国内形势等重大问题的分析与判断上无不得出了过左的结论，使美共陷入了被动的地位。

此外，当时的历史环境也在塑造着福斯特的政治实践，对美国共产主

---

[1] James R. Barrett, *William Z. Foster and the Tragedy of American Radicalism*, Urbana and Chicago: University of Illinois Press, 1999, p. 276.

义运动有着较大的影响。比如，福斯特对"二战"后形势的认识被现实的危险塑造着。当时，美国与苏联之间展开国际性的对抗，杜鲁门政府积极推行遏制政策以应对来自于苏联等社会主义国家的威胁。当时，美国安全局甚至声称共产主义运动不仅已经感化了民主人士的立场，而且塑造了公众的观念。1945 年 2 月，正当苏联红军进攻德国的时候，美国国内做了一项民意调查，即"你认为战后苏联会诚意地与我们合作吗？"有 55% 的民众持着肯定的回答。但是到 1946 年 9 月，持肯定回答的民众只占 32%。当美国政府将国际共产主义的威胁与美国国内的激进分子联系起来的时候，美国民众开始对美国共产党普遍表现出了极大的恐惧与敌意。在 1947 年春，超过 61% 的美国民众投票认为美共是非法的。1949 年，认为美共非法的民众高达 68%。因此，福斯特重新评估白劳德的分析和战后重建的计划，认为资本主义与社会主义和平共处的国内外形势将会随着战争逐渐消失。① 另外，战争对欧洲的破坏程度加深了福斯特对战争危险程度的估计。1947 年初，在美共正积极组织反战集会的时候，福斯特出访了遭受战争重创的欧洲。他先后访问了布拉格、索菲亚、贝尔格莱德、华沙以及伦敦、巴黎、罗马、日内瓦和的里雅斯特等地。他被战争所造成的破坏所震惊，如他说言，所到之处，都是严重的破坏。② 正是基于战争所造成的严重破坏，福斯特每到一地都积极宣扬美共对战争和经济危机的分析与判断，同时也更加坚定了自己先前对战争危险程度的评估。③ 可以说，正是由于当时历史环境的影响，福斯特在阶级冲突和战争危险的估量上得出了过左的结论。

与此同时，美国共产主义运动的衰落与美国激进主义衰落的历史大环境也有着莫大的关系。"二战"后，美国的政治环境使得福斯特等美国共产党人很难看清美国共产主义应走何种道路才能发展壮大起来。美国在战后为了适应冷战外交政策而在国内掀起了反共狂潮，致使美共在法律上被禁止，并处在雇主和政府的打压之下。美共的主要领导人要么被抓进监狱

---

① James R. Barrett, *William Z. Foster and the Tragedy of American Radicalism*, Urbana and Chicago: University of Illinois Press, 1999, pp. 228 - 229.
② William Z. Foster, *The new Europe*, New York: International Publishers, 1947, p. 8.
③ James R. Barrett, *William Z. Foster and the Tragedy of American Radicalism*, Urbana and Chicago: University of Illinois Press, 1999, p. 229.

要么被迫四处逃亡。美国共产党的组织被打得七零八落，不得不转入地下秘密工作。正如福斯特所言，美共的衰弱在很大程度上是可以用政治镇压来解释的。20世纪50年代，麦卡锡主义专制时期的美国政府认为美国共产主义不仅将会对成千上万的个人和美国的政治文化体系造成严重的威胁，而且会冠冕堂皇地实施破坏行动。因此，美国政府积极运用史密斯法审判美共党人旨在"制造和散播美共是在莫斯科直接控制下的危险密谋者这一政治形象"①。这种举措逐渐"消除共产党在美国民众眼里的合法性"②。美国政府掀起的反共狂潮，不仅疯狂镇压共产党人及其领导的美国共产主义运动，而且加紧了对美国工人阶级和其他民主进步力量的进攻③，在国内造成了一种人人自危、"恐赤"的局面。毫无疑问，战后美国十年间的政治镇压为美国共产党走向衰亡提供了最为重要的解释。毕竟在当时专制的政治背景下，即便是美国政府一度认可的激进主义思潮都成为打击的对象，更不必说高谈革命的美国共产党有多少生存的空间。

总之，福斯特作为历史中的人物，他的政治思想与实践，势必会受到历史环境的影响，存在着一定的历史局限性。因此，有必要结合相关历史环境，去研究福斯特的政治思想与实践，进而探讨美国共产主义运动衰落的原因。

四 经验教训与现实意义

福斯特及美共政治实践的经验教训不在于讨论美国适合不适合推行共产主义运动，也不在于批判福斯特个人因素对美共造成怎样的不利影响，而是在于清醒认识到政治来源于日常生活的现实，来源于社会的政治和文化传统以及来源于大多数美国民众迫切需求的重要性。通过研究福斯特的政治思想与实践，至少可以为我们当今走具有中国特色的社会主义道路提

---

① Ellen Schrecker, "McCarthyism and the Decline", in Michael E. Brown, *New studies in the Political and Culture of US. Communism*, New York: Monthly Review Press, 1992, p. 128.

② Ellen Schrecker, "Many Are the Crimes" in James R. Barrett, *William Z. Foster and the Tragedy of American Radicalism*, Urbana and Chicago: University of Illinois Press, 1999, p. 236.

③ Steven P. Remy, "Rude awakenings: An American historian's encounters with Nazism, Communism, and McCarthyism", *Central European History*., Sept. 2013, Vol. 46 Issue 3.

供这样的历史启示。

首先，马克思主义不是教条，而是行动的指南。因此，我们要用发展的眼光看待马克思主义。在用发展的马克思主义解决美国实际问题的方面，美国共产党显然是一个较为失败的例子。当时的美共，虽然党内有一部分领导人也开始认识到将马克思主义与美国社会、传统相结合的重要性，甚至为之做出了相当大的努力。但是他们的这些努力一律被斥之为"美国例外论"，是对马克思列宁主义的修正与背叛。这是福斯特等紧跟共产国际和苏联的坚定左派所不能容忍的，于是福斯特与之作了不调和的斗争。尽管在晚年的时候，福斯特也意识到了将马克思列宁主义与美国具体实际相结合的问题，但他并没有提出切实可行的方案，也没有为之付出努力，反而为了捍卫传统的共产主义理论，阻碍了美共对美国特色社会主义道路的探索。我们知道，符合实际的政策是建立在对社会情况的不断调查、研究和分析的基础之上的，这就需要美共结合美国的具体实际，运用马克思主义的基本立场、观点和方法来分析和解决美国的实际问题，同时将马克思主义主动融入美国社会，使之被人民群众所理解和掌握。然而美共的工作链条中恰恰是缺少这么一个至为关键的环节。福斯特等老左派固守传统的共产主义理论，将对马克思主义作出符合美国实际的所有解释都斥之为"修正主义""右倾主义"，最终导致了美共的活动严重脱离了美国的实际，陷入了教条主义的泥潭。我们知道，每一个国家在民族特性、历史传统、发展水平各异的情况下，试图用一种单一的、抽象的理论来解释各个共产党活动中所遇到的所有问题，显然是不可能的。就此而言，让各个国家的共产主义运动都采取统一的模式显然也是极其荒谬的。因此，这就要求各国共产党根据本国的具体情况运用马克思列宁主义，而不能简单地照搬照抄别国党的经验。倘若不能做到从实际出发，根据本国的具体情况加以运用，那么马克思主义在这个国家就会变成无本之木、无源之水，就会失去生机与活力，也就达不到预期的效果。

其次，各国共产党要坚持独立自主，将马克思主义与本国实际相结合，探索具有本国特色的社会主义道路。在国际共运史上，与教条主义紧密联系的就是独立自主问题。自国际共产主义运动开始以来，它就始终面临着独立自主，将马克思主义与本国具体实际相结合的问题。这个问题是一个老问题，但同时也是一个有着首要意义且持久不衰的新问题。美国共产党在组织上接受共产国际的领导，经济上接受莫斯科方面的资助，丧失了独立自主决定问题的能力，犯了盲目跟从别国党经验的教条主义。如哈维·科莱尔在《美国共产主义的苏维埃世界》一书里专门写道美国共产党接受共产国际与苏联方面的资助。美国共产党曾在建立之初就接受了共产国际方面的四笔资金。1928 年 9 月 26 日，美共总书记洛夫斯东还专门致电布哈林和莫洛托夫，要求他们尽快提供大量援助。在 20 世纪 30 年代，美共接受来自莫斯科方面的资助每年大约在 10000 美元到 15000 美元之间。此后的 50 多年间，美共几乎每年都在接受苏联方面的资助，到 1988 年，苏联的资助甚至已经增长到了 300 万美元。① 由于美共长期在经济上依赖于共产国际和苏联，致使美共不得不按照共产国际和苏联的思路来推进共产主义运动，丧失了应有的独立自主能力。在美共历史上，虽然有杰伊·洛夫斯东、厄尔·白劳德等领导人高度重视共产主义运动的"本土化"与"美国化"，对美国共产主义运动的发展起到了一定的推动作用，但较为遗憾的是，他们为实现马克思主义本国化的努力失败了。他们的失败伴随着的是党内激烈的派别斗争以及在政策上的更加"左"倾。通过研究福斯特的政治思想与实践，不难发现，福斯特与这些强调美共独立自主的极个别领导人相比，更为相信共产国际和苏联的路线，相信只有共产国际和苏联的路子才符合传统的马克思主义、共产主义理论，简单认为只有走苏联人的路才是实现他们共产主义理想的唯一正确道路。即便是在赫鲁晓夫的秘密报告引起美共党员对苏联社会主义质疑的时候，福斯特还是坚信，苏联共产党将很好地解决斯大林的问题，并为国际共运提供重大的经验。虽然美共在共产国际和苏联的帮助下，也得到了一定程度上的发展，克服了一些苦难，但这种盲目跟从别国党的经验最终成为其前进道路上的绊脚石。福斯特的很多思想观点都与共产国际、苏联方面的结论大体一致。在当时"越左越革命"的国际共运大背景下，福斯特断定资本主义气数已尽，资本主义制度即将崩溃，甚至断言世界大战不可避免并迫在眉睫等。最后事实证明，福斯特的这些观点并不正确。但是福斯特作为美共的杰出领袖，他的观点却常常被上升到了党的意志，对美共政策与策

---

① Harwey Klehr, Haynes & Anderson, *Soviet World of American Communism*, New Haven & London: Yale University Press, 1996, p. 3.

略的制定产生了极大的负面影响。因此,中国当前的社会主义实践,可以借鉴与吸收他国优秀成果,但切莫照抄外国模式而丧失自我,因为"只有走中国人民自己选择的道路,走适合中国国情的道路,最终才能走得通、走得好"①。

---

① 《习近平接受金砖国家媒体联合采访》,《人民日报》2013年3月20日01版。

参考文献

一 福斯特专著

1. William Z. Foster, *Great Steel Strike and Its Lessons*, New York：B. W. Huebsch, inc. 1920.

2. William Z. Foster, "Russia in 1924", Chicago, *Trade union educational league*, 1924.

3. William Z. Foster, "Organize the unorganized", Chicago, *Trade Union Educational League*, 1925.

4. William Z. Foster, "Misleaders of labor", Chicago, *Trade union educational league*, 1927.

5. William Z. Foster, "Victorious socialist construction in the Soviet Union", New York, *Trade union unity league*, 1931.

6. William Z. Foster, *Toward Soviet America*, New York：International Publishers, 1932.

7. William Z. Foster, "The New Political Bases for a Labor Party in the United States", *The Communist International*, Vol. XII, No. 12, June 20, 1935.

8. William Z. Foster, *The crisis in the Socialist party*, New York：Workers library Publishers, 1936.

9. William Z. Foster, *Industrial unionism*, New York：Workers library Publishers, 1936.

10. William Z. Foster, *From Bryan to Stalin*, New York：International Publishers, 1937.

11. William Z. Foster, *A manual of industrial unionism*, organizational

structure and policies, New York: Workers library Publishers, 1937.

12. William Z. Foster, *Questions and answers on the Piatakov – Radek trial*, New York: Workers library Publishers, 1937.

13. William Z. Foster, *Pages From a Worker's Life*, New York: International Publishers, 1939.

14. William Z. Foster, *Capitalism, socialism, and the war*, New York: Workers library Publishers, 1940.

15. William Z. Foster, *The war crisis: questions and answers*, New York: Workers Library Publishers, 1940.

16. William Z. Foster, *Communism versus fascism*, New York: Workers Library Publishers, 1941.

17. William Z. Foster, *The fight against Hitlerism*, New York: Workers Library Publishers, 1941.

18. William Z. Foster, *The Soviet Union, friend and ally of the American people*, New York: Workers Library Publishers, 1941.

19. William Z. Foster, *World capitalism and world socialism*, New York: Workers Library Publishers, 1941.

20. William Z. Foster, *The trade unions and the war*, New York: Workers Library Publishers, 1942.

21. William Z. Foster, *From defense to attack*, New York: Workers Library Publishers, 1942.

22. William Z. Foster, *Speed the second front*, New York: Workers Library Publishers, 1942.

23. William Z. Foster, *2 and front now*, New York: Workers Library Publishers, 1943.

24. William Z. Foster, *Soviet democracy and the war*, New York: Workers Library Publishers, 1943.

25. William Z. Foster, *Organized labor faces the new world*, New York: New Century Publishers, 1945.

26. William Z. Foster, *The menace of American imperialism*, New York: New Century Publishers, 1945.

27. William Z. Foster, *The present situation and the next tasks*, New York, N. Y. : New Century Publishers, 1945.

28. William Z. Foster, *Problems of organized labor today*, New York : New Century Publishers, 1946.

29. William Z. Foster, *"Marxism – Leninism Vs. Revisionism*, New York: New Century Publishers, 1946.

30. William Z. Foster, *Reaction beats its war drums*, New York: New Century Publishers, 1946.

31. William Z. Foster, *Our country needs a strong Communist Party*, New York : New Century Publishers, 1946.

32. William Z. Foster , *Labor and the Marshall plan*, New York : New Century Publishers, 1948.

33. William Z. Foster , *The Communist position on the Negro question*, New York: New century Publishers, 1947.

34. William Z. Foster, *American Trade unionism : Principles and Origanization Strategy and Tactics*, New York: International Publishers, 1947.

35. William Z. Foster, *The new Europe* , New York: International Publishers, 1947.

36. William Z. Foster, *The crime of El Fanguito : an open letter to President Truman on Puerto Rico*, New York : New Century Publishers, 1948.

37. William Z. Foster, *The twilight of world capitalism*, New York: International Publishers, 1949.

38. William Z. Foster, *In defense of the Communist Party and the indicted leaders*, New York: New Century Publishers, 1949.

39. William Z. Foster, *Outline Political History of Americas* New York: International Publishers, 1951.

40. William Z. Foster, *History of The Communist Party of The United States*, New York: International Publishers, 1952.

41. William Z. Foster, *Danger signals for organized labor*, New York: International Publishers, 1953.

42. William Z. Foster, *The Negro People In American History*, New

York: International Publishers, 1954.

43. William Z. Foster, *History of The Three Internationals*, New York: International Publishers, 1955.

44. William Z. Foster, *Marxism – Leninism in a changing world*, New York: New Century Publishers, 1956.

45. William Z. Foster, *Outline History of The World Trade Union Movement*, New York: International Publishers, 1956.

46. William Z. Foster, *The historic advance of world socialism*, New York: International Publishers, 1960.

47. [美] 威廉·福斯特:《新欧洲》,生活书店 1947 年版。

48. [美] 威廉·福斯特:《美国共产党与战后问题》,东北书店 1947 年版。

49. [美] 威廉·福斯特:《马克思主义与美国"例外论"》,东北书店 1949 年版。

50. [美] 威廉·福斯特:《世界资本主义的末日》,邵新华译,新华书店 1950 年版。

51. [美] 威廉·福斯特:《论美国工会运动:原则和组织、战略和策略》,王仲英等译,五十年代出版社 1953 年版。

52. [美] 威廉·福斯特:《福斯特自传》,丁明等译,世界知识出版社 1954 年版。

53. [美] 威廉·福斯特:《工人生活片段》,郑国美译,世界知识出版社 1955 年版。

54. [美] 威廉·福斯特:《美国共产党史》,梅豪士译,世界知识出版社 1957 年版。

55. [美] 威廉·福斯特:《三个国际的历史》,李璐等译,人民出版社 1959 年版。

56. [美] 威廉·福斯特:《美国历史中的黑人》,余家煌译,生活·读书·新知三联书店 1960 年版。

57. [美] 威廉·福斯特:《美洲政治史纲》,冯明方译,生活·读书·新知三联书店 1961 年版。

58. [美] 威廉·福斯特:《世界工会运动史纲》,李华等译,生活·

读书·新知三联书店 1961 年版。

59. ［美］威廉·福斯特：《世界社会主义的历史性进展》，北京编译社译，世界出版社 1961 年版。

60. ［美］威廉·福斯特：《白劳德修正主义批判》，杨延生译，生活·读书·新知三联书店 1962 年版。

二　福斯特主要文章

1. William Z. Foster, "Spokane Fight forFree Speech Settled", *Industrial Worker*, vol. 1, no. 51, March 12, 1910.

2. William Z. Foster, "Special News from France", *Industrial Worker*, vol. 2, no. 38, Dec. 8, 1910.

3. William Z. Foster and Herman Titus, "Insurgency or the Economic Power of the Middle Class", *Industrial Worker*, vol. 2, no. 49, Dec. 12, 1910.

4. William Z. Foster, "The Syndicalist and the War", *Toiler*, January 1914.

5. William Z. Foster, "The Russian Revolution", Chicago: *Trade Union Education League*, 1922.

6. William Z. Foster, "The Principles and Program of the Trade Union Educational League", *The Labor Herald*, March 1922.

7. William Z. Foster, "The Russian Revolution", *Trade Union Education League*, 1922.

8. William Z. Foster, "Foster's first letter to Debs", *Daily Worker*, July17, 1924.

9. William Z. Foster, "Foster's Reply to Nearing", *Daily Worker*, May 17, 1924, magazing supplement.

10. William Z. Foster, "Open Letter to John Fitzpatrick", *The Labor Herald*, v. 2, no. 11, Jan. 1924.

11. William Z. Foster, "Scott Nearing and Party Policy", *Daily Worker*, May 10, 1924, magazing supplement.

12. William Z. Foster, "Trade Union Insurance", *International Press*

Correspondence, August 11, 1928.

13. William Z. Foster, "The Right Danger in the American Party", *Daily Worker*, December 11, 1928.

14. William Z. Foster, "Bourgeois Reformism and Social Reformism", *Daily Worker*, February 22, 1929.

15. William Z. Foster, "Who Is Roosevelt", *Daily Worker*, August 29-30, 1932.

16. William Z. Foster, "The renaissance of the American trade union movement", *Communist international*, June, 1937.

17. William Z. Foster, "Panacea mass movements: a problem in building the democratic front", *Communist*. Nov. 1938.

18. William Z. Foster, "The American Federation of Labor and trade union progress", *Communist*, Aug. 1938.

19. William Z. Foster, "The Communist Party and the Professionals", *Communist*, September, 1938.

20. William Z. Foster, "The three basic tasks of the Communist peace policy", *Communist*, July, 1940.

21. William Z. Foster, "Organized Labor and the Marshall Plan", *Political Affairs*, February, 1948.

22. William Z. Foster, "The 1948 elections and the struggle for peace", *Political affairs*, Sept. 1948.

23. William Z. Foster, "American capitalist hegemony, the national emergency, and isolationism", *Political Affairs*, February, 1951.

24. William Z. Foster, "Left Sectarianism in the Fight for Negro Rights and Against White Chauvinism", *Political Affairs*, July, 1953.

25. William Z. Foster, "On the Party Situation", *Political Affairs*, December, 1956.

26. William Z. Foster, "Karl Marx and mass impoverishment", *Political affairs*, Nov. 1956.

27. ［美］威廉·福斯特：《论联合政府英文版序》，陈时槀译，《新文化》1946年第1期第2卷。

28. ［美］威廉·福斯特：《美国的反动势力（译文）》，《自由世界》1946 年第 5 期第 1 卷。

29. ［美］威廉·福斯特：《美帝国主义对世界的威胁》，陈时桌译，《文萃》1946 年第 40 期第 1 卷。

30. ［美］威廉·福斯特：《华尔街帝国主义遭到全世界的抗击》，吴伦译，《群众》1947 年第 9 期第 14 卷。

31. ［美］威廉·福斯特：《美国资产阶级与对外政策》，端纳译，《时代》1947 年第 33 期。

32. ［美］威廉·福斯特：《关于美国共产党的二十三个问题》，《时代》1948 年第 11 期第 8 卷。

33. ［美］威廉·福斯特：《宣布美共为非法政党的阴谋》，水拍译，《新华月报》1949 年第 1—2 期。

34. ［美］威廉·福斯特：《战后美帝的扩张政策》，黄光阴译，《经济导报》1949 年第 102 期。

35. ［美］威廉·福斯特：《论凯恩斯学说》，《新建设（1949）》1950 年第 1 期。

36. ［美］威廉·福斯特：《人生阵线与人民民主—法西斯主义的意义》，《新华月报》1950 年第 1—6 期第 2 卷。

37. ［美］威廉·福斯特：《社会主义人的出现》，《翻译》1950 年第 2 期。

38. ［美］威廉·福斯特：《美国共产党和一九二四年的拉·福莱特运动》，辜燮高译，《历史教学》1952 年第 2 期。

39. ［美］威廉·福斯特：《动荡中的拉丁美洲》，刘芸影译，《世界知识》1953 年第 20 期。

40. ［美］威廉·福斯特：《美国与苏联的和平共处问题》，《国际问题译丛》1954 年第 12 期。

41. ［美］威廉·福斯特：《美国是处在法西斯主义的初期吗？》，《国际问题译丛》1955 年第 4 期。

42. ［美］威廉·福斯特：《美国建立农工党的前途》，《国际问题译丛》1955 年第 5 期。

43. ［美］威廉·福斯特：《艾森豪威尔和凯恩斯主义》，《国际问题译丛》1955 年第 12 期。

44. [美] 威廉·福斯特:《为反对凯恩斯主义而斗争》,《国际问题译丛》1956 年第 6 期。

45. [美] 威廉·福斯特:《美国的管理经济》,《国际问题译丛》1956 年第 10 期。

46. [美] 威廉·福斯特:《十月革命对美国工人运动的影响》,《国际问题译丛》1957 年第 10 期。

47. [美] 威廉·福斯特:《社会主义世界对资本主义世界的优越性》,《世界经济文汇》1958 年第 8 期。

48. [美] 威廉·福斯特:《马克思列宁主义与"美国的繁荣"》,《世界经济文汇》1957 年第 5 期。

49. [美] 威廉·福斯特:《社会主义和资本主义国家的民主运动》,《国际问题译丛》1957 年第 12 期。

50. [美] 威廉·福斯特:《正在变化的世界中的马克思列宁主义》,《国际问题译丛》1957 年第 3 期。

51. [美] 威廉·福斯特:《评"斯大林时代"(斯特朗:"斯大林时代",纽约新世纪出版社 1956 年出版)》,《国际问题译丛》1957 年第 3 期。

52. [美] 威廉·福斯特:《人民资本主义和德热拉斯——评德热拉斯"新阶级"一书》,《国际问题译丛》1958 年第 3 期。

53. [美] 威廉·福斯特:《党的危机及其出路》,《世界经济文汇》1958 年第 11 期。

54. [美] 威廉·福斯特:《社会主义和和平力量必然胜利》,《国际问题译丛》1958 年第 12 期。

55. [美] 威廉·福斯特:《和平共处问题(评季普曼著"共产主义世界和我们的世界"美国波士顿 1958 年版)》,《国际问题译丛》1959 年第 14 期。

56. [美] 威廉·福斯特:《在两党制度下进行工作》,《国际问题译丛》1959 年第 5 期。

57. [美] 威廉·福斯特:《冷战和人民的福利》,《国际问题译丛》1959 年第 18 期。

58. [美] 威廉·福斯特:《美国的阶级斗争和"阶级合作"》,《史学月刊》1960 年第 8 期。

59. ［美］威廉·福斯特：《不能只谈统计上的相等》，《学术译丛》1960 年第 5 期。

60. ［美］威廉·福斯特：《白劳德再度企图破坏美国共产党》，《哲学资料》1961 年第 2 期。

61. ［美］威廉·福斯特：《寓言中的盖茨》，《哲学资料》1961 年第 2 期。

三　中文著作和学位论文

1. 中共中央马克思恩格斯列宁斯大林著作编译局编：《马克思恩格斯全集》第 4 卷，人民出版社 1958 年版。

2. 中共中央马克思恩格斯列宁斯大林著作编译局编：《马克思恩格斯选集》第 2 卷，人民出版社 1995 年版。

4. 中共中央马克思恩格斯列宁斯大林著作编译局编：《列宁选集》第 4 卷，人民出版社 2012 年版。

5. 中共中央马克思恩格斯列宁斯大林著作编译局编：《列宁全集》第 31 卷，人民出版社 1958 年版。

6. 中共中央马克思恩格斯列宁斯大林著作编译局国际共运史研究室编：《布哈林文选》（下册），人民出版社 1983 年版。

7. 中共中央马克思恩格斯列宁斯大林著作编译局国际共运史研究室编：《国际共运史研究资料》第 17 辑，人民出版社 1986 年版。

8. 南开大学历史研究所美国史研究室编：《美国历史问题新探》，中国社会科学出版社 1996 年版。

9. 《国际共产主义运动史教学参考资料》（中册），山东大学科学社会主义系国际共产主义运动史教研室选编 1979 年版。

10. 《国际共产主义运动史文献及资料选编（第五集）》，东北师范大学政治系科学社会主义教研室编 1980 年版。

11. 《美国人民保卫和平的道路——福斯特文及美国共产党第十五次全国大会主要决议》，施芝禅译，世界知识出版社 1951 年版。

12. 《美国共产党第十六次全国代表大会和加拿大劳工进步党第六次全国代表大会重要文件汇编》，世界知识出版社 1958 年版。

13. 《美国共产党第十七次全国代表大会重要文件汇编》，世界知识出版社 1960 年版。

14. 《季米特洛夫文集》，解放社 1950 年版。

15. 《关于匈牙利事件》，世界知识出版社 1957 年版。

16. 《美国经济论文选（1）》，世界知识出版社 1957 年版。

17. 《批判斯大林问题文集》，人民出版社 1956 年版。

18. 陈劲松：《美国共产党反对白劳德主义斗争探索》，硕士论文，中国人民大学，1989 年。

19. 丁金光：《白劳德评传》，甘肃人民出版社，2003 年版。

20. 丁淑杰：《美国共产党的社会主义理论与实践》，中国社会科学出版社，2010 年版。

21. 高放主编：《社会主义大辞典》，河南人民出版社，1988 年版。

22. 黄安年：《麦卡锡主义》，商务印书馆，1984 年版。

23. 贾庆军：《浪漫与现实——美国共产主义运动与莫斯科的关系之历史考察》，当代中国出版社 2003 年版。

24. 姜琦、张月明：《国际共产主义运动史的党际关系史（1848—1988）》，华东师范大学出版社 1991 年版。

25. 李宗禹：《国际共运史研究》第一辑，人民出版社 1987 年版。

26. 李宗禹：《国际共运史研究》第六辑，人民出版社 1989 年版。

27. 李宗禹：《国际共运史研究》第七辑，人民出版社 1989 年版。

28. 李道揆：《美国政府与美国政治》，中国社会科学出版社 1990 年版。

29. 李东明：《世界社会主义五百年历史人物传略：德布斯、福斯特》，中国工人出版社 2014 年版。

30. 梁启超：《中国历史研究法》，民国学术经典文库本，东方出版社 1996 年版。

31. 刘绪贻、李存训主编：《美国通史》（第 5 卷），人民出版社 2008 年版。

32. 刘绪贻主编：《美国通史》（第 6 卷），人民出版社 2008 年版。

33. 刘明翰主编：《外国史学名著评介》第二卷，山东教育出版社，1993 年版。

34. 刘平梅：《俄共（布）党内争论问题的历史回顾》，马克思主义研究促进会丛书，2005 年。

35. 刘疆：《为何星火难以燎原——美国共产主义运动研究（1919 年—1947 年）》，博士论文，华东师范大学，2005 年。

36. 陆镜生：《美国社会主义运动史》，天津人民出版社 1986 年版。

37. 马祖毅等：《中国翻译通史 现当代部分 第 1 卷》，湖北教育出版社 2006 年版。

38. 王学东主编：《国际共产主义运动历史文献》第 32 卷，中央编译出版社，2011 年版。

39. 王学东主编：《国际共产主义运动历史文献》第 46 卷，中央编译出版社，2013 年版。

40. 王学东主编：《国际共产主义运动历史文献》第 50 卷，中央编译出版社，2012 年版。

41. 王学东主编：《国际共产主义运动历史文献》第 57 卷，中央编译出版社，2013 年版。

42. 王礼训 陈再凡等：《共产国际历史新编》，山东人民出版社 1988 年版。

43. 王进国、车有道主编：《国际共运人物研究》，河南大学出版社 1989 年版。

44. 肖庆平：《陵谷之变——战后美国共产主义运动历史述评》，中国人民大学 1988 年博士论文。

45. 肖庆平：《关于二十年代后期共产国际与美国共产党洛夫斯顿派分歧的再研究》，硕士论文，中国人民大学，1985 年。

46. 杨生茂、陆镜生：《美国史新编（1492—1989）》，中国人民大学出版社 1990 年版。

47. 杨生茂、陆镜生著：《美国史新编（1492—1989）》，中国人民大学出版社 1990 年版。

48. 岳建军：《二十世纪五十年代美国共产党分裂的原因及启示再探析》，天津师范大学 2013 年硕士论文。

49. 袁铎：《非意识形态化思潮研究》，中国社会科学出版社 2008 年版。

50. 周尚文、叶书宗、王斯德著：《苏联兴亡史》，上海人民出版社 2002 年版。

51. 周晖、周华：《历次国际金融危机比较与中国对策研究》，湖南大学出版社 2012 年版。

52. 张友伦、陆镜生：《美国工人运动史》，天津人民出版社 1990 年版。

53. 张友伦：《美国社会变革与美国工人运动》，中国社会科学出版社 1997 年版。

54. 张汉清、曹长盛、黄宗良主编：《简明国际共产主义运动史》，北京大学出版社 1985 年版。

55. ［苏］阿·阿夫托尔汉诺夫：《苏共野史（下卷）》，晨曦、李荫寰、关益译，湖北人民出版社 1982 年版。

56. ［美］布里登堡：《世界产业工会——美国工团主义研究》，聂崇信、朱秀贤译，商务印书馆 1987 年版。

57. ［美］查尔斯·比尔德：《美国政府与政治》，朱曾汶译，商务印书馆 1987 年版。

58. ［匈］库恩·贝拉：《共产国际文件汇编》第 3 册，中国人民大学编译室译，生活·读书·新知三联书店，1965 年版。

59. ［美］佩吉·丹尼斯：《尤金·丹尼斯的一生》，劳远回等译，新华出版社 1988 年版。

60. ［美］尤金·丹尼斯等：《美共领袖福斯特》，懿民等译，中外出版社 1951 年版。

61. ［美］尤金·丹尼斯等：《庆祝美共主席福斯特七十寿辰论文集》，王芸等译，世界知识出版社 1952 年版。

62. ［美］尤金·丹尼斯：《狱中书信》，张百禄译，江苏文艺出版社 1959 年版。

63. ［英］珍妮·德格拉斯选编：《共产国际文件第二卷（1923~1928）》，北京编译社译，世界知识出版社 1964 年版。

64. ［英］珍妮·德格拉斯选编：《共产国际文件 第三卷（1929~1943）》，北京编译社译，东方出版社 1986 年版。

65. ［美］威廉·福斯特：《福斯特同志给毛泽东同志的信》，叶晓忠译，商务印书馆1961年版。

66. ［美］威廉·曼彻斯特：《光荣与梦想》，中信出版社2015年版。

67. ［美］霍德华·津恩：《美国人民史》，许先春、蒲国良、张爱平译，上海人民出版社2013年版。

68. ［美］詹姆斯·坎农：《美国共产主义运动的头十年》，张鼎五译，商务印书馆1963年版。

69. ［美］阿瑟·林克、威廉卡顿：《1900年以来的美国史》，刘绪贻译，中国社会科学出版社1983年版。

70. ［美］加尔文·林顿：《美国两百年大事记》，谢延光、储复耘、容再光、李祥荣译，上海译文出版社1984年版。

71. ［苏］莱布索恩、希里尼亚：《共产国际政策的转变》，齐春子等译，求实出版社1983年版。

72. ［英］罗伯特·欧文：《欧文选集》第一卷，柯象峰、何光来、秦果显译，商务印书馆2009年版。

73. ［苏］伊·伊·契尔卡索夫：《美国共产党反对现代修正主义的斗争》，梓江译，上海人民出版社1959年版。

74. ［苏］索伯列夫等：《共产国际史纲》，吴道宏等译，人民出版社1985年版。

75. ［德］维尔纳·桑巴特：《为什么美国没有社会主义》，赖海榕译，社会科学文献出版社2014年版。

76. ［苏］列·托洛茨基：《列宁去世后的第三国际》，吴继淦、李潞译，生活·读书·新知三联书店1964年版。

四　中文期刊论文及其他

1. 伊斯雷尔·爱泼斯坦：《美国工人阶级光荣的战士和领袖——祝威廉·泽·福斯特同志八十岁寿辰》，《世界知识》1961年Z1期。

2. ［美］艾伦：《福斯特的世界观——评〈世界资本主义的末日〉》，董秋斯译，《翻译》1949年第4期。

3. 柏元：《"隧道的尽头是光明"抑或"光明的尽头是隧道"？——记福斯特〈新欧洲〉》，《读书》1992年第8期。

5. 高建明、蒋锐：《"美国社会主义例外论"研究——从桑巴特到李普赛特》,《当代世界社会主义问题》2015年第2期。

6. 黄刍:《介绍福斯特的"美洲政治史纲"》,《世界知识》1951年第22期。

7. [苏]卡维林:《评威廉·福斯特著"美国历史上的黑人"》,秋水译,《史学译丛》1955年第6期。

8. 李东明:《美共领导人福斯特与中共的关系论析》,《中共党史研究》2016年第4期。

9. 梁纯夫:《福斯特著〈美洲政治史纲〉》,《新建设(1949)》1951年第2期。

10. 钱文荣:《美国例外论是美国霸权主义对外政策的思想基础》,《和平与发展》2013年第6期。

11. 王立新:《美国例外论与美国外交政策》,《南开学报》2006年第1期。

12. 王晓德:《美国例外论与美国文化全球扩张的根源》,《世界经济与政治》2006年第7期。

13. 元芳:《福斯特著"美国共产党史"》,《世界知识》1955年第12期。

14. 张金鉴:《美国今日之第三党》,《东方杂志》1933年第16期。

15. 张高:《论早期福斯特》,《牡丹江师范学院学报》(哲学社会科学版)1985年第3期。

16. 张高:《福斯特与毛泽东》,《牡丹江师范学院学报》(哲学社会科学版)1984年第2期。

17. 周琪:《美国例外论与美国外交传统》,《中国社会科学》2000年第6期。

18. [苏]祖波克:《作为历史学家的威廉·福斯特》,刘存宽译,《史学译丛》1956年第5期。

19.《福斯特》,《青年知识周刊》1948年第37期。

20.《美国人民的舵手——美国共产党及其领袖福斯特》,《西南青年》1950年第10—11期。

21.《为击溃希特勒及希特勒主义斗争的人民纲领》,《解放日报》1941年8月7日。

22. 《福斯特的故事》,《中国青年报》1961 年第 10 期。

23. 《给福斯特同志的信》,《人民日报》1945 年 7 月 28 日。

24. 《福斯特的〈世界资本主义的末日〉》,《人民日报》1950 年 7 月 12 日。

25. 《美国工人阶级光荣的战士和领袖威廉·福斯特同志》,《人民日报》1959 年 2 月 2 日。

26. 《破晓之前——从福斯特同志的信说起》,《人民日报》1959 年 3 月 5 日。

27. 《福斯特同志的一些重要著作》,《人民日报》1961 年 2 月 26 日。

28. 《威廉·福斯特同志传略》,《人民日报》1961 年 9 月 4 日。

29. 《一个革命战士的成长 威廉·福斯特早期革命生活的片断》,《人民日报》1961 年 9 月 10 日。

五 英文著作与文章

1. Les K. Adler, *The Red Image: American Attitudes Toward Communism in the Cold War Era*, New York & London: Carland Publishing, 1991.

2. Bernard Bellush, Jenel Bellush, "A Ridical Response to the Roosevelt Presidency: The Communist Party (1933 – 1945)", *Presidential studies Quarterly*, 1880, Vol. 10, Issue, 4.

3. James R. Barrett, *William Z. Foster and the Tragedy of American Radicalism*, Urbana and Chicago: University of Illinois Press, 1999.

4. Earl Browder, *What is communism?*, New York: The Vanguard Press, 1936.

5. Earl Browder, *"Communism in the United States"*, New York: International Publishers, 1935.

6. David Brody, *Labor in Crisis: The Steel Strike of 1919*, Urbana: University of Illinois Press, 1987.

7. Earl Beckner: "The Trade Union Educational League and the American Labor Movement," *Journal of Political Economy* 33, August 1925.

8. Bert Cochran, *Labor and Communism: The Conflict that Shaped American Unions*, Princeton, N. J.: Princeton University Press, 1977.

9. James P. Cannon, *The First Ten Years of American Communism: Report of a Participant*, Pathfinder, Books Ltd, Dec. 1973.

10. James P. Cannon, *The History of American Trotskyism*, New York: Pathfinder Press, 1972.

11. Eugene Dennis, *Letters from prison*, New York: International Publishers, 1956.

12. Eugene Dennis, *"The Communists Take a New Look"*, New York: New century Publishers, 1956.

13. Eugene Dennis and Others, *"William Z. Foster (Political Affairs Foster 70th Birthday Issue)"*, New York: New Century Publishers, 1951.

14. L. A. O'Donnell, *The Making of an American Communist: William Z. Foster*, International Journal of Social Economics, 1993, Vol. 20, No. 5 – 7.

15. Peggy Dennis, *The Autobiography of An American Communist: A personal view of a political life, 1925 – 1975*, Westport, CT: L. Hill, 1977.

16. Theodore Draper, *The Roots of American Communism*, New York: Viking, 1957.

17. Theodore Draper, *American Communism and Soviet* Russia, New York: Viking, 1960.

18. Victor G. Devinatz, "'An Open Letter to Eugene V. Debs': Debs' Relationship to the U. S. Communists, Circa 1919 – 1924.", *WorkingUSA*, Jun 2015, Vol. 18 Issue 2.

19. Victor G. Devinatz, "The Labor Philosophy of William Z. Foster: From IWW to the TUEL", *International Social Science Review*, Vol. 71, No. 1 – 2. 1996.

20. Philip S. Foner, *History of the Labor Movement in the United State, vol. 4, The IWW 1905 —1917*, New York: International Publishers, 1965.

21. Elizabeth Faue, "Community of Suffering and Struggle: Women, Men and the Labor Movement in Minneapolis, 1915 – 1945", Chapel Hill: University of North Carolina Press, 1991, esp.

22. Elizabeth Gurley, *Labor's own William Z. Foster: a Communist's fifty years of working – class leadership and struggle*, New York: New Century

Publishers, 1949.

23. Galbraith, *The Great Crash : 1929*, Boston: Houghton Mifflin Company, 1988.

24. John Gates, *The Story of an American Communist*, Thomas Nelson and Sons, 1958.

25. William Green, *American Economic Development since 1860*, University of South Carolina Press, 1968.

26. E. J. Hobsbawm, *"Primitive Rebels : Studies in Arcbaic Forms of Social Movement in the 19th and 20th Centuries "*, New York: Norton, 1959.

27. Irving Howe & Lewis Coser, *The American Communist Party : A Critical History, 1919—1957*, Boston: Beacon Press, 1957.

28. J. Heffer& J. Rovet ed. , *"Why Is There No Socialism in the United States "*, Paris: Ecole des Hautes Etudes en Sciences Sociales, 1988.

29. Maurice Isserman, *Which Side were You on ? The American Communist Party During the Second World War*, Middletown, CT: Wesleyan University Press, 1982.

30. Maurice Isserman , *If I had a hammer : The Decline of the Old Left and the Rise of the New*, New york: Basic Books, 1988.

31. Bernstein, Irving, *The Lean Years: A History of the American Workers*, (1920—1923), Boston: Houghton Mifflin Company, 1960.

32. Bernard F. Johnnpoll, ed, *A Documentary History of the communist Party of the United States: Gestation and Birth* (1918 - 1928), Volume, 1. London: Greenwood press, 1994.

33. Bernard F. Johnnpoll, ed, *A Documentary History of the communist Party of the United States: Toil and Trouble* (1928 - 1933), Volume, 2. London: Greenwood press, 1994.

34. Bernard K. Johnpoll, *A Documentary History of the Communist Party of the United States. : The Great War* (1941 - 1945), Volume, 7. London: Greenwood Press, 1994.

35. Edward P. Jobanningsmeier, *Forging American communism : The Life of William Z. Foster*, New Jersry : Princeton University Press, 1994.

36. Philip J. Jaffe, *The Rise and Fall of American Communism*, New York: Horizon Press, 1975.

37. Harvey Klehr, John Earl Haynes & Kyrill Anderson, *"Soviet World of American Communism"*, New Haven, CT: Yale University Press, 1998.

38. Harvey Klehr, *The Heyday of American Communism*, New york: Basic Books, 1984.

39. Harvey Klehr & John Earl Haynes, "Revising Revisionism: A New Look at American Communism", *Academic Questions*, Fall 2009, Vol. 22 Issue 4.

40. Stanley Kutler, *American Inquisition: Justice and Injustice in the Cold War*, New York: Farrar Straus & Giroux, 1984.

41. William E. Leuchtenberg, *The Perils of Prosperity (1914 - 1932)*, University of Chicago Press, 1958.

42. David Montgomery, "The 'New Unionism' and the Transformation of Workers' Consciousness in American", *Journal of Social History*, Summer, 1974.

43. David Montgomery, *Workers' Control in American: Studies in the History of Work, Technology, and Labor Struggles*, Cambridge University Press, 1980.

44. Brown Michael, *New studies in the Political and Culture of US. Communism*, New York: Monthly Review Press, 1992.

45. Nigel Roy Moses, "Patriotic Betrayal: The Inside Story of the CIA's Secret Campaign to Enroll American Students in the Crusade Against Communism", *Labour / Le Travail*, 2015, Vol. 76.

46. Robert K. Murray, *Red scare; a study in national hysteria (1919 - 1920)*, University of Minnesota Press, 1955.

47. North and Joseph, *William Z. Foster: an appreciation*, New York: International Publishers, 1955.

48. Bark Oscar T. And Blake, Nelson M, *A History of the United State in our Times*, New York: The Macmillan Company, 1965.

49. Fraser M. Ottanelli, *The Communist Party of the United States: from*

the Depression to World War II , Rutgers University Press, 1991.

50. Nell Painter, *The Narrative of Hosea Hudson: His Life As a Negro Communist in the South* , Cambridge: Harvard University Press, 1979.

51. Pettis Perry, "Next Stage in the Struggle against White Chauvinism", *Political Affairs* , October 1949.

52. James Ryan & Earl Browder, *The failure of American communism* , Tuscaloosa, Ala: University of Alabama Press, 1997.

53. Steven P. Remy, "Rude awakenings: An American historian's encounters with Nazism, Communism, and McCarthyism", *Central European History.* , Sept, 2013, Vol. 46 Issue 3.

54. Joseph Starobin, American Communism in Crisis (1943 - 1957), Berkeley: University of California Press, 1972.

55. Arthur M. Schlesinger, *The Crisis of the Old Order (1919 - 1933)* , Boston, Houghton Mifflin Company, 1957.

56. Arthur M. Schlesinger, *The Politics of Upheaval: 1935 - 1936* , Boston, Houghton Mifflin Company , 1960.

57. David Shannon, *The Decline of American Communism: A History of The Communist Party since* 1945, New York: Harcourt, Brace and Company, 1959.

58. Leon Trosky, *The Third International after Lenin* , London: New Park Publications, 1974.

59. Devinatz, Victor G, "The labor philosophy of William Z. Foster: From the IWW to the TUEL", *International Social Science Review* , 1996 , Vol. 71 , No. 1 - 2.

60. William W. Wenstone & Arthur Zipser edited, *Highligts of a Fighting History : 60 years of The Communist Party , USA* , New York: International Publishers, 1979.

61. Arthur Zipser, *Workingclass Giant: The Life of Wiliiam Z. Foster*, New York: International Publishers, 1981.

62. U. S. Senate, Committee on Labor and Education, "Investigation of Strike in the Steel Indusry", 66th Cong. , 1st sess. , 1919.

后 记

本书是在我博士论文基础上修改而成的。时隔两年再看自己的博士论文，不免觉得青涩。博士论文虽然不能叫人完全满意，但注入了我三年的精力和感情。对于我这个从农村出来的孩子来说，读书的机会几乎就等同于改变命运的机遇。因此，读博的经历于我而言是一次修行，是一次升华，更是一次感恩。

我首先要感谢的是我的博士生导师蒲国良教授。我资质浅陋，性格冥顽，承蒙恩师不弃，给我一个读书学习和命运再造的机会。蒲老师为人正直、知识渊博、治学严谨、答疑解惑、授之以渔。其中真情，毕生不忘。恩师多次教导于我，做学术固然重要，但做人更重要，并通过自己的言传身教，使我明白求学之旅不仅在于知识的积累，还在于修养的升华。在学术要求上，导师更是严厉相待，如有不对之处便是直面批评，为的是让我以后做得更好。

硕导王进芬教授，吾师亦友，倾囊相授，慷慨待我，性情率真，云水襟怀！当初硕导将我这位毫无基础、毫无水平的差生纳入门下，若不是悉心指导、鼓励鞭策和严厉要求，我断不可能在求学之旅上走到今天。

学术泰斗高放先生，是我学术上的指路明灯，生活中的慈祥爷爷，不仅时常关心和爱护我等小辈，而且对我的博士论文从选题到写作都倾注了真情，提出了极其宝贵的意见。我参加工作以后，老先生还一直关心我的工作、学习和生活，对我时时提携和关照。老先生的学术追求和生活态度，更是我等小辈学习的楷模。先生现在已离我们而去，但先生之风，山高水长。

博士论文从开题到答辩以及到最终的定稿，李景治、郭春生、王学东、陈新明、胡振良、许宝友、林德山、熊光清等老师都从不同的角度指出了论文中的问题，并提出了宝贵的修改意见。各位老师大家风范，对待晚辈宽厚负责，给我长者般的温暖，所提意见更是言语中肯、高屋建瓴！

本书能够出版还要感谢河南师范大学马克思主义学院的各位同仁。马福运院长、蒋占峰书记为本书的出版给予了大力支持，在工作、学习和生活上也是对我非常关照。李翔、余保刚等领导也给予了合理建议和帮助。感谢河南师范大学马克思主义学院各位前辈老师对我的包容与关爱。身处这个大家庭中，我感到非常温暖和荣幸。本书作为河南省哲学社会科学规划项目（2018CKS028）阶段研究成果，得到了河南师范大学学术出版基金资助和河南师范大学校优势特色学科资助，在此一并谢过。

当然，本书的出版，我最应该感谢的是我的父母、妻子和儿子。若没有他们的大力支持，我断不能在学校安心求学并获得博士学位，也就没有呈现在各位面前的这部书稿，他们是我的精神炉火，我的德行指针，更是我努力前行和勇于攀登的不竭动力。

在修改完善书稿的过程中，以前没有注意到的问题如今摆在了眼前，本来很清楚和有把握的问题，现在倒觉得自己之前的想法有点过于简单了，该解决的问题有点力所不能及，本来已解决的问题却感觉又有了新的看法，该注意到的小问题，以前没有注意到，意思感觉很明确的词句，如今感觉有点词不达意。总之，我深刻感受到，鱼和熊掌难以兼得，顾熊掌而丢鱼，未免重形而不达意。事实证明，学术道路永无止境。因此，本书一定会存在诸多不足，敬请广大学界同仁、读者朋友提出宝贵建议并予以斧正。

李东明

2018 年 10 月